Die wichtigsten Operationen der Marine im amerikanischen Unabhängigkeitskrieg

AT Mahan

Writat

Diese Ausgabe erschien im Jahr 2023

ISBN: 9789359256283

Herausgegeben von
Writat
E-Mail: info@writat.com

Inhalt

VORWORT ....- 1 -

EINFÜHRUNG ....- 2 -

Die Tendenz der Kriege, sich auszubreiten ....- 2 -

KAPITEL I ....- 6 -

DER MARINEKAMPAGNE AM LAKE
CHAMPLAIN 1775-1776 ....- 6 -

KAPITEL II ....- 26 -

SEEEINSATZ IN BOSTON, CHARLESTON, NEW YORK
UND NARRAGANSETT BAY – DAMIT VERBUNDENE
LANDOPERATIONEN BIS ZUR SCHLACHT VON
TRENTON 1776 - ....- 26 -

KAPITEL III ....- 44 -

Die entscheidende Zeit des Krieges. ÜBERGABE VON
BURGOYNE UND ERFASSUNG VON PHILADELPHIA
DURCH HOWE. DER MARINETEIL IN JEDER
OPERATION 1777 ....- 44 -

KAPITEL IV ....- 50 -

ZWISCHEN FRANKREICH UND GROSSBRITANNIEN
BEGINNT DER KRIEG. BRITISCHE evakuieren
PHILADELPHIA. MARINEOPERATIONEN VON
D'ESTAING UND HOWE ÜBER NEW YORK,
NARRAGANSETT BAY UND BOSTON.
VOLLSTÄNDIGER ERFOLG VON LORD HOWE.
AMERIKANISCHE ENTTÄUSCHUNG IN D'ESTAING.
LORD HOWE kehrt nach England zurück. 1778 ....- 50 -

KAPITEL V ....- 70 -

DER SEEKRIEG IN EUROPA. DIE SCHLACHT
VON USHANT 1778 ....- 70 -

KAPITEL VI ....- 85 -

OPERATIONEN IN DEN WESTINDIEN, 1778-1779. DIE BRITISCHE INVASION IN GEORGIA UND SÜD-CAROLINA ....- 85 -

KAPITEL VII ....- 103 -

DER SEEKRIEG IN EUROPÄISCHEN GEWÄSSERN, 1779. ALLIIERTE FLOTTEN DRINGEN IN DEN ENGLISCHEN KANAL EIN. RODNEY ZERSTÖRT ZWEI SPANISCHE GEschwader UND ERLAUBT GIBRALTAR - 103 -

KAPITEL VIII ....- 112 -

RODNEY UND DE GUICHENS MARINEKAMPAGNE IN WESTINDIEN. DE GUICHEN kehrt nach Europa zurück und Rodney geht nach New York. LORD CORNWALLIS IN DEN CAROLINAS. ZWEI MARINEAKTIONEN VON COMMODORE CORNWALLIS.
RODNEY KEHRT NACH WEST INDIES ZURÜCK .- 112 -

KAPITEL IX ....- 139 -

MARINEKAMPAGNE IN WESTINDIEN IM JAHR 1781. ERFASSUNG VON ST. EUSTATIUS VON RODNEY. DE GRASSE KOMMT ANSTELLE VON DE GUICHEN. TOBAGO kapituliert vor DE GRASSE ....- 139 -

KAPITEL X ....- 148 -

Marineoperationen, die dem Fall von Yorktown vorausgehen und ihn bestimmen. CORNWALLIS kapituliert 1781 ..- 148 -

KAPITEL XI ....- 162 -

MARINEEREIGNISSE VON 1781 IN EUROPA. DARBYS ERLAUBUNG VON GIBRALTAR UND DIE SCHLACHT AN
DER DOGGER BANK ....- 162 -

KAPITEL XII ....- 169 -

DER LETZTE MARINEKAMPAGNE IN DEN WESTINDIEN
. HAUBE UND DE GRASSE. RODNEY

UND DE GRASSE. DIE GROSSE SCHLACHT VOM
12. APRIL 1782 ....- 169 -

KAPITEL XIII ....- 200 -

Wie geht es wieder flott. DIE LETZTE
ERLAUBUNG VON GIBRALTAR 1782 ....- 200 -

KAPITEL XIV ....- 206 -

Die Marineoperationen in Ostindien
, 1778–1783. DIE KARRIERE DES
BAILLI DE SUFFREN ....- 206 -

GLOSSAR ....- 228 -

VORWORT

Der Inhalt dieses Bandes wurde zunächst als Kapitel unter dem Titel „Major Operations, 1762–1783" zur „History of the Royal Navy" in sieben Bänden beigesteuert, die von den Herren Sampson Low, Marston und Company veröffentlicht wurden , unter der allgemeinen Herausgeberschaft des verstorbenen Sir William Laird Clowes. Für die Erlaubnis, es jetzt in dieser separaten Form erneut zu veröffentlichen, muss der Autor den Herausgebern dieses Werks seinen Dank aussprechen.

In der diesem Vorwort folgenden Einleitung hat der Autor die allgemeinen Lehren zusammengefasst, die man aus dem Verlauf dieses amerikanischen Unabhängigkeitskrieges ziehen kann, im Unterschied zu der besonderen Diskussion und Erzählung der verschiedenen Ereignisse, die den Kern der Abhandlung bilden. Er versteht diese Lektionen als eine Ermahnung für die Gegenwart und die Zukunft, die auf den sichersten Grundlagen beruht; nämlich auf der Erfahrung der Vergangenheit, wie sie auf gegenwärtige Bedingungen anwendbar ist. Die wesentliche Ähnlichkeit zwischen beiden zeigt sich in der gemeinsamen Abhängigkeit von der Seestärke.

Der gesamte Text wurde noch einmal sorgfältig gelesen und überarbeitet; Die als notwendig erachteten Änderungen sind jedoch viel geringer, als man nach Ablauf von fünfzehn Jahren hätte erwarten können. Zahlreiche Fußnoten in der Geschichte, in denen die Namen von Schiffen in Flotten und deren Kommandeure in verschiedenen Schlachten aufgeführt sind, wurden weggelassen, da sie für den vorliegenden Zweck nicht notwendig, jedoch äußerst angemessen und in der Tat für ein umfangreiches Werk mit allgemeinem Bezug und enzyklopädischer Bedeutung unentbehrlich sind Umfang, wie z. B. die Geschichte, ist. Bestimmte Notizen mit den Initialen WLC stammen vom Herausgeber dieses Werks.

BEI MAHAN.

DEZEMBER 1912.

EINFÜHRUNG

Die Tendenz der Kriege, sich auszubreiten

Macaulay schrieb in einer eindrucksvollen Passage seines Essays über Friedrich den Großen: „Die durch seine Bosheit verursachten Übel waren in Ländern zu spüren, in denen der Name Preußen unbekannt war. Damit er einen Nachbarn ausrauben konnte, den er zu verteidigen versprochen hatte, Schwarze Männer kämpften an der Küste von Coromandel, und rote Männer skalpierten sich gegenseitig an den Großen Seen Nordamerikas.

Kriege neigen dazu, sich wie Flächenbrände auszubreiten; Vielleicht mehr denn je in Zeiten enger internationaler Verflechtungen und schneller Kommunikation. Daher die Besorgnis und die Sorgfalt, die die Regierungen Europas, die engsten und sensibelsten auf der Erde, geweckt haben, um das Entzünden auch nur der geringsten Flamme in Regionen zu verhindern, an denen alle gleichermaßen interessiert sind, wenn auch mit unterschiedlichen Zielen; Regionen wie die Balkanstaatengruppe in ihren erbitterten Beziehungen zum türkischen Reich, in dem die Balkanvölker ständig die erbitterte Unterdrückung von Männern ihres eigenen Blutes und religiösen Glaubens durch die Tyrannei einer Regierung erleben müssen, die weder assimilieren noch schützen kann. Der Zustand der türkischen europäischen Provinzen ist eine ständige Lektion für diejenigen, die bereit sind, die immensen Schwierigkeiten zu ignorieren oder herabzuwürdigen, die sich daraus ergeben, unter einer Regierung Völker zu verwalten, die traditionell und rassisch unterschiedlich sind und dennoch Seite an Seite leben. Nicht, dass die Situation irgendwo im türkischen Reich viel besser wäre. Dies ist immer noch der Fall, wenn auch in einem fortgeschrittenen Zustand des Verfalls, einfach deshalb, weil andere Staaten nicht darauf vorbereitet sind, sich den Risiken einer Unruhe zu stellen, die in einem allgemeinen Feuer enden und ihre Verwüstungen auf Bezirke ausweiten könnte, die sehr weit vom Schauplatz der ursprünglichen Unruhe entfernt sind.

Seitdem diese Worte geschrieben wurden, ist auf dem Balkan ein echter Krieg ausgebrochen. Die Mächte waren besorgt darüber, welche Auswirkungen jede Unruhe in der europäischen Türkei auf ihre eigenen Ambitionen haben würde, und haben sich stets einer wirksamen Einmischung zugunsten der unterdrückten Christen Mazedoniens, umgeben von sympathischen Verwandten, enthalten. Infolgedessen ist dieses Unterholz in den letzten dreißig Jahren immer trockener geworden und eignet sich als Brennholz. Im Berliner Vertrag von 1877 wurde eine Verbesserung ihrer Regierungsführung festgelegt, und wir erfahren jetzt, dass die Türkei 1880 einen entsprechenden Plan ausgearbeitet und ihn in eine

Schublade gesteckt hat. Unter unerträglichen Bedingungen kam es schließlich zur Selbstentzündung. Es kann keinen sicheren Frieden geben, solange nicht praktisch anerkannt wird, dass das Christentum durch den Respekt, den es als einziger der Religionen für das Wohlergehen des Einzelnen vermittelt, ein wesentlicher Faktor für die Entwicklung der Fähigkeit der Nationen zur Selbstverwaltung ist, abgesehen von der Fähigkeit dazu Andere regieren existiert nicht. Christliche Völker unter der Herrschaft einer nichtchristlichen Rasse zu halten, bedeutet daher, einen Staat aufrechtzuerhalten, der keine Hoffnung auf Versöhnung hat und der einer sicheren Explosion ausgesetzt ist. Explosionen passieren immer unangenehm. *Obsta principiis* ist die einzig sichere Regel; Deren Anwendung dient nicht der Unterdrückung offenkundiger Unzufriedenheit, sondern der Linderung von Beschwerden.

Der Amerikanische Unabhängigkeitskrieg war keine Ausnahme von der allgemeinen Regel der Ausbreitung, die festgestellt wurde. Als unsere Vorfahren anfingen, gegen das Stempelgesetz und die anderen Maßnahmen, die darauf folgten, zu agitieren, ahnten sie ebenso wenig die Ausbreitung ihrer Aktion auf die Ost- und Westindischen Inseln, den Ärmelkanal und Gibraltar, wie das britische Ministerium, das das Gesetz ausarbeitete Das Stempelgesetz hat das Spiel gestrichen, woraus sich diese Konsequenzen ergaben. Als Benedict Arnold am Lake Champlain mit energischem Einsatz kleiner Mittel den Kolonisten einen Aufschub von einem Jahr verschaffte, erwirkte er 1777 die Übergabe von Burgoyne. Die Übergabe von Burgoyne, die zu Recht als das entscheidende Ereignis des Krieges angesehen wurde, war auf Arnolds früheres Vorgehen zurückzuführen , um die Verzögerung zu erreichen, die ein erstes Ziel jeder Verteidigung ist und für die unvorbereiteten Kolonisten eine lebenswichtige Notwendigkeit war. Die Kapitulation von Burgoyne bestimmte 1778 die Intervention Frankreichs; die Intervention Frankreichs und der Beitritt Spaniens dazu im Jahr 1779. Der Krieg mit diesen beiden Mächten führte zu maritimen Ereignissen und Eingriffen in den neutralen Handel, die zur Bewaffneten Neutralität führten. das Einverständnis Hollands, das 1780 zum Krieg zwischen diesem Land und Großbritannien führte. Diese Ausweitung der Feindseligkeiten betraf nicht nur die Westindischen Inseln, sondern auch den Osten, durch die Besitztümer der Holländer in beiden Vierteln und am Kap der Guten Hoffnung. Abgesehen davon, dass Suffren nach Indien geschickt wurde, hatte die Beteiligung Hollands am allgemeinen Krieg einen starken Einfluss auf die brillanten Operationen, die er dort durchführte. sowie am und für das Kap der Guten Hoffnung, damals niederländischer Besitz, auf seiner Hinreise.

Meine Absicht und Hoffnung besteht darin, den amerikanischen Lesern in der gesonderten Veröffentlichung dieser Seiten nebenbei das enorme

Ausmaß des Kampfes vor Augen zu führen, zu dem unsere eigene Unabhängigkeitserklärung nur der Auftakt war. mit vielleicht der weiteren notwendigen Lektion für die Zukunft, dass Fragen, die am weitesten von unseren eigenen Küsten entfernt sind, uns in unvorhergesehene Schwierigkeiten bringen können, insbesondere wenn wir zulassen, dass ein Kommunikationsweg gelegt wird, durch den das Feuer von außen Schritt für Schritt auf das amerikanische Feuer überspringen kann Kontinente. Wie groß ist die Sache, die ein kleines Feuer entfacht! Unsere Monroe-Doktrin ist letzten Endes lediglich die Formulierung einer nationalen Vorsichtsmaßnahme, die, soweit sie verhindern kann, nicht das Material verstreuen darf, das ausländische Besitztümer auf diesen Kontinenten für die Ausbreitung der anderswo entstandenen Verbrennung liefern könnten; und der Einwand gegen die asiatische Einwanderung, wie entwürdigend sie auch durch weniger würdige Gefühle oder Motive sein mag, ist seitens denkender Menschen einfach eine Anerkennung derselben Gefahr, die sich aus der Anwesenheit einer unassimilierbaren Bevölkerungsmasse ergibt, die sich rassisch und traditionell in ihren Merkmalen unterscheidet und hinter der sich die Einwanderung befindet würde auf den Sympathien und der Energie eines mächtigen asiatischen Militär- und Marineimperiums beruhen.

So förderlich jede dieser Maßnahmen für die nationale Sicherheit und den Frieden inmitten internationaler Konflikte ist, so kann doch weder die eine noch die andere ohne die Schaffung und Unterhaltung einer überlegenen Marine aufrechterhalten werden. In dem Kampf, mit dem sich dieses Buch befasst, sagte Washington damals, dass die Marine den Ausschlag habe. Arnold am Lake Champlain und DeGrasse in Yorktown hatten das Privileg, dieses Vorrecht in den beiden entscheidenden Momenten des Krieges auszuüben. Der Marine war achtzig Jahre später, abgesehen von allen anderen Instrumenten, auch die erfolgreiche Unterdrückung der Sezessionsbewegung zu verdanken. Die Auswirkungen der Blockade der Südküste auf die finanzielle und militärische Leistungsfähigkeit der konföderierten Regierung wurden nie genau berechnet und sind wahrscheinlich unkalkulierbar. In diesen beiden wichtigsten nationalen Epochen war die Kontrolle des Wassers der entscheidendste Faktor. In Zukunft wird die erfolgreiche Aufrechterhaltung der beiden genannten führenden nationalen Politiken von der Marine abhängen; die beiden wichtigsten für die Rolle, die dieses Land beim Fortschritt der Welt spielen wird.

Denn obwohl die Vereinigten Staaten zahlenmäßig eine große Bevölkerung haben, sind sie im Verhältnis zum Territorium nicht so groß; Obwohl sie wohlhabend ist, steht sie auch nicht im Verhältnis zu ihrer Bekanntheit. Dass Japan in viertausend Meilen Entfernung eine Bevölkerung von über dreihundert pro Quadratmeile hat, während unsere drei großen pazifischen

Staaten durchschnittlich weniger als zwanzig haben, ist eine bedeutungsvolle Tatsache. Die enorme Gesamtzahl der anderswo in den Vereinigten Staaten lebenden Menschen kann weder zur Bewältigung eines Notfalls dorthin verlegt werden, noch kann sie wirksam zur Behebung dieser Unzulänglichkeit beitragen. Auch eine Landstreitmacht in der Defensive kann nicht schützen, wenn der Weg zum Meer frei ist. Bei einem solchen Gegensatz kleinerer und größerer Truppen zählen Organisation und Entwicklung nirgendwo so sehr wie in der Marine. Nirgendwo kann eine allgemeine zahlenmäßige Unterlegenheit so gut wie auf dem Meer durch eine spezifische zahlenmäßige Überlegenheit ausgeglichen werden, die sich aus der Übereinstimmung zwischen der eingesetzten Kraft und der Beschaffenheit des Bodens ergibt. Aus Logik und Schlussfolgerung ergibt sich strikt, dass Sicherheit mit keinem anderen Mittel so wirtschaftlich und effizient gewährleistet werden kann. In Fragen der nationalen Sicherheit sind Wirtschaftlichkeit und Effizienz tatsächlich gleichwertige Begriffe. Die Frage des Pazifiks ist wahrscheinlich das größte Weltproblem des 20. Jahrhunderts, an dem kein großes Land so umfassend und direkt interessiert ist wie die Vereinigten Staaten. Aus dem angegebenen Grund handelt es sich im Wesentlichen um eine Marinefrage, die dritte, bei der das Wohlergehen der Vereinigten Staaten von der Angemessenheit der Marine abhängt.

KAPITEL I

DER MARINEKAMPAGNE AM LAKE CHAMPLAIN
1775-1776

Zu der Zeit, als die Feindseligkeiten zwischen Großbritannien und seinen amerikanischen Kolonien begannen, war man sich allgemein darüber im Klaren, dass die Kontrolle des Wassers, sowohl des Ozeans als auch des Binnenlandes, einen überwiegenden Einfluss auf den Kampf haben würde. Die Vernunft war klar, denn es gab eine lange Küste mit zahlreichen schiffbaren Binnenwasserläufen und gleichzeitig spärlichen und gleichgültigen Verbindungen auf dem Landweg. Kritische Teile des betreffenden Territoriums waren noch eine unverbesserte Wildnis. Die Erfahrung, der rohe, aber tüchtige Lehrmeister des großen Teils der Menschheit, der nur durch harte Schläge Wissen erlangt, hatte durch die vorangegangenen französischen Kriege die Schlussfolgerungen der Nachdenklichen bestätigt. Im Bewusstsein der großen Überlegenheit der britischen Marine, die jedoch damals noch nicht die unangefochtene Vormachtstellung eines späteren Tages erreicht hatte, suchten die amerikanischen Führer frühzeitig nach einem Bündnis mit den Bourbonenkönigreichen Frankreich und Spanien, den Erbfeinden Großbritanniens . Nur dort könnte das Gegengewicht zu einer Macht gefunden werden, die, wenn sie nicht kontrolliert wird, letztendlich siegen muss.

Es vergingen fast drei Jahre, bis die Kolonisten dieses Ziel erreichten, indem sie mit der erzwungenen Kapitulation von Burgoynes Armee bei Saratoga ihre Stärke unter Beweis stellten. Dieses Ereignis hat den Beinamen „entscheidend" verdient, weil, und nur weil, es das Eingreifen Frankreichs entschied. Man kann ohne Bedenken behaupten, dass dieser Sieg der Kolonisten direkt das Ergebnis der Seestreitkräfte war – der der Kolonisten selbst. Dies war der Grund dafür, dass Seestreitkräfte aus dem Ausland, die in den Wettbewerb eintraten, ihn von einem lokalen in einen universellen Krieg verwandelten und die Unabhängigkeit der Kolonien sicherten. Dass die Amerikaner stark genug waren, die Kapitulation von Saratoga durchzusetzen, war dem unschätzbaren Jahr der Verzögerung zu verdanken, das ihnen ihre kleine Marine am Lake Champlain bescherte, die von der unbezwingbaren Energie geschaffen und mit dem unbezwingbaren Mut des Verräters Benedict gehandhabt wurde Arnold. Dass sich der Krieg von Amerika nach Europa, vom Ärmelkanal bis zur Ostsee, vom Golf von Biskaya bis zum Mittelmeer, von den Westindischen Inseln bis zum Mississippi ausbreitete und letztlich auch die Gewässer der abgelegenen

Halbinsel Hindustan betraf, lässt sich nachvollziehen Saratoga, zu der unhöflichen Flottille, die 1776 ihren Feind im Besitz des Lake Champlain erwartete. Die Ereignisse, die auf diese Weise ihren Höhepunkt erreichten, verdienen daher ein klareres Verständnis und eine ausführlichere Behandlung, als ihre eigentliche Bedeutung und ihr geringes Ausmaß es sonst rechtfertigen würden.

Im Jahr 1775 waren seit der Vertreibung der Franzosen vom nordamerikanischen Kontinent erst fünfzehn Jahre vergangen. Die Konzentration ihrer Macht während ihres Fortbestehens im Tal des Sankt-Lorenz-Stroms hatte dem örtlichen Konflikt eine Richtung gegeben und den Menschen die Bedeutung des Lake Champlain, seines Nebenflusses Lake George und des Hudson River eingeprägt , da es eine aufeinanderfolgende, wenn auch nicht kontinuierliche Wasserverbindungslinie vom St. Lawrence nach New York bildet. Die Stärke Kanadas gegen Angriffe auf dem Landweg lag in seiner Abgeschiedenheit, in der Wildnis, die durchquert werden musste, bevor es erreicht wurde, und in der Stärke der Linie des Sankt-Lorenz-Stroms mit den befestigten Posten von Montreal und Quebec an seinem Nordufer. Die Wildnis leistete zwar ihren passiven Widerstand sowohl gegen Angriffe aus Kanada als auch gegen Angriffe auf das Land; aber als es durchquert war, gab es im Süden keine so starken natürlichen Stellungen, die dem Angreifer gegenüberstanden. Angriffe aus dem Süden fielen auf die Front oder bestenfalls auf die Flanke der St.-Lorenz-Linie. Angriffe aus Kanada brachten New York und seine Nebengebiete in den Hintergrund.

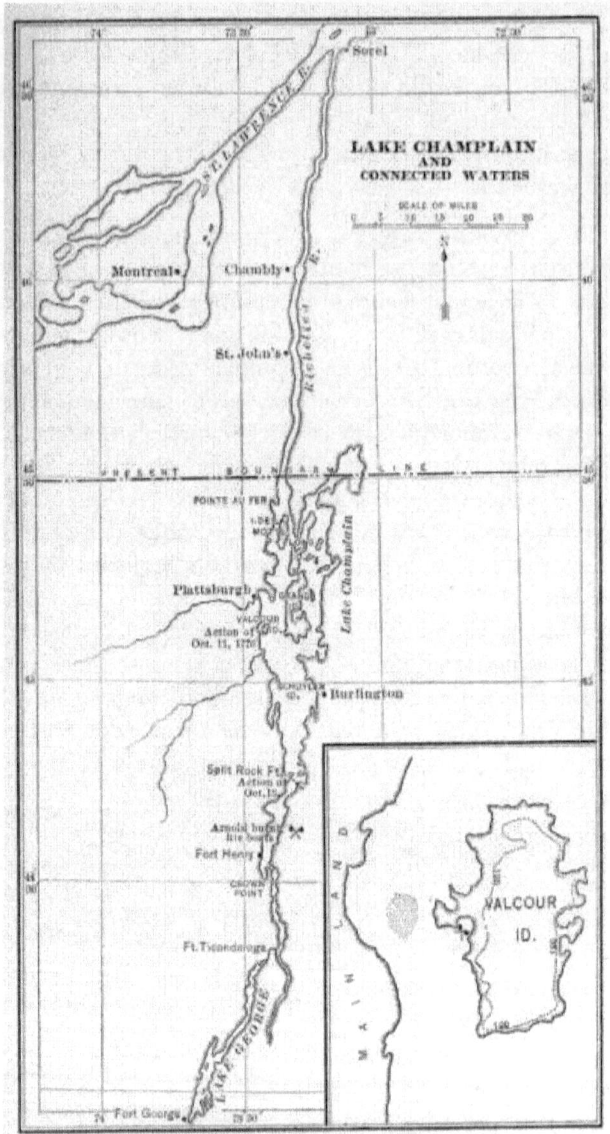

Lake Champlain und verbundene Gewässer

Diese Elemente natürlicher Stärke in den militärischen Bedingungen des Nordens wurden den Amerikanern durch den anhaltenden Widerstand Kanadas gegen die weit überlegene Zahl der britischen Kolonisten in den vorangegangenen Kriegen eingeprägt. Da sie daher als Stützpunkt für Angriffe angesehen wurden, mit denen sie schmerzlich vertraut waren, die nun aber unter noch nie dagewesenen Zahlen- und Machtnachteilen hingenommen werden mussten, war es wünschenswert, den St. Lawrence und seine Posten schon früher in Besitz zu nehmen Sie wurden verstärkt und mit Garnisonen ausgestattet. Zu Beginn der Feindseligkeiten besaßen die amerikanischen Aufständischen, die ihre eigenen Gedanken genau kannten, den Vorteil der Initiative gegenüber der britischen Regierung, die immer noch zögerte, gegen diejenigen, die sie als Rebellen bezeichnete, die Präventivmaßnahmen anzuwenden, die sie sofort gegen einen anerkannten Staat ergriffen hätte Feind.

Unter diesen Umständen eroberte im Mai 1775 eine Gruppe von zweihundertsiebzig Amerikanern unter der Führung von Ethan Allen und Benedict Arnold die Posten Ticonderoga und Crown Point, die nur unzureichend besetzt waren. Diese liegen am Oberwasser des Lake Champlain, wo er weniger als eine Drittelmeile breit ist; Ticonderoga liegt auf einer Halbinsel, die vom See und der Bucht vom Lake George gebildet wird, Crown Point auf einem Vorgebirge zwölf Meilen weiter unten. ⊥Es handelte sich um Positionen von anerkannter Bedeutung und waren in früheren Kriegen Vorposten der Briten gewesen. Als dort ein Schoner gefunden wurde, schiffte sich Arnold, der früher Seemann gewesen war, ein und eilte zum Fuß des Sees. Der Wind ließ ihn im Stich, als er noch dreißig Meilen von St. John's entfernt war, einem weiteren befestigten Posten an der unteren Meerenge, wo sich der See allmählich zum Richelieu River hin verjüngt, der in den Sankt-Lorenz-Strom mündet. Arnold war nicht in der Lage, anders voranzukommen, und begab sich mit dreißig Mann zu seinen Booten, die er durch die Nacht zog, und um sechs Uhr am nächsten Morgen überraschte er den Posten, in dem sich nur ein Sergeant und ein Dutzend Männer befanden. Er erntete den Lohn der Schnelligkeit. Die Gefangenen teilten ihm mit, dass eine beträchtliche Truppeneinheit aus Kanada auf dem Weg nach Ticonderoga erwartet werde; und diese Truppe erreichte St. John's tatsächlich am nächsten Tag. Als es ankam, war Arnold verschwunden, nachdem er eine Schaluppe, die er dort gefunden hatte, entführt und alles andere zerstört hatte, was schwimmen konnte. Mit solch unbedeutenden Mitteln hatten zwei aktive Offiziere die vorübergehende Kontrolle über den See selbst und die Zugänge zu ihm von Süden her gesichert. Da es keine Straßen gab, konnten die von der Wasserlinie ausgeschlossenen Briten nicht vorrücken. Sir Guy Carleton, Gouverneur und Oberbefehlshaber in Kanada, verstärkte die Werke in St. John's und baute einen Schoner; aber seine Streitkräfte reichten nicht aus, um denen der Amerikaner standzuhalten.

Die Besetzung der beiden Posten, da es sich um einen Angriffskrieg handelte, gefiel dem amerikanischen Kongress zunächst nicht, der immer noch an der Hoffnung auf Versöhnung festhielt; Doch die Ereignisse gingen rasch voran, und noch bevor der Sommer vorüber war, wurde die Invasion Kanadas angeordnet. General Montgomery, der zu diesem Unternehmen ernannt wurde, schiffte sich am 4. September mit zweitausend Mann in Crown Point ein und erschien bald darauf vor St. John's, das nach längeren Operationen am 3. November kapitulierte. Am 13. marschierte Montgomery in Montreal ein und drängte von dort den Sankt-Lorenz-Strom hinunter nach Pointe aux Trembles, zwanzig Meilen oberhalb von Quebec. Dort schloss er sich Arnold an, der im Oktober die nördliche Wildnis zwischen den Quellgebieten des Kennebec River und St. Lawrence durchquert hatte. Unterwegs hatte er gewaltige Entbehrungen erdulden müssen und fünfhundert der zwölfhundert Mann verloren, mit denen er angefangen hatte; und als wir am 10. November vor Quebec ankamen, waren unvermeidlich drei Tage damit verbracht worden, Boote zu sammeln, um den Fluss zu passieren. In der Nacht des 13. überquerten dieser abenteuerlustige Soldat und sein kleines Kommando die Heights of Abraham auf demselben Weg, der Wolfe sechzehn Jahre zuvor so gute Dienste geleistet hatte. Mit seiner typischen Kühnheit berief er den Ort ein. Die Forderung wurde natürlich abgelehnt; Aber dass Carleton nicht sofort über die kleine Schar von siebenhundert Mann, die ihn trug, hereinfiel, zeigt, wie schwach die Herrschaft Großbritanniens damals über Kanada war. Unmittelbar nach der Kreuzung rückte Montgomery nach Quebec vor, wo er am 5. Dezember erschien. Da der Winter bereits begonnen hatte und weder seine Truppenstärke noch seine Ausrüstung für reguläre Belagerungsoperationen ausreichten, beschloss er zu Recht, die verzweifelte Chance eines Angriffs auf die stärkste Festung Amerikas zu wagen. Dies geschah in der Nacht des 31. Dezember 1775. Mit dem Tod von Montgomery, der an der Spitze seiner Männer fiel, war jede Aussicht auf Erfolg zunichte gemacht.

Die amerikanische Armee zog sich drei Meilen flussaufwärts zurück, bezog Winterquartiere und errichtete eine Landblockade über Quebec, das durch das Eis vom Meer abgeschnitten war. „Fünf Monate lang", schrieb Carleton am 14. Mai 1776 an den Kriegsminister, „wurde diese Stadt von den Rebellen eng umschlossen." Aus dieser unangenehmen Lage wurde es am 6. Mai befreit, als Signale zwischen ihm und der *Surprise ausgetauscht wurden* , dem Vorschiff eines Geschwaders unter Kapitän Charles Douglas, das am 11. März aus England ausgelaufen war . Als Douglas am Morgen des 12. April an der Mündung des Sankt-Lorenz-Stroms ankam, fand er Eis vor, das sich fast zwanzig Meilen bis zum Meer erstreckte und zu dicht zusammengedrängt war, als dass es sich hätte durch geschicktes Steuern durchqueren lassen. Da die Dringlichkeit des Falles keine Verzögerung zuließ, fuhr er mit seinem Schiff, der *Isis* , 50, mit einer Geschwindigkeit von fünf Knoten gegen ein großes, etwa drei bis zwölf Fuß dickes Stück Eis, um die Wirkung zu testen. Das vermutlich durch Salzwasser und Salzluft aufgeweichte Eis zerfiel. „Ermutigt durch dieses Experiment", fährt Douglas einigermaßen großartig fort, „hielten wir es für ein Unternehmen, das eines englischen Linienschiffs für die heilige Sache unseres Königs und unseres Landes würdig war, und für eine Anstrengung, die den tapferen Verteidigern von Quebec zu verdanken war, den Versuch zu unternehmen." Wir drängten sie mit der Kraft des Segels durch die dicken, breiten und eng miteinander verbundenen Eisfelder, für die wir bis zum westlichen Teil unseres Horizonts keine Grenzen sahen. Vor der Nacht (wenn ein Schneesturm wehte, brachten wir – oder ... (eher stehen geblieben) waren wir etwa acht Meilen weit hinein vorgedrungen und hatten unseren Weg die ganze Zeit über mit Stücken der Ummantelung des Schiffsbodens und manchmal mit Stücken des Cutwater, aber nichts von der Eichenplanke beschrieben; und es war zeitweise recht angenehm , als wir festhielten, um zu sehen, wie Lord Petersham seine Truppen auf der verkrusteten Oberfläche dieser Flüssigkeit trainierte, durch die das Schiff erst vor kurzem gesegelt war. Es dauerte neun Tage dieser Arbeit, um die Insel Anticosti zu erreichen, danach scheint das Eis keine Probleme mehr bereitet zu haben; Nebel, Windstille und Gegenwind führten jedoch zu weiteren Verzögerungen.

Beim Eintreffen der Kriegsschiffe zogen sich die Amerikaner sofort zurück. Obwohl im Winter von Zeit zu Zeit Verstärkung eingetroffen sein musste, waren sie durch die Einwirkung der Witterungseinflüsse und die Pocken, die das Lager verwüsteten, ausgezehrt. Am 1. Mai ergab die Rückkehr, dass 1900 Männer anwesend waren, von denen nur 1000 dienstfähig waren. Damals waren nur Vorräte für drei Tage vorhanden, und kein anderer war näher als St. John's. Die Einwohner würden den Amerikanern nach Ankunft der Schiffe natürlich keine weitere Hilfe leisten. Die Marine hatte erneut über das Schicksal Kanadas entschieden und sollte bald auch über das des Lake Champlain entscheiden.

Generalmajor Philip Schuyler

Edward Pellew, später Admiral,
Lord Exmouth

Als zweihundert Truppen von den Schiffen gelandet waren, marschierte Carleton hinaus, „um zu sehen", sagte er, „was diese mächtigen Prahler vorhatten." Das höhnische Grinsen war einem Mann seines großzügigen Charakters unwürdig, denn die Prahler hatten viel ertragen, um nur geringe Aussichten auf Erfolg zu haben; und die geringe Verstärkung, die ihn zum Handeln ermutigte, zeugt entweder von seiner äußersten Besonnenheit oder davon, wie knapp Quebec entkommen konnte. Er fand den Feind mit den Vorbereitungen für den Rückzug beschäftigt, und als er auftauchte, verließen sie ihr Lager. Da ihre Streitkräfte auf beiden Seiten des Flusses nun durch die feindliche Schifffahrt getrennt waren, zogen sich die Amerikaner zunächst nach Sorel zurück, wo der Richelieu in den Sankt-Lorenz-Strom mündet, und zogen sich von dort schrittweise zurück. Erst am 15. Juni verließ Arnold Montreal; und Ende Juni befand sich die vereinte Streitmacht immer noch auf der kanadischen Seite der heutigen Grenzlinie. Am 3. Juli erreichte es Crown Point, in einem bedauernswerten Zustand aufgrund der Pocken und der Armut.

Beide Parteien begannen sofort, sich auf einen Wettstreit am Lake Champlain vorzubereiten. Die Amerikaner, so klein ihre Flottille auch war, behielten dennoch die Überlegenheit, die ihnen Arnolds Schnelligkeit ein Jahr zuvor verschafft hatte. Am 25. Juni schrieb der amerikanische General Schuyler, der das Norddepartement befehligte: „Wir haben glücklicherweise eine solche Marineüberlegenheit am Lake Champlain, dass ich zuversichtlich hoffe, dass der Feind in diesem Feldzug dort nicht auftauchen wird, zumal unsere Streitkräfte es sind." Durch die Hinzufügung von Gondeln wurden zwei weitere Gondeln hinzugefügt, von denen zwei fast fertig waren. Arnold jedoch – aufgrund seiner technischen Kenntnisse wurde er mit den Vorbereitungen für die Marine betraut – sagt, dass 300 Zimmerleute beschäftigt werden sollten und eine große Anzahl von Gondeln, Reihengaleeren, usw. gebaut werden, mindestens zwanzig oder dreißig. Es ist sehr schwierig, die benötigten Tischler zu finden. Arnolds Ideen hatten in der Tat ein Ausmaß, das den bedeutsamen Themen, um die es ging, würdig war. „Die Verstärkung unserer Marine auf dem See erscheint mir von größter Bedeutung. Zwischen Crown Point und Pointe au Fer gibt es Wasser für Schiffe der größten Größe. Ich bin der Meinung, dass Reihengaleeren die beste Konstruktion und die billigste für diesen See sind . Vielleicht ist es sinnvoll, eine Fregatte mit 36 Kanonen zu haben. Sie kann 18-Pfünder auf dem See transportieren und jedem Schiff überlegen sein, das von St. John's aus gebaut oder zu Wasser gelassen werden kann.

Unglücklicherweise für die Amerikaner waren ihre Ressourcen an Männern und Mitteln weitaus geringer als die ihrer Gegner, die schließlich, wenn auch in etwas kleinerem Maßstab, Arnolds Idee eines so genannten Segelschiffs der Macht bis jetzt umsetzen konnten in Binnengewässern unbekannt. Ein solches Schiff beherrschte, unterstützt von zwei Gefährten einigermaßen ähnlichen Charakters, den See, sobald es über Wasser war, und kehrte alle Verhältnisse um. Es erforderte jedoch Zeit, unschätzbare Zeit, um es zu platzieren und auszurüsten, und während dieser Zeit übten die beiden Schoner von Arnold die Kontrolle aus. Baron Riedesel, der Kommandeur des deutschen Kontingents bei Carleton, schrieb nach einer Untersuchung der amerikanischen Position bei Ticonderoga: „Wenn wir unsere Expedition vier Wochen früher hätten beginnen können, wäre ich zufrieden, dass in diesem Jahr (1776) alles zu Ende gewesen wäre; aber Da wir weder Unterkunft noch andere notwendige Dinge hatten, konnten wir nicht am anderen [südlichen] Ende von Champlain bleiben." Eine Verzögerung begünstigt also die Verteidigung und verändert die Situation. Welche Auswirkungen hätte es auf die amerikanische Sache gehabt, wenn gleichzeitig mit dem Verlust von New York vom 20. August bis 15. September die Nachricht vom Fall Ticonderogas eingegangen wäre, dessen Ruf für seine Stärke hoch war? Das war noch nicht alles; denn in diesem Fall wäre der Plan, der 1777 durch Sir William Howes schlecht durchdachte Expedition zum Chesapeake zunichte gemacht wurde, zweifellos 1776 ausgeführt worden. In einer zeitgenössischen englischen Zeitung findet sich der folgende bedeutungsvolle Artikel: „London, 26. September 1776. " Aus Kanada ist hier vom 12. August die Meldung eingegangen, dass es für die Armee von General Burgoyne in dieser Saison undurchführbar ist, über die Seen zu gelangen. Die Seestreitkräfte der Provinzialen sind derzeit zu groß, als dass sie mit ihnen fertig werden könnten. Sie müssen größer werden Schiffe für diesen Zweck, und diese können nicht vor dem nächsten Sommer fertig sein. Der Plan *sah vor* –dass die beiden von den Generälen Howe und Burgoyne kommandierten Armeen zusammenarbeiten sollten, dass sie beide gleichzeitig am Hudson River sein sollten und dass sie sich etwa vereinigen sollten Albany und unterbrach dadurch jegliche Kommunikation zwischen den nördlichen und südlichen Kolonien. 4

Da Arnolds ehrgeizigerer Plan nicht verwirklicht werden konnte, musste er sich mit Gondeln und Galeeren begnügen, sowohl für die Streitkräfte, die er befehligen als auch aufbauen sollte. Den genauen Unterschied zwischen den beiden namentlich unterschiedenen Arten von Ruderschiffen konnte der Autor nicht feststellen. Die Gondel war ein Boot mit flachem Boden und hinsichtlich der nautischen Eigenschaften – Geschwindigkeit, Handlichkeit und Seetüchtigkeit – den Galeeren unterlegen, die wahrscheinlich einen Kiel hatten. Letzterer trug sicherlich Segel und war möglicherweise in der Lage, windwärts zu schlagen. Arnold bevorzugte sie und stoppte den Bau von Gondeln. „Die Galeeren", schrieb er, „sind schnell unterwegs, was uns auf dem offenen See einen großen Vorteil verschaffen wird." Die Besatzung der Galeeren bestand aus achtzig Mann, die der Gondeln aus fünfundvierzig; Daraus und aus ihren Batterien kann geschlossen werden, dass die letzteren zwischen einem Drittel und der Hälfte der Größe der ersteren waren. Die Bewaffnung der beiden Gondeln war vom Charakter her ähnlich, die der Gondeln jedoch viel leichter. Amerikanische Berichte stimmen mit Kapitän Douglas' Bericht über eine von den Briten erbeutete Galeere überein. Im Bug ein 18- und ein 12-Pfünder; im Heck zwei Neunen; in der Breitseite von vier bis sechs Sechsern. Darin liegt eine etwas drollige Erinnerung an die umstrittenen Vorzüge von Bug-, Heck- und Breitseitenfeuer in einem modernen eisernen Panzerschiff; und die praktische Schlussfolgerung ist weitgehend dieselbe. Die Gondeln hatten einen 12-Pfünder und zwei 6er-Gondeln. Alle Schiffe beider Parteien waren mit einer Reihe von Schwenkgeschützen ausgestattet.

Inmitten der vielen Schwierigkeiten, die der Mangel an Ressourcen für alle amerikanischen Unternehmungen mit sich brachte, gelang es Arnold am 20. August, mit drei Schonern, einer Schaluppe und fünf Gondeln über Wasser zu kommen. Er kreuzte bis zum 1. September am oberen Ende von Champlain, zog dann schnell nach Norden und ankerte am 3. in den unteren Engen, 25 Meilen oberhalb von St. John's, wobei er seine Linie von Ufer zu Ufer ausdehnte. Späher hatten ihn über den Fortschritt der britischen Marinevorbereitungen auf dem Laufenden gehalten, sodass er wusste, dass keine unmittelbare Gefahr bestand; während eine vorgeschobene Position, die mit einer kühnen Front gehalten wird, Aufklärungen auf dem Wasserweg sicherlich verhindern würde und möglicherweise dem Feind einiges auferlegen könnte. Letzterer errichtete jedoch auf beiden Seiten des Ankerplatzes Batterien und zwang Arnold, sich auf den breiteren See zurückzuziehen. Anschließend ließ er Sondierungen rund um die Insel Valcour und zwischen ihr und dem Westufer durchführen; Das war die Position, in der er Stellung beziehen wollte. Dorthin zog er sich am 23. September zurück.

Die Briten hatten ihrerseits mit nicht weniger Hindernissen zu kämpfen als ihre Gegner, wenn auch von etwas anderer Art. Die Hauptschwierigkeiten der Amerikaner bestanden darin, Tischler und Materialien zum Bauen sowie Seeleute für Menschen zu gewinnen, da die Bedürfnisse der Küste den an sie gestellten Anforderungen nur teilweise nachgaben; aber ihre Schiffe wurden an den Ufern des Sees gebaut und in schiffbare Gewässer gebracht. Eine große Flotte von Transportern und Kriegsschiffen im Sankt-Lorenz-Strom versorgte die Briten mit ausreichenden Ressourcen, die von Kapitän Douglas umsichtig und energisch eingesetzt wurden; aber diese zum See zu bringen war eine lange und mühsame Aufgabe. Ein großer Teil des Richelieu-Flusses war seicht und durch Stromschnellen blockiert. Der Punkt, an dem die Schifffahrt auf dem See begann, war bei St. John's, und die nächste Annäherung mit einem Hundert-Tonnen-Schoner vom Sankt-Lorenz-Strom aus war Chambly, zehn Meilen tiefer. Flachboote und Langboote konnten flussaufwärts gezogen werden, Schiffe jeder Größe mussten jedoch auf dem Landweg transportiert werden; und die Ingenieure fanden, dass das Straßenbett stellenweise zu weich war, um das Gewicht von hundert Tonnen zu tragen. Unter Douglas' Anweisungen wurden die Beplankung und Spanten von zwei Schonern in Chambly abmontiert und auf der Straße nach St. John's transportiert, wo sie wieder zusammengesetzt wurden. In Quebec fand er den Bau eines neuen Rumpfes von 180 Tonnen. Er zerlegte es fast bis zum Kiel und verschiffte die Spanten in dreißig Langbooten, die die Transportkapitäne zusammen mit ihren Zimmerleuten für den Dienst auf dem See abgeben wollten. Rekruten von den Kriegsschiffen und Freiwillige von den Transportern stellten eine Truppe von siebenhundert Seeleuten für den gleichen Einsatz – eine Streitmacht, der die Amerikaner nichts Vergleichbares entgegensetzen konnten, da sie von regulären Marineoffizieren kommandiert wurde. Das größte Schiff war schiffsgetakelt und verfügte über eine Batterie von achtzehn 12-Pfündern; Sie wurde „*Inflexible*" genannt und von Leutnant John Schanck kommandiert. Die beiden Schoner *Maria* , Leutnant Starke, und *Carleton* , Leutnant James Richard Dacres, beförderten vierzehn bzw. zwölf 6-Pfünder. Sie bildeten das Rückgrat der britischen Flottille. Es gab auch ein Radeau, den *Thunderer*, und eine große Gondel, den *Loyal Convert* , beide schwer bewaffnet; aber da sie ebenso bewegungsintensiv sind, scheinen sie keine wichtige Rolle gespielt zu haben. Darüber hinaus gab es zu Beginn der Expedition zwanzig Kanonenboote, von denen jedes ein Feldgeschütz trug, von 24 bis 9-Pfündern; oder in einigen Fällen Haubitzen. [5]

„Mit all diesen Mitteln", schrieb Douglas am 21. Juli, „steht kein Zweifel daran, dass wir eine absolute Herrschaft über den Lake Champlain erlangen." Die Erwartung war vollkommen berechtigt. Mit einer funktionierenden Brise konnte die *Inflexible* allein den See von allem befreien, was darauf schwamm. Aber das Element der Zeit blieb. Von dem Tag, an dem er dies schrieb, bis zu dem Tag, an dem er den *Inflexiblen* St. John's, dem 4. Oktober, verlassen sah, vergingen über zehn Wochen; und erst am 9. war Carleton bereit, mit dem Geschwader vorzurücken. Zu diesem Zeitpunkt waren die amerikanischen Truppen an der Spitze des Sees auf acht- bis zehntausend Mann angewachsen. Die Zahl der britischen Landstreitkräfte beträgt 13.000, davon befanden sich 6.000 in St. John's und anderswo in Garnison.

Arnolds letzte Verstärkung erreichte ihn am 6. Oktober bei Valcour. An diesem Tag und bei der Aktion am 11. hatte er alle amerikanischen Schiffe auf dem See bei sich, mit Ausnahme eines Schoners und einer Galeere. Seine Streitmacht bestand also aus zwei Schonern und einer Schaluppe, Breitseitenschiffen, außerdem vier Galeeren und acht Gondeln, von denen vernünftigerweise angenommen werden kann, dass sie von ihren

Buggeschützen abhingen; Dort war zumindest ihr schwerstes Feuer. So berechnet, konnte seine Flottille, optimal aufgestellt, gleichzeitig zwei 18er, dreizehn 12er, einen 9er, zwei 6er, zwölf 4er und zwei 2-Pfünder in Aktion setzen, unabhängig von Wirbeln; insgesamt zweiunddreißig Kanonen, von vierundachtzig, die in fünfzehn Schiffen montiert waren. Dem mussten die Briten in drei Breitseitenschiffen, neun 12er und dreizehn 6er, und in zwanzig Kanonenbooten zwanzig weitere Messinggeschütze entgegensetzen, „von vierundzwanzig bis neun, einige mit Haubitzen"; [7] insgesamt zweiundvierzig Kanonen. In dieser Erklärung wurden das Radeau und die Gondel aufgrund ihrer Unhandlichkeit nicht berücksichtigt. Als Breitseitenschiffe würden sie die britische Bewaffnung um drei 24er, drei 12er, vier 9er und eine Haubitze auf insgesamt dreiundfünfzig Kanonen erhöhen. Tatsächlich könnten sie nur unter außergewöhnlichen Umständen zum Einsatz kommen und sollten besser weggelassen werden.

Diese Kleinigkeiten sind notwendig, um das, was Kapitän Douglas zu Recht als „bedeutsames Ereignis" bezeichnete, richtig einschätzen zu können. Es war ein Kampf der Zwerge um den Preis eines Kontinents, und den Anführern steht sowohl für ihre vorangegangene Energie als auch für ihre Disposition im Kampf volle Anerkennung zu; nicht zuletzt der unglückliche Mann, der, nachdem er so viel getan hatte, um sein Land zu retten, anschließend seinen Namen durch einen Verrat in Verruf brachte, der im modernen Krieg seinesgleichen sucht. Energie und Kühnheit hatten den Amerikanern bisher den See gerettet; Arnold beschloss, seine Chancen noch einmal zu nutzen. Er kannte die volle Kraft des Feindes nicht, aber er erwartete, dass „er sehr gewaltig sein würde, wenn nicht sogar der unseren ebenbürtig". [8] Die Saison war jedoch so nah am Ende, dass ein schwerer Schlag einer Niederlage gleichkäme und Carletons weiteren Vormarsch auf das nächste Frühjahr verschieben würde. Was war außerdem eine solche Streitmacht wie die amerikanische, eine solche Flottille wert, unter den Kanonen von Ticonderoga, während der See verloren ging? Es war durchaus ein Grund, ein Risiko einzugehen, selbst wenn die Abteilung geopfert werden sollte, wie es der Fall war.

Arnolds ursprünglicher Zweck bestand darin, unterwegs zu kämpfen; und unter diesem Gesichtspunkt schätzte er die Galeeren wegen ihrer Mobilität. Es ist ungewiss, wann er zum ersten Mal von der Takelage und der Batterie der *Inflexible erfuhr*; aber es wurde gut Ausschau gehalten, und das britische Geschwader wurde von Valcour aus gesichtet, als es die Enge verließ. Es könnte sogar schon früher gesehen worden sein; denn Carleton war fälschlicherweise darüber informiert worden, dass die Amerikaner in der Nähe von Grand Island seien, was ihn dazu veranlasste, sich auf diese Seite zu neigen und so Valcour früher zu erschließen. Die Briten ankerten in der Nacht des 10. Oktober zwischen Grand und Long [2] Islands. Als sie sich am nächsten Morgen auf den Weg machten, standen sie bei starkem Nordostwind flussaufwärts des Sees und hielten sich entlang der Grand Island, auf die ihre Aufmerksamkeit zweifellos durch die erhaltene Nachricht gerichtet war; Aber es war eine einzigartige Nachlässigkeit, bei gutem Wind nach Lee zu rennen, ohne beide Hände gründlich zu erkunden. Die Folge war, dass die amerikanische Flottille erst entdeckt wurde, als die Insel Valcour, die auf ihrer gesamten Länge von 120 bis 180 Fuß hoch ist, so weit passiert war, dass der Angriff von Süden her erfolgen musste. – von Lee.

Als die Briten zum ersten Mal entdeckt wurden, drängte Arnolds Stellvertreter Waterbury, dass die Flottille angesichts der Überlegenheit des Feindes sofort losfahren und sie „auf einem Rückzug im Hauptsee" bekämpfen sollte; Der Hafen sei nachteilig, „um eine so viel überlegene Zahl zu bekämpfen, und der Feind konnte uns von allen Seiten umgeben, da wir zwischen einer Insel und dem Hauptschiff lagen." Waterburys Rat hatte offenbar seinen Ursprung in der fruchtbaren Quelle militärischer Planungsfehler, bei denen die Erhaltung einer Streitmacht an erster Stelle der Ziele steht und die Ergebnisse ihrer Aktion zweitrangig sind. Mit fundiertem Urteilsvermögen beschloss Arnold, durchzuhalten. Ein Rückzug vor Rahsegelschiffen, die guten Wind hatten, durch eine heterogene Streitmacht wie seine eigene, mit ungleichen Geschwindigkeiten und Batterien, konnte nur in einer Katastrophe enden. Ein gezieltes Feuer und eine erfolgreiche Flucht waren gleichermaßen unwahrscheinlich; und außerdem bedeutete eine Flucht, wenn sie möglich war, nur, das Spiel zu vermasseln. Vertrauen Sie besser auf eine stabile, geordnete Position und entwickeln Sie das höchste Feuer. Wenn der Feind ihn entdeckte und durch den nördlichen Eingang eindrang, gab es in der Mitte des Kanals einen fünf Fuß hohen Hügel, der den größten von ihnen heraufholen konnte; Wenn, wie sich herausstellte, die Insel passiert und der Angriff von der Leeseite aus erfolgen sollte, würde er wahrscheinlich teilweise und in Unordnung erfolgen, wie es auch geschah. Die Richtigkeit von Arnolds Entscheidung, keinen Rückzug zu wagen, zeigte sich bei dem Rückzug zwei Tage später.

Valcour liegt auf der Westseite des Sees, etwa eine Dreiviertelmeile vom Hauptsee entfernt; aber eine Halbinsel, die in der Mitte der Insel vorspringt, verengt diesen Zwischenraum auf eine halbe Meile. Aus den Berichten geht hervor, dass die amerikanische Flottille südlich dieser Halbinsel lag. Arnold hatte daher die berechtigte Hoffnung, dass es unentdeckt bleiben würde. In einem Brief an Gates, den Oberbefehlshaber von Ticonderoga, sagte er: „Es gibt einen guten Hafen, und wenn der Feind den See hinaufwagt, wird es ihm unmöglich sein, unsere Situation auszunutzen. Wenn unser Angriff gelingt." Auf ihnen wird es für niemanden möglich sein, zu entkommen. Wenn wir am schlimmsten sind, ist unser Zufluchtsort offen und frei. Bei Wind, der zu dieser Jahreszeit im Allgemeinen frisch weht, werden unsere Schiffe gutes

Wetter machen, während ihres den See nicht halten kann ." Aus diesem Dokument, das drei Wochen vor der Schlacht verfasst wurde, geht hervor, dass er damals nicht mit einer Streitmacht gerechnet hatte, die sich wesentlich von seiner eigenen unterscheiden würde. Später beschreibt er seine Position als „in einer kleinen Bucht auf der Westseite der Insel, so nah wie möglich beieinander und in einer solchen Form, dass nur wenige Schiffe uns gleichzeitig angreifen können und diese dem Angriff ausgesetzt sind." Feuer der gesamten Flotte." Auch wenn er leider keine Einzelheiten preisgibt , hatte er offensichtlich gute taktische Vorstellungen. Die Formation der vor Anker liegenden Schiffe wird von den britischen Offizieren als Halbmond beschrieben.

Als die Briten den Feind entdeckten, zogen sie ihn an. Arnold befahl einem seiner Schoner, der *Royal Savage* , und den vier Galeeren, sich auf den Weg zu machen; Die beiden anderen Schoner und die acht Gondeln blieben vor Anker. Die „*Royal Savage*" , die durch schlechtes Management, wie Arnold sagt, nach Lee abfiel , geriet, offenbar ohne Unterstützung, unter das ferne Feuer der „ *Inflexible* ", als sie um 11 Uhr morgens unter den Windschatten von Valcour fuhr, gefolgt von der „ *Carleton* " und darüber hinaus Entfernung durch die *Maria* und die Kanonenboote. Drei Schüsse aus den 12-Pfündern des Schiffes trafen die *Royal Savage* , die daraufhin an der Südspitze der Insel an Land lief. Die *Inflexible* , dicht gefolgt von der *Carleton* , fuhr weiter, feuerte aber nur gelegentlich; Dies zeigt, dass Arnold seine Galeeren an langen Schiffen in der Hand hielt − so wie man kleine Schiffe mit einer Achtzehn behalten sollte, wenn sie mit einer Breitseite aus neun Kanonen konfrontiert wurden. Zwischen der Insel und dem Hauptschiff wehte der Nordostwind zweifellos weiter nördlich, was der Annäherung des Schiffes entgegenstand; Aber als ein Sprung von den Klippen die vorderen und hinteren Segel der *Carleton* erfasste, gelangte sie „fast in die Mitte des Halbmonds der Rebellen, wo Leutnant JR Dacres unerschrocken mit einer Feder an ihrem Kabel ankerte". Die *Maria* , an Bord der Carleton, zusammen mit Commander Thomas Pringle, dem Kommandeur der Flottille, befand sich zu Beginn der Verfolgungsjagd auf der Leeseite und konnte an diesem Tag nicht in den Nahkampf eingreifen. Zu diesem Zeitpunkt waren siebzehn der zwanzig Kanonenboote aufgetaucht und kamen, nachdem sie die *Royal Savage zum Schweigen gebracht* hatten, bis in unmittelbare Reichweite der amerikanischen Flottille heran. „Die Kanonade war gewaltig", schrieb Baron Riedesel. Leutnant Edward Longcroft vom Radeau *Thunderer* war nicht in der Lage, sein Floß in Aktion zu setzen, und ging mit einer Bootsbesatzung an Bord der *Royal Savage* und richtete eine Zeit lang ihre Waffen auf ihre ehemaligen Freunde. aber das Feuer des letzteren zwang ihn erneut, sie zu verlassen, und es schien so wahrscheinlich, dass sie zurückerobert werden könnte, dass sie von Leutnant Starke von der Maria in Brand gesteckt wurde, *als* bereits „zwei Rebellenboote ganz in ihrer Nähe waren." kurz darauf explodierte. Die amerikanischen Kanonen, die in ihrer zentralen Position auf die *Carleton zusteuerten* , erlitten schwere Schäden. Ihr Kommandant, Leutnant Dacres, wurde bewusstlos geschlagen; ein anderer Offizier verlor einen Arm; nur Herr Edward Pellew, später Lord Exmouth, blieb dienstfähig. Nachdem die Feder weggeschossen war, schwang sie ihre Bögen auf den Feind und ihr Feuer wurde dadurch zum Schweigen gebracht. Kapitän Pringle gab ihr ein Zeichen, sich zurückzuziehen; aber sie konnte nicht gehorchen. Um den Kopf richtig abzuwerfen, musste Pellew selbst unter schwerem Musketenfeuer auf den Bugspriet steigen, um den Ausleger nach Luv zu bringen; aber Segel zu machen schien unmöglich gewesen zu sein. Zwei Artillerieboote wurden zu ihrer Hilfe geschickt, „die sie durch ein sehr dichtes Feuer bis außer Reichweite schleppten, sehr zur Ehre von Mr. John Curling und Mr. Patrick Carnegy, Kapitänsmaat und Midshipman der Isis, die … " leitete sie; und von Herrn Edward Pellew, Maat der *Blonde* , der das Schleppseil vom Bugspriet der *Carleton warf* . [10] Dieser Dienst an Bord der *Carleton* brachte Pellew auf den Weg zum Glück; aber seltsamerweise wurde die ihm daraufhin sowohl vom Ersten Lord als auch von Lord Howe versprochene Statthalterschaft dadurch verzögert, dass er an der Front blieb, anstatt nach hinten zu gehen, wo er „in ihrem Zuständigkeitsbereich" gewesen wäre. " [11] Die *Carleton* hatte 60 cm Wasser im Laderaum und hatte acht Tote und sechs Verwundete verloren, also etwa die Hälfte ihrer Besatzung, als sie außerhalb des Feuers vor Anker ging. Bei diesem kleinen, aber spannenden Geschäft hatten die Amerikaner neben der *Royal Savage* eine Gondel verloren. Neben den Verletzungen der *Carleton* wurde auch ein britisches Artillerieboot unter dem Kommando eines deutschen Leutnants versenkt. Gegen Abend geriet die *Inflexible* aus nächster Nähe an die Amerikaner heran, „als fünf Breitseiten", schrieb Douglas, „ihre gesamte Linie zum Schweigen brachten". Ein frisches Schiff mit einer für die Seetüchtigkeit geeigneten Bauweise und einer konzentrierten Batterie hat einen unbestrittenen Vorteil gegenüber einem Dutzend leichter Schiffe, die jeweils ein oder zwei Kanonen tragen und bereits mehrere Stunden im Einsatz sind.

Bei Einbruch der Dunkelheit geriet die *Inflexible* außer Reichweite und das britische Geschwader ankerte in Kampflinie am südlichen Ende der Passage zwischen der Insel und dem Hauptschiff. Einige Schiffe wurden auch nach Osten in den offenen See ausgedehnt. „Der beste Teil meiner Informationen", schrieb Burgoyne am nächsten Tag von St. John's an Douglas in Quebec, „ist, dass unsere gesamte Flotte in einer Linie über dem Feind aufgestellt war und sie sich daher heute Morgen ergeben oder uns in den Kampf geschickt haben müssen." zu unseren eigenen Bedingungen. Die Indianer und leichten Truppen sind mit der Flotte auf Augenhöhe; sie können daher nicht auf dem Landweg entkommen." Da das britische Geschwader dieses Vertrauen teilte, wurde kein angemessener Ausguck gehalten. Der amerikanische Anführer hielt sofort eine Konferenz mit seinen Offizieren ab und beschloss, einen Rückzugsversuch zu unternehmen, „der mit solcher Geheimhaltung durchgeführt wurde", schreibt Waterbury, „dass wir sie völlig unentdeckt durchliefen." Die Bewegung begann um 19 Uhr, eine Galeere ging voran, die Gondeln und Schoner folgten, und Arnold und sein Stellvertreter bildeten in den beiden schwersten Galeeren die Nachhut. Begünstigt wurde diese heikle Operation durch starken Nebel, der sich erst am nächsten Morgen um acht lichtete. Als die Amerikaner vorbeischlichen, konnten sie keines der feindlichen Schiffe sehen. Bei Tageslicht waren sie für die Briten außer Sichtweite. Riedesel sagt über dieses Ereignis: „Die Schiffe lagen sicher vor dem Feind vor Anker, stahlen sich in der Nacht davon und segelten um den linken Flügel herum, unterstützt von einem günstigen Wind, und entkamen in der Dunkelheit." Das Erstaunen am nächsten Morgen, fährt er fort, sei groß gewesen, ebenso wie Carletons Wut. Dieser begann so eilig mit der Verfolgung, dass er vergaß, den gelandeten Truppen Befehle zu hinterlassen; Da er die Flüchtlinge jedoch nicht entdecken konnte, kehrte er zurück und blieb bis zum Einbruch der Dunkelheit in Valcour, als Späher ihm mitteilten, dass der Feind acht Meilen oberhalb von Schuyler's Island sei.

Der Rückzug der Amerikaner war durch ihre Verletzungen und durch den vor ihnen wehenden Wind behindert worden. Am 12. mussten sie vor Anker gehen, um Schäden zu reparieren, da sowohl Rumpf als auch Segel stark in Mitleidenschaft gezogen worden waren. Arnold traf die Vorsichtsmaßnahme und schrieb nach Crown Point, um Boote zu holen, die im Falle eines Südwinds abgeschleppt werden sollten. aber die Zeit ließ es nicht zu, dass diese ankamen. Zwei Gondeln mussten aufgrund ihrer Verletzungen versenkt werden, sodass bisher drei dieser Klasse verloren gingen. Der Rückzug wurde um 14 Uhr wieder aufgenommen, aber die Brise wehte frisch aus Süden und die Gondeln kamen kaum voran. Am Abend jagten die Briten erneut. In dieser Nacht ließ der Wind nach, und bei Tagesanbruch war die amerikanische Flottille achtundzwanzig Meilen von Crown Point und vierzehn von Valcour entfernt und hatte noch fünf Meilen vor dem Start. Später jedoch, so Arnolds Bericht, „blies der Wind wieder nach Süden, so dass wir weder durch Schläge noch durch Rudern sehr wenig gewonnen haben Split Rock erreichten, waren neben uns." Die Galeeren von Arnold und Waterbury, die *Congress* und die *Washington* hatten sich die ganze Zeit im Hintergrund gehalten und erhielten nun die Hauptlast des Angriffs der *Inflexible* und der beiden Schoner, die ihre trägen Gefährten vollständig distanziert hatten. Dieser Kampf fand in der oberen Enge statt, wo der See zwischen ein und drei Meilen breit ist. und es dauerte laut Arnolds Bericht fünf Stunden (zweieinhalb Stunden), wobei sich die Amerikaner kontinuierlich zurückzogen, bis etwa zehn Meilen von Crown Point entfernt. Da die

Washington einige Zeit zuvor zugeschlagen hatte und eine endgültige Flucht unmöglich war, ließ Arnold die *Congress* und vier Gondeln in einem kleinen Bach auf der Ostseite an Land bringen. Er zog mit der kühlen Urteilskraft, die sein gesamtes Verhalten geprägt hatte, nach Luv, so dass der Feind ihm nicht folgen konnte – außer in kleinen Booten, mit denen er fertig werden konnte. Dort zündete er seine Schiffe an und stand ihnen bei, bis ihm klar wurde, dass sie unter wehenden Flaggen in die Luft jagen würden. Anschließend zog er sich „trotz der Wilden" durch den Wald nach Crown Point zurück; Ein Satz, der diesen einzigartigen Wasserwettbewerb mit einem Hauch von Lokalkolorit abschließt.

In drei Tagen des Kampfes und Rückzugs hatten die Amerikaner einen Schoner, zwei Galeeren und sieben Gondeln verloren – insgesamt zehn von fünfzehn Schiffen. Die Zahl der Toten und Verwundeten belief sich auf über achtzig, etwa zwanzig davon befanden sich in Arnolds Galeere. Die ursprünglich siebenhundert Mann starke Truppe war dezimiert worden. Wenn man das Rohmaterial und die Aktualität seiner Organisation bedenkt, kann man den Heldenmut des Widerstands kaum überbewerten, der zweifellos hauptsächlich von den persönlichen militärischen Qualitäten des Anführers abhing. Der britische Verlust an Toten und Verwundeten betrug nicht mehr als vierzig.

Die kleine amerikanische Marine auf Champlain wurde ausgelöscht; Aber nie hatte eine Macht, ob groß oder klein, ein besseres Leben geführt oder einen ruhmreicheren Tod erlitten, denn sie hatte den See für dieses Jahr gerettet. Welche Schlussfolgerungen auch immer für Fehler und Umstände jeglicher Art gezogen werden mögen, die den britischen Feldzug von 1777 fehlgeschlagen und katastrophal machten und so direkt zum amerikanischen Bündnis mit Frankreich im Jahr 1778 führten, die Verzögerung mit allem, was damit verbunden war, wurde von den USA erwirkt Seefeldzug von 1776. Am 15. Oktober, zwei Tage nach Arnolds endgültiger Niederlage, datierte Carleton einen Brief an Douglas aus der Zeit vor Crown Point, wo die amerikanische Garnison abgezogen wurde. Eine Woche später traf Riedesel ein und schrieb: „Wenn unsere ganze Armee hier wäre, wäre es eine leichte Sache, den Feind aus seinen Schanzen zu vertreiben" in Ticonderoga, und – wie bereits zitiert – vier Wochen früher hätten den Fall sichergestellt . Es ist nur ein Zufall, dass der Aufbau des *Inflexible* in St. John's nur vier Wochen dauerte ; aber es charakterisiert die ganze Geschichte. Ohne Arnolds Flottille hätten die beiden britischen Schoner die Angelegenheit geklärt. „Im Großen und Ganzen, Sir", schrieb Douglas in seinem letzten Brief aus Quebec vor der Abreise nach England, „habe ich Bedenken, nicht zu sagen, dass es möglich gewesen wäre, wenn General Carleton mich nicht ermächtigt hätte, die außergewöhnliche Maßnahme zu ergreifen und die *Inflexible* von Quebec heraufzuschicken." Noch nie ist dieses Jahr am Lake Champlain ein so glorreicher Abschluss gekommen." Douglas zeigte außerdem, wie wichtig dieser Erfolg für die damaligen Männer war, indem er eine besondere Botschaft an den britischen Botschafter in Madrid sandte, in der er davon ausging, dass die frühzeitige Kenntnis dieses großen Ereignisses in den südlichen Teilen Europas für Seine Majestät von Vorteil sein könnte Service." Dass die Meinung der Regierung ähnlich war, lässt sich aus den zahlreichen verliehenen Auszeichnungen ableiten. Carleton wurde zum Knight of the Bath und Douglas zum Baronet ernannt.

Die Tapferkeit beider Seiten auf dem Lake Champlain im Jahr 1776 geht aus der vorstehenden Erzählung hervor. Hinsichtlich der Richtung der Bewegungen, also der Geschicklichkeit der beiden Führer, kann nicht die gleiche Anerkennung zuteil werden. Es war ein sehr schwerwiegender Fehler, am 11. Oktober auf Gewässern, die so gut bekannt waren wie die von Champlain, nach Lee zu rennen und dabei unentdeckt an einem verborgenen Feind vorbeizukommen. In früheren Kriegen war es Schauplatz häufiger britischer Operationen. Aus diesem Grund „konnte die *Maria* aufgrund ihrer entfernten Lage (von der die *Inflexible* und *Carleton* per Signal gejagt hatten), als die Rebellen zum ersten Mal entdeckt wurden, und der verwirrenden Winde nicht in den Nahkampf eintreten." [13] Aus dem gleichen Grund konnte die *Inflexible die Carleton nicht unterstützen* . Den insgesamt deutlich unterlegenen Amerikanern wurde so eine Konzentration ihrer Übermacht auf einen Teil ihrer Feinde ermöglicht. Es ist unnötig, auf den demütigenden Vorfall von Arnolds Flucht an diesem Abend näher einzugehen. Kleine Dinge mit großen Dingen zu vergleichen – was in der militärischen Analyse immer von Nutzen war – ähnelte Hoods Flucht vor de Grasse in St. Kitts. [14]

Benedikt Arnold

Was Verhalten und Mut angeht, war Arnolds Verhalten durchweg ausgezeichnet. Ohne weiter auf die Energie einzugehen, die die Flottille geschaffen hat, und auf die Weitsichtigkeit, die Vorbereitungen nahelegte, die er nicht durchsetzen konnte, beruht die Bewunderung auf seiner Anerkennung der Tatsache – stillschweigend in der Tat, wenn auch nicht in Worten zum Ausdruck gebracht –, dass der einzige Nutzen der Marine besteht bestand darin, die Kontrolle über das Wasser anzufechten; eine Verzögerung durchzusetzen, selbst wenn dadurch der endgültige Sieg nicht gesichert werden könnte. Keine Worte könnten klarer sagen als seine Taten, dass die Marine unter den gegebenen Bedingungen nutzlos war, es sei denn, sie trug zu diesem Zweck bei; wertlos, wenn es im Hafen vergraben wird. Darauf beruht das Verdienst seines kühnen Vorstoßes in die unteren Engen; Daraufhin entschied er sich für die starke Verteidigungsposition von Valcour. Daraufhin weigerte er sich, sich zurückzuziehen, wie von Waterbury gefordert, als die volle Kraft des Feindes offengelegt wurde – eine Entscheidung, die durch die Vorteile gerechtfertigt oder vielmehr veranschaulicht wurde, die ihm die Unfälle des Tages in die Hände brachten. Seine persönliche Tapferkeit war dort wie zu allen Zeiten seines Lebens auffällig. „Seine Landsleute", sagte ein großzügiger Feind jener Zeit, „rühmten sich vor allem der gefährlichen Aufmerksamkeit, die er einem schönen Punkt der Ehre schenkte, indem er seine Flagge wehte und seine Galeere nicht verließ, bis sie in Flammen stand, aus Angst vor dem Feind."

hätte an Bord gehen und es schlagen sollen. Es ist nicht der geringste Schaden, der seiner Nation in späteren Jahren zugefügt wurde, dass er diese Prahlerei zum Schweigen gebracht und diese glorreiche Bilanz einer so schwarzen Schande ausgelöscht hat.

Mit der Zerstörung der Flottille endet die Seegeschichte der Seen während des Amerikanischen Unabhängigkeitskrieges. Zufrieden, dass es in diesem Jahr zu spät war, gegen Ticonderoga vorzugehen , zog sich Carleton nach St. John's zurück und begab sich ins Winterquartier. Im folgenden Jahr wurde das Unternehmen unter General Burgoyne wieder aufgenommen; aber Sir William Howe, anstatt durch einen Vormarsch den Hudson hinauf zu kooperieren, was der Plan von 1776 war, führte seine Armee nach Chesapeake Bay, um von dort gegen Philadelphia vorzugehen. Burgoyne nahm Ticonderoga ein und drang bis nach Saratoga vor, sechzig Meilen von Ticonderoga und dreißig Meilen von Albany entfernt, wo Howe ihn hätte treffen sollen. Dort wurde er von der von den Amerikanern versammelten Armee zum Stehen gebracht, konnte weder vorrücken noch sich zurückziehen und musste am 17. Oktober 1777 seine Waffen niederlegen. Die von ihm in Ticonderoga und Crown Point zurückgelassene Garnison zog sich zurück nach Kanada, und die Posten wurden von den Amerikanern wieder besetzt. Auf dem See fand kein weiterer Kampf statt, obwohl die britischen Schiffe die Kontrolle darüber behielten und sich bis 1781 von Zeit zu Zeit zeigten. Mit dem Ausbruch des Krieges zwischen Großbritannien und Frankreich im Jahr 1778 verlagerte sich der Schauplatz des maritimen Interesses in Salzwasser, und es blieb bis zum Ende übrig.

Fußnote 1:

In der üblichen Darstellung von Karten ist Norden die obere Grenze, und eine Bewegung nach Norden wird üblicherweise als „oben" bezeichnet. Man muss daher bedenken, dass der Wasserfluss vom Lake George zum Sankt-Lorenz-Strom zwar nach Norden, aber *geringer ist* .

Fußnote 2:

Danach Kapitän der Flotte (Stabschef) von Rodney in seinem großen Feldzug von 1782. *Post* , S. 222. Er starb 1789 als Konteradmiral und Baronet.

Fußnote 3:

Kursivschrift des Autors.

Fußnote 4:

Erinnerung , iv. 291.

Fußnote 5:

Das Radeau hatte sechs 24-Pfünder, sechs 12-Pfünder und zwei Haubitzen; die Gondel, sieben 9-Pfünder. Die Einzelheiten der Bewaffnung stammen aus Douglas' Briefen.

Fußnote 6:

Nach amerikanischen Berichten. Beatson gibt die im Frühjahr 1776 ausgesandte Streitmacht mit 13.357 an. („Mil. and Nav. Memoirs", vi. 44.)

Fußnote 7:

Douglas' Briefe.

Fußnote 8:

Douglas hielt das Erscheinen des *Inflexible* für eine völlige Überraschung; aber Arnold war darüber informiert worden, dass ein drittes Schiff, größer als die Schoner, aufgestellt wurde. Bei einem Mann seines Charakters ist es unmöglich, anhand seiner Briefe an seinen Vorgesetzten sicher zu sagen, wie viel er wusste oder was er zurückhielt.

Fußnote 9:

namens Nordheld.

Fußnote 10:

Douglas' Brief. Die *Isis* und die *Blonde* waren Schiffe des britischen Geschwaders unter Douglas, die damals im Sankt-Lorenz-Strom lagen. Die genannten Beamten befanden sich vorübergehend im Seedienst.

Fußnote 11:

Sandwich, Erster Lord der Admiralität, an Pellew.

Fußnote 12:

Beatson, „Nav. and Mil. Memoirs", sagt zwei Stunden.

Fußnote 13:

Douglas' Briefe. Der Satz ist umständlich, wird aber sorgfältig mit der Kopie in den Händen des Autors verglichen. Douglas sagt zu den Einzelheiten, die er macht, dass „sie mit größter Sorgfalt zusammengestellt wurden".

Fußnote 14:

Beitrag , S. 205.

KAPITEL II

MARINEEINSATZ IN BOSTON, CHARLESTON, NEW YORK UND NARRAGANSETT BAY – ZUGEHÖRIGE LANDOPERATIONEN BIS ZUR SCHLACHT VON TRENTON
1776

Der beginnende Konflikt zwischen Großbritannien und seinen nordamerikanischen Kolonien zeigt deutlich die in der Praxis nur allzu selten anerkannte Notwendigkeit, dass die bereitgestellte Gewalt von Anfang an angemessen sein sollte, wenn sich ein Staat für die Anwendung von Gewalt entschieden hat. Dies gilt in gleichem Maße für die nationale Politik, wenn es die Absicht der Nation ist, sie um jeden Preis aufrechtzuerhalten. Die Monroe-Doktrin zum Beispiel ist eine solche Politik; aber wenn nicht auch eine ständige angemessene Vorbereitung aufrechterhalten wird, ist die Politik selbst nur eine leere Worthülse. Die Vereinigten Staaten scheiterten vor allem, wenn auch nicht einheitlich, im Vorfeld. Lieber viel zu stark als etwas zu schwach. Angesichts der offensichtlichen Stimmung der Massachusetts-Kolonisten wäre Gewalt erforderlich, um das Boston Port Bill und die dazugehörigen Maßnahmen von 1774 umzusetzen; insbesondere für das Port Bill, Seestreitkräfte. Die Lieferungen für 1775 gewährten nur 18.000 Seeleute, also 2.000 weniger als im Vorjahr. Für 1776 wurden 28.000 Seeleute gewählt, und die Gesamtzuweisungen stiegen von 5.556.000 £ auf 10.154.000 £; aber dann war es zu spät. Boston wurde am 17. März 1776 von der 8000 Mann starken britischen Armee evakuiert; Doch bereits seit mehr als einem halben Jahr wurde der sich in den dreizehn Kolonien ausbreitende Aufstandsgeist durch den Anblick der in der Stadt eingepferchten britischen Armee bestärkt, die unter Mangel an lebensnotwendigen Gütern litt, während die sie blockierende Kolonialarmee dazu in der Lage war seine Position behaupten, weil Schiffe, die mit Vorräten für das eine beladen waren, gekapert und die Ladung dem anderen zur Verfügung gestellt wurden. Zu den ersten Erfordernissen des Krieges gehört es, sich selbst eine freie und weitreichende Kommunikation zu sichern und die des Gegners zu unterbrechen. Um die Maßnahmen der britischen Regierung durchzuführen, war eine Seestreitmacht erforderlich, die nicht nur die Annäherung ihrer eigenen Transporte an die Boston Bay schützen sollte, sondern auch den Zugang zu allen Küstenhäfen verhindern sollte, von denen aus Nachschub an die Blockadearmee erfolgen konnte. Abgesehen davon war das Geschwader weder zahlenmäßig noch qualitativ der Arbeit gewachsen, die um Boston verrichtet werden musste; und erst im Oktober 1775 wurde der

Admiral ermächtigt, koloniale Handelsschiffe zu kapern, die daher unbehelligt außerhalb von Boston fuhren und kamen und oft Proviant an Bord hatten, das den Weg zur Armee Washingtons fand.

Nach der Evakuierung von Boston zog sich General Howe nach Halifax zurück, um dort auf die Ankunft militärischer und maritimer Verstärkungen sowie seines Bruders, Vizeadmiral Lord Howe, zu warten, der zum Kommandeur der nordamerikanischen Station ernannt wurde. General Howe war Oberbefehlshaber der Streitkräfte im gesamten Gebiet von Nova Scotia bis West Florida. von Halifax nach Pensacola. Die erste Operation der Kampagne sollte die Verkleinerung von New York sein.

Die britische Regierung hatte jedoch mehrere Ziele im Auge und ließ sich von der zielstrebigen Verfolgung eines großen Unternehmens auf andere, nicht immer konzentrische Nebenoperationen ablenken. Ob die Kontrolle über die Linie von Hudson und Lake Champlain durch von beiden Enden ausgehende Operationen hätte angestrebt werden sollen, darüber lässt sich streiten; Die Tatsachen, dass die Amerikaner Anfang Juli 1776 wieder in Crown Point waren und dass Carletons 13.000 Mann in diesem Jahr nicht weiter als St. John's kamen, legen nahe, dass der größte Teil der letztgenannten Streitmacht in New York besser eingesetzt worden wäre und New Jersey als über Champlain. Wie dem auch sei, die Verlegung einer zahlenmäßig respektablen dritten Truppe in die Carolinas ist aus militärischen Gründen kaum zu rechtfertigen. Die Regierung wurde dazu durch die Erwartung lokaler Unterstützung seitens der Royalisten veranlasst. Dass es davon in beiden Carolinas viele gab, ist sicher; Aber während militärische Operationen die politischen Bedingungen berücksichtigen müssen, dürfen diese nicht die elementaren Prinzipien der Militärkunst außer Acht lassen. Es wird gesagt, dass General Howe diese exzentrische Bewegung missbilligte.

Die für die Südküste bestimmten Truppen versammelten sich gegen Ende des Jahres 1775 in Cork und segelten von dort im Januar 1776. Die Truppen wurden von Lord Cornwallis kommandiert, das Geschwader von Nelsons frühem Gönner, Kommodore Sir Peter Parker, dessen breiter Wimpel gehisst wurde Gehen Sie an Bord der *Bristol* , 50. Nach einer turbulenten Überfahrt traf die Expedition im Mai vor Cape Fear in North Carolina ein, wo sich ihr zweitausend Männer unter Sir Henry Clinton anschlossen, dem Vorgesetzten von Cornwallis, den Howe auf Befehl der Regierung nach Süden abkommandiert hatte im Januar. Nach Clintons Auftritt hatten sich die Royalisten in North Carolina erhoben, angeführt vom Ehemann von Flora Macdonald, dessen Name dreißig Jahre zuvor romantisch mit der Flucht des jungen Pretenders aus Schottland in Verbindung gebracht worden war. Sie war später nach Amerika ausgewandert. Der Aufstand war jedoch niedergeschlagen worden, und Clinton hatte angesichts der großen

Streitmacht, die sich zum Widerstand versammelt hatte, keinen Versuch einer ernsthaften Invasion für angebracht gehalten. Als Parker kam, wurde beschlossen, einen Anschlag auf Charleston, South Carolina, zu unternehmen. Die Flotte segelte daher am 1. Juni von Cape Fear aus und ankerte am 4. vor Charleston Bar.

Der Hafen von Charleston liegt zwischen zwei der Meeresinseln, die die Küsten von South Carolina und Georgia säumen. Im Norden liegt Sullivan's Island, im Süden James Island. Die Bar des Haupteingangs befand sich nicht direkt an der Hafenmündung, sondern in einiger Entfernung südlich davon. Innerhalb der Bar wandte sich der Kanal nach Norden und führte von dort in die Nähe von Sullivan's Island, deren südliches Ende daher als Standort für die rohe Festung ausgewählt wurde, die hastig errichtet wurde, um diesem Angriff zu begegnen, und die später nach dem Namen Fort Moultrie genannt wurde des Kommandanten. Unter diesen Bedingungen war ein Südwind erforderlich, um die Schiffe in Aktion zu setzen. Nachdem sie die Barre sondiert und mit Bojen versehen hatten, überquerten die Transportschiffe und Fregatten am 7. den Hafen und ankerten darin; Da es jedoch notwendig war, einige der Kanonen *der Bristol zu entfernen* , konnte sie erst am 10. folgen. Am 9. war Clinton persönlich mit fünfhundert Mann gelandet, und am 15. waren alle Truppen auf Long Island, nördlich von Sullivan's, von Bord gegangen. Es wurde davon ausgegangen, dass die Bucht zwischen den beiden durchquerbar war, sodass die Truppen durch Ablenkung oder auf andere Weise mit dem Seeangriff kooperieren konnten. aber das erwies sich als Fehler. Bei Niedrigwasser war die Passage sieben Fuß tief, und es gab keine Möglichkeit, sie zu überqueren. Folglich genügte eine kleine amerikanische Abteilung im Buschwald der Insel, um jede Bewegung in diesem Viertel zu kontrollieren. Die Kämpfe beschränkten sich daher auf das Beschießen der Festung durch die Schiffe.

Umstände, die nicht vollständig geklärt wurden, führten dazu, dass der Angriff für den 23. festgelegt wurde; eine ungünstige Verzögerung, in der die Amerikaner ihre immer noch sehr unvollkommene Verteidigung verstärkten. Am 23. war der Wind ungünstig. Am 25. traf die 50-jährige *Experiment* ein, überquerte die Bar und war, nachdem sie ihre Waffen wieder in Empfang genommen hatte, bereit, sich dem Angriff anzuschließen. Am 27., um 10 Uhr morgens, machten sich die Schiffe mit einer südöstlichen Brise auf den Weg, doch diese drehte sich bald darauf auf Nordwesten, und sie mussten erneut ankern, etwa eine Meile näher an Sullivans Insel . Am folgenden Tag ließ der Wind nach und der Angriff wurde durchgeführt.

Im Grundriss hatte Fort Moultrie einen quadratischen Grundriss mit einer Bastion an jedem Winkel. Bei der Konstruktion bestanden die Seiten aus

Palmenstämmen, die miteinander verzahnt und verschraubt waren und in parallelen Reihen im Abstand von sechzehn Fuß angeordnet waren. der Zwischenraum ist mit Sand gefüllt. Zum Zeitpunkt des Gefechts waren die Süd- und Westfronten fertiggestellt; Die anderen Fronten waren nur sieben Fuß hoch, aber mit dicken Brettern überragt, um einer Eskalation standzuhalten. Einunddreißig Geschütze waren vor Ort, 18 und 9-Pfünder, von denen sich einundzwanzig auf der Südseite befanden und den Kanal befehligten. Innerhalb befand sich eine Querung, die nach Osten und Westen verlief und die Kanoniere vor Schüssen von hinten schützte. Es gab jedoch keinen solchen Schutz gegen eindringendes Feuer für den Fall, dass ein feindliches Schiff an der Festung vorbeikam und darüber ankerte. „Die allgemeine Meinung vor der Aktion", sagt Moultrie, „und insbesondere unter den Seeleuten, war, dass zwei Fregatten ausreichen würden, um die Stadt um unsere Ohren zu werfen, ungeachtet unserer Batterien." Parker mag diesen Eindruck geteilt haben, und das mag der Grund für seine Gemächlichkeit sein. Als die Aktion begann, verfügte die Garnison nur über achtundzwanzig Schuss für jede der sechsundzwanzig Kanonen, aber dieser Mangel war den Briten unbekannt.

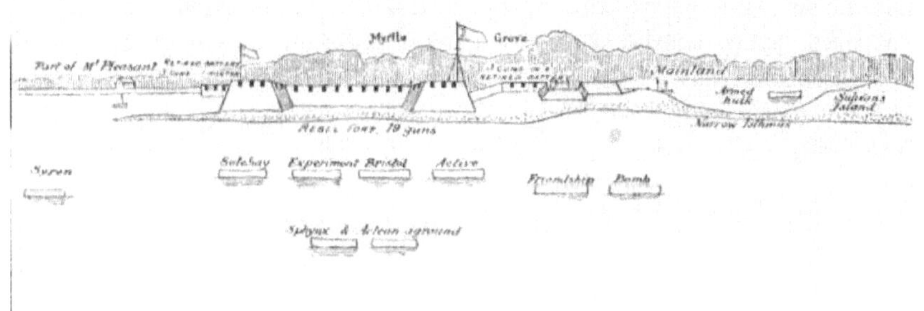

Angriff auf Fort Moultrie im Jahr 1776

Parkers Plan sah vor, dass die beiden 50er, *Bristol* und *Experiment*, und zwei 28-Kanonen-Fregatten, die *Active* und die *Solebay*, die Hauptfront angreifen sollten; während zwei Fregatten der gleichen Klasse, die *Actæon* und die *Syren*, mit einer 20-Kanonen-Korvette, der *Sphinx*, die Festung passieren und westlich, kanalaufwärts, ankern sollten, um die schweren Schiffe auch vor Feuerschiffen zu schützen um die wichtigste amerikanische Batterie zu beschießen. Der Hauptangriff sollte zusätzlich durch ein Bombenschiff, die *Thunder*, unterstützt werden, begleitet vom bewaffneten Transportschiff *Friendship*, das südöstlich der Ostbastion der besetzten Front der Festung stationiert werden sollte. Der Befehl zum Wiegen wurde um 10.30 Uhr gegeben, als die Flut schon fast vorüber war; und um 11.15 Uhr ankerten die *Active*, *Bristol*, *Experiment* und *Solebay* in der genannten Reihenfolge in einer Linie voraus, die *Active* ostwärts. Diese Schiffe scheinen ihre Plätze geschickt und ohne Verwirrung eingenommen zu haben, und ihr Feuer, das sich sofort eröffnete, war schnell, gut anhaltend und gut gezielt; Ihre Position litt jedoch unter dem radikalen Mangel, dass sie zu weit von den Werken entfernt waren, um die Trauben effektiv zu nutzen, sei es aus tatsächlichem Wassermangel oder nur aus Angst vor der Landung. Da die Seitenwände der Schiffe viel schwächer waren als die der Küstenanlagen und ihre Kanonen viel zahlreicher waren, bestand das Erfolgsgeheimnis darin, nahe genug heranzukommen, um das feindliche Feuer durch eine Vielzahl von Projektilen niederzuschlagen. Das Bombenschiff *Thunder* ankerte in der ihr zugewiesenen Situation; aber ihre Granaten waren zwar gut gezielt, aber wirkungslos. „Die meisten von ihnen fielen innerhalb der Festung", berichtete Moultrie, „aber wir hatten einen Morast in der Mitte, der sie sofort verschluckte, und diejenigen, die in den Sand fielen, wurden sofort begraben." Während der Aktion brach das Mörtelbett und machte das Stück unbrauchbar.

Aufgrund der Munitionsknappheit in der Festung hatte die Garnison den ausdrücklichen Befehl, nicht auf Distanzen über 400 Yards anzugreifen. Vier oder fünf Schüsse wurden auf die *Active abgefeuert*, während sie noch unter Segel war, aber mit dieser Ausnahme schwieg das Fort, bis die Schiffe in einer von den Amerikanern auf dreihundertfünfzig Meter geschätzten Entfernung vor Anker lagen. Anschließend wurde über den Bahnsteig die Aufforderung weitergegeben: „Achten Sie auf den Kommodore, achten Sie auf die beiden 50-Kanonen-Schiffe" – ein Befehl, dem strikt Folge geleistet wurde, wie die Verluste zeigen. Der Schutz des Werks erwies sich als nahezu perfekt – eine Tatsache, die zweifellos dazu beitrug, dass die Kühle und Präzision des Feuers bei solch knappen Ressourcen lebenswichtig war. Durch die Beschaffenheit des Palmettoholzes konnten die Kugeln sanft darin versinken, ohne zu splittern, so dass die Verkleidung des Werkes gut gehalten wurde. Manchmal, wenn drei oder vier Breitseiten zusammenschlugen, zitterten die Zinnen, so dass Moultrie befürchtete, sie würden körperlich eindringen; aber sie hielten stand, und der kleine Verlust entstand hauptsächlich durch die Schießscharten. Als der Fahnenmast weggeschossen wurde und draußen in den Graben fiel, zeichnete sich ein junger Sergeant namens Jasper dadurch aus, dass er hinter dem Fahnenmast hersprang, ihn zurückholte und unter schwerem Feuer die Fahnen wieder hisste.

Im Geschwader wurde unter Umständen, die hohe Anforderungen an die Ausdauer stellten, die gleiche Tapferkeit bewiesen. Wie auch immer Parker den Wert der Verteidigung einschätzen mag, in seinen Dispositionen, die gründlich und sorgfältig waren, ist keine Spur von eitlem Vertrauen zu erkennen, da die Ausführung des Hauptangriffs geschickt und energisch war; aber die Schiffskompanien, die einen leichten Sieg erwarteten, sahen sich mit einem Widerstand und einer Strafe konfrontiert, die ebenso hart war wie die führenden Schiffe in Trafalgar, und weitaus länger dauerte. Solche Bedingungen stellen die Hartnäckigkeit der Menschen vor eine zusätzliche Prüfung der Überraschung und des Unbehagens. Obwohl das *Experiment* für ein Linienschiff sehr klein war, verlor es 23 Tote und 56 Verwundete, von insgesamt wahrscheinlich nicht viel mehr als 300; während die „Bristol", nachdem die Feder weggeschossen war, mit dem Kopf nach Süden und mit dem Heck zum Fort schwenkte und lange Zeit einem heftigen Feuer ausgesetzt war, auf das sie kaum antworten konnte. Drei verschiedene Versuche, die Feder auszutauschen, wurden von Herrn James Saumarez – später dem angesehenen Admiral Lord de Saumarez, damals Midshipman – unternommen, bevor das Schiff von diesem schwerwiegenden Nachteil befreit wurde. Ihr Verlust betrug 40 Tote und 71 Verwundete; Keiner der Menschen, die zu Beginn der Aktion auf dem Achterdeck stationiert waren, konnte entkommen. Unter den Verletzten befand sich auch der Kommodore selbst, dessen kühles Heldentum besonders auffällig gewesen sein muss, da es in einem Dienst, in dem eine solche Haltung keine Seltenheit war, Aufsehen erregte. Als das Achterdeck einmal geräumt war und er allein auf der Achterdeckleiter stand, schlug Saumarez ihm vor, herunterzukommen; aber er antwortete lächelnd: „Du willst mich loswerden, oder?" und weigerte sich, umzuziehen. Der Kapitän des Schiffes, John Morris, wurde tödlich verwundet. Mit lobenswerter Bescheidenheit gab Parker nur an, er sei leicht verletzt; Aber Deserteure gaben an, dass er einige Tage lang die Hilfe von zwei Männern zum Gehen brauchte und dass ihm durch Schüsse oder Splitter die Hose vom Leib gerissen worden sei. Der Verlust auf den anderen Schiffen betrug nur einen Toten und 14 Verwundete. Die Amerikaner hatten 37 Tote und Verwundete.

Die drei Schiffe, die die Hauptfront der Festung beschießen sollten, kamen nicht in Position. Sie liefen auf dem Mittelweg, was Parker zufolge an der Unwissenheit der Piloten lag. Zwei hatten sich gegenseitig gefoult, bevor sie zuschlugen. Nachdem sie bei steigender Flut den Grund erreicht hatten, schwammen zwei innerhalb weniger Stunden und zogen sich zurück; aber die dritte, die *Actæon*, 28, blieb feststecken, wurde in Brand gesteckt und von ihren Offizieren verlassen. Bevor sie explodierte, gingen die Amerikaner an Bord und sicherten ihre Fahnen, ihre Glocke und einige andere Trophäen. „Hätten diese Schiffe ihren Zweck erfüllt", berichtete Moultrie, „hätten sie uns von unseren Kanonen vertrieben."

Die Hauptdivision behauptete sich bis lange nach Einbruch der Dunkelheit und feuerte die meiste Zeit, machte aber in Abständen Pausen. Nach zwei Stunden wurde festgestellt, dass die Festung sehr langsam reagierte, was auf ihre Überflutung und nicht auf die eigentliche Ursache, die Notwendigkeit, Munition zu sparen, zurückgeführt wurde. Aus dem gleichen Grund herrschte von 15.30 Uhr bis 18.00 Uhr völlige Stille, als das Feuer mit nur zwei oder drei Geschützen wieder aufgenommen wurde, woraus Parker vermutete, dass der Rest abgestiegen war. Die Amerikaner wurden während des gesamten Gefechts von der Angst zurückgehalten, ihren dürftigen Vorrat völlig zu erschöpfen.

„Gegen 21 Uhr", berichtete Parker, „es war sehr dunkel, ein großer Teil unserer Munition verbraucht, die Leute erschöpft, die Ebbe fast vorbei, keine Aussicht von Osten (das heißt von der Armee) und keine Möglichkeit dazu." Da wir keinen weiteren Nutzen hatten, befahl ich den Schiffen, sich zu ihren früheren Liegeplätzen zurückzuziehen . Neben Verlusten unter der Besatzung und schweren Schäden am Rumpf musste der Großmast der *Bristol* mit seinen neun Kanonenkugeln gekürzt werden, während der Besanmast demoliert wurde. Der Schaden für die Fregatten war unerheblich, da die Garnison sie vernachlässigte.

Die Schlacht im Hafen von Charleston, der erste ernsthafte Kampf, an dem Schiffe in diesem Krieg teilnahmen, ähnelt im Wesentlichen der Schlacht von Bunker's Hill, mit der ein Jahr zuvor der reguläre Landkrieg eröffnet worden war. Beide veranschaulichen die Schwierigkeit und Gefahr eines Frontangriffs ohne Deckung auf eine befestigte Stellung und den Vorteil, der selbst ungeübten Männern, wenn sie von Natur aus kühl, entschlossen und intelligent sind, nicht nur durch den Schutz eines Werkes, sondern auch durch dieses verschafft wird kann durch die Anerkennung einer konkreten Linie, an der man festhalten und die man aufgeben muss, gedrängt werden, was Niederlage, Schande und Katastrophe bedeutet. Für unerfahrene Menschen ist es schwer, in ihrer Umgebung etwas zu erkennen, das die Einheit eines gemeinsamen Ziels und damit die Kohärenz verleiht, die die Disziplin vermittelt. Obwohl es in Parkers Dispositionen nichts gab, was Anlass zu ernsthafter Kritik gäbe – nichts, was auf eine Unterbewertung seines Gegners zurückzuführen wäre – und obwohl er auch guten Grund hatte, von der Armee eine aktive Zusammenarbeit zu erwarten, die er jedoch nicht erhielt, ist es wahrscheinlich, dass dies der Fall war Er war sehr überrascht, nicht nur über die Hartnäckigkeit des Widerstands der Amerikaner, sondern auch über die Wirksamkeit ihres Feuers. Er verspürte zweifellos das traditionelle und natürliche Misstrauen – und größtenteils das berechtigte Misstrauen –, mit dem Erfahrung und Praxis Unerfahrenheit betrachten. Einige Seeleute amerikanischer Herkunft, die auf der *Bristol gedient hatten* , desertierten nach dem Kampf. Sie berichteten, dass ihre Mannschaft sagte: „Uns wurde gesagt, dass die Yankees zwei Brände nicht ertragen würden, aber wir haben nie bessere Kerle gesehen." und als das Feuer der Festung nachließ und einige riefen: „Sie haben mit dem Kämpfen fertig", antworteten andere: „Bei Gott, wir sind froh darüber, denn wir hatten noch nie in unserem Leben eine solche Prügelstrafe." „Alle einfachen Leute der Flotte lobten lautstark die Garnison" – ein Ton der Bewunderung, der bei großzügigen Feinden so häufig vorkommt, dass wir sicher sein können, dass er auch auf dem Achterdeck widerhallte. Sie konnten es sich gut leisten, denn es gab keinen Makel auf ihrer eigenen Bilanz, der über die natürliche Demütigung einer Niederlage hinausging; Sie zuckten nicht unter der Schwere ihrer Verluste zusammen, obwohl einige ihrer Männer vergleichsweise roh waren, Freiwillige von den Transportschiffen, deren Besatzungen fast wie ein Mann angetreten waren, als sie wussten, dass die Besatzungen der Schiffe aufgrund von Krankheit knapp waren. Edmund Burke, ein Freund beider Seiten, sagte zu Recht: „Niemals ist die britische Tapferkeit auffälliger hervorgetreten, noch haben unsere Schiffe in einem Gefecht der gleichen Art eine so ernste Begegnung erlebt." Es gab mehrere Stellen für Leutnants, bei denen es um den Tod ging; und wie die Schlacht am Lake Champlain Pellew seinen ersten Auftrag gab, so gab auch die Schlacht am Hafen von Charleston seinen Auftrag an Saumarez, der von Parker zum Leutnant der *Bristol ernannt wurde.* Zwei Jahre später, als das Schiff nach Jamaika gegangen war, folgten ihm auf dem Achterdeck Nelson und Collingwood, die ebenfalls aus derselben Hand befördert wurden.

Der Angriff auf Fort Moultrie wurde nicht fortgesetzt. Nach notwendigen Reparaturen fuhren die Kriegsschiffe mit den Truppen nach New York, wo sie am 4. August eintrafen und unter der Leitung der beiden Howes an den Operationen zur Verkleinerung dieses Ortes teilnahmen.

Die Besetzung des New Yorker Hafens und die Eroberung der Stadt waren die auffälligsten britischen Erfolge im Sommer und Herbst 1776. Während Parker und Clinton in Charleston eine Niederlage erlitten und Arnold die Vorbereitung seiner Flottille auf Champlain beschleunigte, Die beiden Brüder, General Sir William Howe und der Admiral Lord Howe, kamen in der Bucht von New York an und waren nicht nur mit den Befugnissen ausgestattet, die den Kommandeuren großer Flotten und Armeen zustehen, sondern auch mit der Autorität als Friedenskommissare, um eine gütliche Einigung auszuhandeln Vereinbarung mit den aufständischen Kolonien.

Sir William Howe hatte in Halifax einige Zeit auf die Ankunft der erwarteten Verstärkungen gewartet, doch schließlich war er erschöpft und segelte am 10. Juni 1776 mit der Armee an der Spitze von dort fort. Am 25. erreichte er selbst Sandy Hook, den Eingang zur New York Bay, nachdem er den Transportern in einer Fregatte vorausgegangen war. Am 29., einen Tag nach Parkers Abwehr bei Fort Moultrie, trafen die Truppen ein; und am 3. Juli, dem Tag, an dem Arnold auf dem Rückzug aus Kanada Crown Point erreichte, landeten die Briten auf Staten Island, das auf der Westseite der unteren Bucht liegt. Am 12. kam der *Eagle* , 64, mit der Flagge von Lord Howe an. Dieser Offizier wurde von den Amerikanern wegen seiner persönlichen Qualitäten und seiner Haltung ihnen gegenüber im gegenwärtigen Streit sehr geschätzt, aber auch wegen der Erinnerung an seinen Bruder, der sich im Feldzug von 1758 bei ihnen sehr beliebt gemacht hatte, als er war in der Nähe des Lake Champlain gefallen; aber der entscheidende Schritt, ihre Unabhängigkeit zu erklären, war bereits am 4. Juli, acht Tage vor der Ankunft des Admirals, getan worden. Einen Monat lang wurde erfolglos versucht, mit der neuen Regierung zu verhandeln, ohne dass ihre Vertreter einen offiziellen Charakter anerkennen würden. Während dieser Zeit jedoch blieben Kreuzer auf See, um amerikanische Händler abzufangen, während sie sich von entscheidenden Operationen enthielten, und der Admiral schickte sofort nach seiner Ankunft vier Kriegsschiffe 25 Meilen den Hudson River hinauf bis nach Tarrytown. Dieses Geschwader wurde von Hyde Parker kommandiert, der später, im Jahr 1801, Nelsons Oberbefehlshaber in Kopenhagen war. Der Gottesdienst wurde unter einer gewaltigen Kanonade aller Batterien an beiden Ufern durchgeführt, aber die Schiffe konnten nicht aufgehalten werden. Gegen Mitte August wurde klar, dass die Amerikaner keine Bedingungen akzeptieren würden, die in der Macht der Howes standen, und es wurde notwendig, einen Zwangsversuch mit Waffen zu unternehmen.

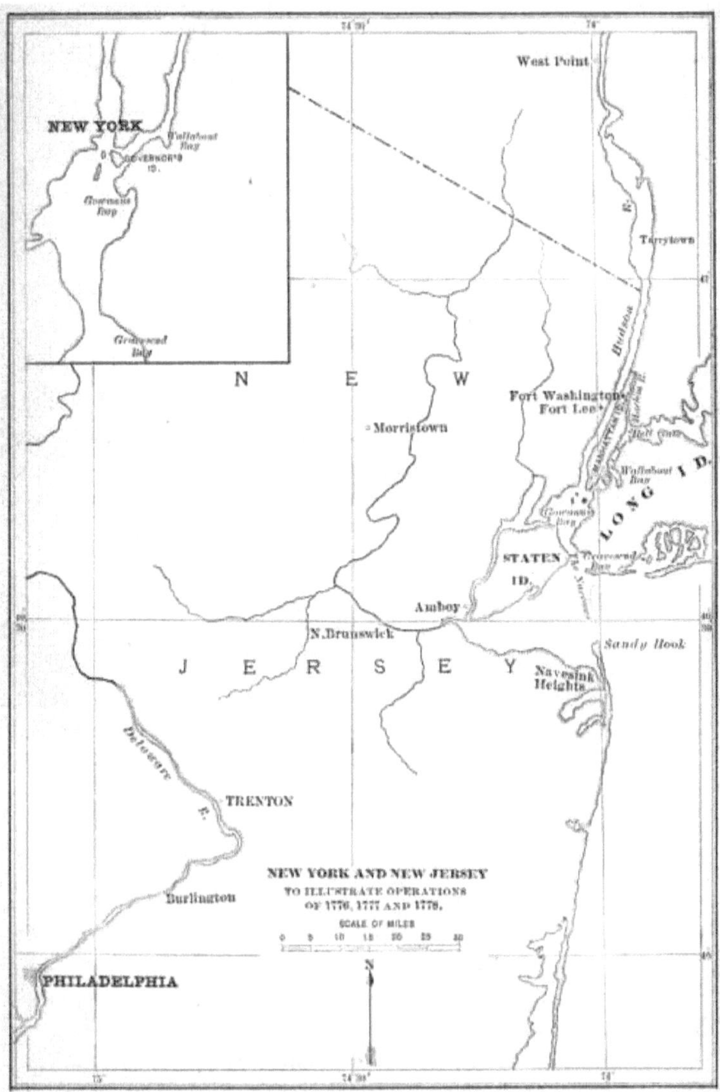

New York und New Jersey: zur Veranschaulichung der Operationen von
1776, 1777 und 1778

Bei der Verkleinerung von New York im Jahr 1776 war die Rolle der
britischen Marine aufgrund der Art des Feldzugs im Allgemeinen und der
feindlichen Streitkräfte im Besonderen von jenem unauffälligen Charakter,
der die Tatsache verschleiert, dass die Operationen ohne die Marine möglich
gewesen wären überhaupt nicht durchgeführt wurden und dass die Marine
für sie die Rolle der Operationsbasis und der Kommunikationslinie spielte.
Wie die Fundamente eines Gebäudes liegen sie außerhalb der Reichweite

oberflächlicher Aufmerksamkeit und werden daher allgemein weniger geschätzt als die glänzenden Kämpfe an der Front, zu deren Erhaltung sie stets unentbehrlich sind. Folglich ist der Historiker der größeren Operationen gezwungenermaßen darauf beschränkt, die weitreichende allgemeine Wirkung dieser Operationen anzugeben, was auch immer für ein oder alle der kleineren Angelegenheiten gelten mag, die in ihrer Gesamtheit unter solchen Umständen die Aktion der Seestreitkräfte ausmachen Seemacht zu diesem Thema. Dies lässt sich am besten erreichen, indem man den Schauplatz des Geschehens, die kombinierten Bewegungen und den Einfluss der Marine auf beide in groben Zügen nachzeichnet.

Der Hafen von New York teilt sich in zwei Teile – die obere und die untere Bucht –, die durch eine Passage namens Narrows zwischen Long und Staten Islands verbunden sind, auf denen die britischen Truppen lagerten. Long Island, das das östliche Ufer der Narrows bildet, erstreckt sich in Ost-Nordost-Richtung hundertzehn Meilen und schließt zwischen sich und dem Kontinent eine breite Wasserfläche namens Long Island Sound ein, die fast bis zur Narragansett Bay reicht. Da es sich bei Letzterem um einen guten Ankerplatz handelte, wurde es auch in den britischen Operationsplan als wesentliches Merkmal einer küstennahen Seekampagne einbezogen. Der Long Island Sound und die obere Bucht von New York sind durch eine krumme und schwierige Passage verbunden, die als East River bekannt ist. Sie ist acht oder zehn Meilen lang und damals fast eine Meile breit <u>und</u> liegt quer zur Stadt New York. An der Stelle, wo der East River in die New York Bay mündet, mündet auch der Hudson River, ein dort fast zwei Meilen breites Mündungsgebiet, von Norden her – ein Umstand, der ihm den alternativen Namen North River eingebracht hat. In der Nähe ihres Zusammenflusses liegt Governor's Island, eine halbe Meile unterhalb der Stadt, zentral gelegen, um die Eingänge zu beiden zu beherrschen. Zwischen den Flüssen Ost und Nord, deren allgemeine Richtung von Norden und Ost-Nordost verläuft, liegt ein langer Landstreifen, der sich nach Süden hin allmählich verengt. Das Ende dieser Halbinsel wird, wie es sonst der Fall wäre, durch den Harlem River, einen schmalen und teilweise schiffbaren Strom, der den Ost- und den Nordfluss verbindet, in eine Insel mit einer durchschnittlichen Länge von etwa acht Meilen verwandelt. Auf das südlichste Ende dieser Insel, Manhattan genannt, beschränkte sich damals die Stadt New York.

Da sowohl der Ost- als auch der Nordfluss für große Schiffe schiffbar waren, ersterer durchgehend, letzterer über hundert Meilen oberhalb seiner Mündung, war es offensichtlich, dass die Kontrolle des Wassers bei kriegerischen Operationen im gesamten beschriebenen Bezirk eine große Rolle spielen musste. Mit der begrenzten Streitmacht, die Washington zur Verfügung stand, war es ihm nicht gelungen, die Verteidigungsanlagen der

Stadt so weit nach vorne zu drängen, wie es wünschenswert wäre. Die untere Bucht wurde von der britischen Marine gehalten, und Staten Island war zwangsläufig ohne Widerstand aufgegeben worden, wodurch die starke Verteidigungsposition der Narrows aufgegeben wurde. Die Linien wurden somit auf die unmittelbare Umgebung von New York selbst beschränkt. Kleine freistehende Anlagen säumten die Küste von Manhattan Island, und eine Reihe von Schanzen erstreckte sich über sie hinweg und folgte dem Lauf eines kleinen Baches, der sie dann eine Meile vom südlichen Ende entfernt teilweise teilte. Governor's Island wurde auch als Außenposten besetzt. Von größerer Stärke, aber zunächst unbesorgt, waren auf beiden Seiten des North River starke Bauwerke auf beeindruckenden Höhen acht Meilen über New York errichtet worden, um die Durchfahrt von Schiffen zu verhindern.

Die entscheidende Schwäche dieses Verteidigungsplans bestand darin, dass die Küste von Long Island gegenüber der Stadt viel höher war als die von Manhattan. Wenn diese Höhe eingenommen wurde, wurde die Stadt und alles darunter unhaltbar. Hier befand sich also der Schlüssel zur Stellung und der Hauptstützpunkt der amerikanischen Truppen. Zu seinem Schutz wurde eine Reihe von Befestigungsanlagen errichtet, deren Flanken auf der Wallabout Bay und der Gowanus Cove ruhten, zwei Einbuchtungen an der Küste von Long Island. Diese bemannte Washington mit neuntausend der achtzehntausend Männer unter seinem Kommando. Durch die Ankunft von drei Divisionen hessischer Truppen zählte Howes Armee nun über 34.000 Mann, zu denen Clinton weitere 3.000 aus der Zeit vor Charleston brachte.
16

Am 22. August überquerten die Briten Staten Island nach Gravesend Bay am Long Island-Ufer der Narrows. Die Marine deckte die Landung ab, und der Transport der Truppen oblag Commodore William Hotham, der neunzehn Jahre später Nelsons Oberbefehlshaber im Mittelmeer war. Bis zum Mittag waren fünfzehntausend Mann und vierzig Feldgeschütze überführt und an Land gebracht worden. Die Stärke der Amerikaner erlaubte kaum Widerstand gegen den britischen Vormarsch; Aber General Howe war vorsichtig und gelassen, und erst am 27. befand sich die Armee, die jetzt auf 25.000 Mann angewachsen war, ziemlich vor den amerikanischen Linien, nachdem sie etwa 1.500 Mann getötet, verwundet und gefangen genommen hatte. In der Hoffnung, dass Howe in Versuchung geraten würde, die Stellung zu stürmen, ersetzte Washington diese durch zweitausend aus seiner dürftigen Zahl rekrutierte Truppen; aber sein Gegner, der bei Bunker's Hill eine herausragende Rolle gespielt hatte, hielt seine Truppen zurück, die auf den Angriff brannten. Die Amerikaner standen nun mit dem Rücken zu einem schnellen Gezeitenstrom, der fast eine Meile breit war, mit nur einer schwachen Verteidigungslinie zwischen ihnen und einem Feind, der mehr als doppelt so stark war wie sie.

Am Morgen des 27. versuchte Sir Peter Parker mit einem 64-Kanonen-Schiff, zwei 50er-Kanonen und zwei Fregatten, nach New York vorzudringen, um die linke Flanke der Armee zu unterstützen. aber der Wind kam von Norden, und als die Ebbe einsetzte, kamen die Schiffe nicht näher als drei Meilen von der Stadt entfernt. Zum Glück für die Amerikaner konnten oder wollten sie an den folgenden beiden Tagen nicht weiterkommen. Nach Einbruch der Dunkelheit des 28. machte Howe den Grundstein für regelmäßige Anflüge. Als Washington dies sah und wusste, dass eine Belagerung unter seinem Zustand der Unterlegenheit nur ein Ergebnis haben konnte, beschloss er, sich zurückzuziehen. In der Nacht des 29. verließen zehntausend Männer stillschweigend ihre Stellungen, schifften sich ein und setzten mit all ihrem Hab und Gut, ihren Waffen und ihrer Munition nach Manhattan Island über. Die Schützengräben des Feindes waren nur sechshundert Meter entfernt, dennoch wurde kein Verdacht geweckt, noch gab ein einziger Deserteur eine verräterische Warnung. Die Nacht war klar und mondhell, obwohl gegen Tagesanbruch dichter Nebel die Zeit der Geheimhaltung verlängerte, die den Rückzugsort umhüllte. Als der Nebel aufstieg, wurde die letzte Abteilung beim Überqueren entdeckt, aber ein paar wirkungslose Kanonenschüsse waren die einzige Belästigung, die die Amerikaner im Laufe dieses schnellen und geschickten Rückzugs erfuhren. Gleichzeitig wurde die Garnison von Governor's Island abgezogen.

Die unbehinderte Nutzung des Wassers und die nautischen Fähigkeiten der Fischer, aus denen eines der amerikanischen Regimenter bestand, waren für diese Flucht von entscheidender Bedeutung. denn so bewundernswert die Bewegung auch in ihrer Anordnung und Ausführung war, kein Wort, das weniger stark ist als „Flucht", trifft auf sie zu. Dadurch rettete Washington mehr als die Hälfte seiner Armee vor der sicheren Zerstörung und, was nicht unwahrscheinlich ist, die Sache seines Volkes vor dem sofortigen Zusammenbruch. Eine so ergriffene Chance impliziert zwangsläufig eine verpasste Chance auf der anderen Seite. Für dieses Scheitern müssen sowohl die Armee als auch die Marine ihren Teil der Schuld tragen. Es ist offensichtlich, dass, wenn ein Feind zahlenmäßig stark unterlegen ist, seine Rückzugslinie im Auge behalten werden sollte. Dies war die Aufgabe beider Oberbefehlshaber, deren Ausführung in erster Linie Aufgabe der Marine war, da der Rückzug aus der amerikanischen Stellung nur auf dem Wasserweg erfolgen konnte. Es ging einfach darum, aufzupassen, aufzuspüren und auf diese Weise vorzubeugen. Um den Rückzug aufzuhalten, reichten Segelschiffe nicht aus, denn sie hätten weder bei Tag noch bei Nacht unter den Kanonen der Insel Manhattan vor Anker bleiben können; aber ein paar Boote mit gedämpften Rudern hätten zuschauen können, hätten Alarm schlagen und einen Angriff der Armee auslösen können, und eine solche

Bewegung, die mitten im Kurs unterbrochen wird, bringt unwiederbringliche Katastrophe mit sich.

Washington zog nun den Großteil seiner Streitkräfte auf die Linie Harlem zurück. Zu seiner Rechten, südlich dieses Flusses und über dem Hudson gelegen, befand sich eine Festung, die nach ihm benannt war; Gegenüber an der Küste von Jersey lag Fort Lee. Eine Garnison von viertausend Mann besetzte New York. Nachdem er sich mit einigen weiteren Friedensverhandlungen amüsiert hatte, beschloss Howe, die Stadt in Besitz zu nehmen. Als Ablenkung von der Hauptanstrengung und um den Übergang der Truppen zu decken, wurde zwei Schiffsabteilungen befohlen, die Batterien auf den Flüssen Hudson und East zu passieren. Dies geschah am 13. und 15. September. Die Division East River litt schwer, insbesondere bei den Holmen und der Takelage; [17] Aber der Erfolg beider Schiffe, der an den Erfolg von Hyde Parker einige Wochen zuvor auf seiner Expedition nach Tarrytown anknüpfte, bestärkte Washington in der Meinung, die er fünf Jahre später gegenüber de Grasse äußerte, dass Batterien allein nicht verhindern könnten, dass Schiffe guten Wind hätten . Dies ist heute ein alltäglicher Bestandteil der Seekriegsführung; Dampf sorgt immer für guten Wind. Am 15. überquerte Howes Armee im Schutz von Parkers Schiffen die Küste, wobei Hotham erneut die Bootsarbeiten überwachte. Die Garnison von New York glitt am Westufer der Insel entlang und schloss sich der Hauptmacht auf dem Harlem an; Offensichtlich wurde er bei dieser Flankenbewegung eine Meile von der feindlichen Front entfernt erneut begünstigt durch Howes Trägheit und seine Vorliebe für ein gutes Essen, zu dem ihn im kritischen Moment eine kluge Amerikanerin einlud.

Trotz dieser verschiedenen Positionsverluste, so wichtig sie auch waren, entging die amerikanische Armee weiterhin dem britischen General, der offenbar nicht sehr stark der Meinung war, dass der entscheidendste Faktor im Krieg die organisierte Streitmacht des Feindes sei. Da die Kontrolle über das Hudson-Tal in Verbindung mit dem Lake Champlain zu Recht das Hauptziel der britischen Regierung war, bestand Howes nächstes Ziel darin, Washingtons Einfluss auf die Halbinsel nördlich von Harlem zu lockern. Da ihm die Position für einen Frontangriff zu stark schien, beschloss er, über den Long Island Sound nach links und nach hinten zu greifen. Auch hier spielte die Marine eine wesentliche Rolle, da sie den gewundenen und gefährlichen Kanal „Höllentor" mit seinen schnellen, widersprüchlichen Strömungen passieren musste. Die Bewegung begann am 12. Oktober, einen Tag nach der Niederlage Arnolds bei Valcour. Was sein Hauptziel anging, war es erfolgreich, da Washington sich verpflichtet fühlte, die Linie der Harlem loszulassen und die Front nach links zu wechseln. Infolge der verschiedenen Bewegungen und Begegnungen der beiden Armeen fiel er über den Hudson nach New Jersey zurück, befahl die Evakuierung von Fort

Washington und beschloss, seine Kontrolle über das Hudson Valley auf West Point, fünfzig Meilen oberhalb von New York, zu übertragen , eine Position von besonderer natürlicher Stärke, am Westufer des Flusses. Zu diesen Entscheidungen wurde er durch seine zahlenmäßige Unterlegenheit gezwungen, aber auch durch die sehr isolierte und gefährliche Lage, in der er operierte, zwischen zwei schiffbaren Gewässern, die vollständig von der feindlichen Schifffahrt kontrolliert wurden. Diese Schlussfolgerung wurde ihm durch eine weitere erfolgreiche Passage vor den Kanonen der Forts Washington und Lee durch Hyde Parker mit drei Schiffen am 9. Oktober noch mehr aufgezwungen. Bei dieser Gelegenheit litten die Schiffe, darunter zwei Fregatten der schwersten Klasse, sehr schwer und verloren neun Tote und achtzehn Verwundete; Aber die Bedrohung für die Kommunikation der Amerikaner konnte nicht außer Acht gelassen werden, denn ihre Vorräte kamen größtenteils aus dem Westen des Hudson.

Anfang November überquerte Washington mit fünftausend Mann die Grenze nach New Jersey. und bald darauf wies er den Rest seiner Truppe an, ihm zu folgen. In diesem Moment versetzten ihm der Fehler eines Untergebenen und der Ungehorsam eines anderen zwei schwere Schläge. Da Fort Washington nicht auf Befehl evakuiert wurde, eroberte Howe es im Sturm und eroberte nicht nur es, sondern auch seine Garnison von 2700 Mann. ein sehr schwerer Verlust für die Amerikaner. Andererseits gelang es den ausdrücklichsten Befehlen nicht, den östlich des Hudson zurückgebliebenen Offiziers, General Charles Lee, dazu zu bringen, sich wieder dem Oberbefehlshaber anzuschließen. Diese kriminelle Perversität führte dazu, dass Washington nur noch sechstausend Männer in New Jersey hatte, davon siebentausend in New York. Unter diesen Umständen blieb ihm nichts anderes übrig, als auch den Delaware zwischen sich und den Feind zu stellen. Er zog sich daher schnell über New Jersey zurück und überquerte am 8. Dezember die Grenze nach Pennsylvania mit einer Armee, die nach Ablauf der Rekrutierungsfristen auf dreitausend Mann reduziert war. Die Abteilung jenseits des Hudson, die aus demselben Grund täglich kleiner wurde, drang allmählich auf ihn zu; Sein Kommandant wurde glücklicherweise auf der Straße gefangen genommen. Zum Zeitpunkt des Beitritts trafen auch einige Bataillone aus Ticonderoga ein, die durch Carletons Rückzug an den Fuß von Champlain freigelassen wurden. Washingtons Streitkräfte am Westufer des Delaware wurden dadurch auf sechstausend Mann erhöht.

Bei dieser Reihe von Operationen, die sich vom 22. August bis zum 14. Dezember erstreckten, als Howe in New Jersey Winterquartiere bezog, hatten die Briten außer den unvermeidlichen Verlusten, die die Angreifer gut ausgewählter Stellungen erlitten, keine ernsthaften Pannen erlitten. Dennoch beraubt die bloße Existenz der feindlichen Armee als organisierte

Körperschaft, ihre bloße Flucht angesichts der Überlegenheit an Zahl, Ausrüstung und Disziplin sowie der Beherrschung des Wassers dem Feldzug den Anspruch, als erfolgreich angesehen zu werden . Das rote Band des Bades wurde in diesem Jahr wahrscheinlich nie so günstig verdient wie für Sir William Howe. Hätte er auch nur annähernd die Energie seiner beiden älteren Brüder an den Tag gelegt, hätte Washington mit all seiner Wachsamkeit, Entschlossenheit und seinem Unternehmungsgeist kaum die Streitmacht auf die Beine stellen können, die stark geschwächt, aber immer noch ein lebendiger Organismus war, um den sich der amerikanische Widerstand erneut kristallisierte und verhärtete. So ging er innerhalb eines Monats in die Offensive und eroberte einen großen Teil von New Jersey zurück.

Welches Urteil auch immer über die Verdienste der militärischen Führung fällt, es besteht kein Zweifel am Wert oder an der unermüdlichen Energie der geleisteten Marineunterstützung. Sir William Howe spielt häufig darauf an, sowohl im Allgemeinen als auch im Besonderen; während der Admiral seine stets zurückhaltenden und oft schwerfälligen Meinungsäußerungen mit folgenden Worten zusammenfasst: „Es obliegt mir, Ihren Lordschaften gegenüber die unermüdliche Beharrlichkeit und Bereitwilligkeit zu vertreten, mit der die verschiedenen Klassen von Offizieren und Offizieren ... Die Seeleute mussten eine lange Dienstzeit und ein ungewöhnlich hohes Maß an Ermüdung ertragen, was eine Folge dieser unterschiedlichen Bewegungen der Armee war.“

Der letzte und sehr wichtige Erfolg des Feldzugs war die Besetzung von Rhode Island und der Narragansett Bay durch eine gemeinsame Expedition, die am 1. Dezember New York verließ und am 8. ohne Widerstand in Newport landete. Die Seestreitkräfte, bestehend aus fünf 50-Kanonen-Schiffen und acht kleineren Schiffen, wurden von Sir Peter Parker kommandiert; die Truppen, siebentausend an der Zahl, von Generalleutnant Sir Henry Clinton. Die unmittelbare Folge war die Schließung eines Hafens für Freibeuter, die sich in großer Zahl um einen Ankerplatz versammelten, der die Route aller Schiffe auf dem Weg von Europa nach New York flankierte. Der Besitz der Bucht erleichterte den britischen Kriegsschiffen die Kontrolle der benachbarten Gewässer und verschaffte ihnen darüber hinaus einen zentralen Stützpunkt für Küstenoperationen und unabhängig von Gezeitenerwägungen für die Ein- oder Ausfahrt. Die Position wurde drei Jahre später etwas überstürzt aufgegeben. Rodney beklagte daraufhin den Verlust mit den folgenden Worten: „Die Räumung von Rhode Island war die verhängnisvollste Maßnahme, die überhaupt getroffen werden konnte. Sie gab den besten und edelsten Hafen Amerikas auf, der in der Lage war, die gesamte britische Marine aufzunehmen, und wo sie sich befand.“ konnte zu jeder Jahreszeit in vollkommener Sicherheit liegen und von dort aus konnten Geschwader in achtundvierzig Stunden die drei Hauptstädte Amerikas blockieren, nämlich Boston, New York und Philadelphia.

Ende 1776 begann die Reihe britischer Rückschläge, die das Jahr 1777 kennzeichneten und dieses aufgrund der damit verbundenen Wirkung auf die allgemeine öffentliche Meinung im Ausland zur entscheidenden Periode des Krieges machten. insbesondere gegenüber den Regierungen Frankreichs und Spaniens. Am 20. Dezember teilte Howe dem Ministerium mit, dass er in die Winterquartiere gegangen sei, und schrieb: „Die Kette ist meiner Meinung nach etwas zu umfangreich, aber ich wurde veranlasst, Burlington zu besetzen, um die Grafschaft Monmouth abzudecken Ich vertraue auf die Loyalität der Einwohner und auf die Stärke des Korps in den Vorposten und komme zu dem Schluss, dass die Truppen in vollkommener Sicherheit sein werden. Diese ungerechtfertigte Sicherheit nutzte Washington umgehend aus. In der Weihnachtsnacht stürzte ein plötzlicher Abstieg in einem blendenden Schneesturm auf einen britischen Außenposten in Trenton und raffte tausend Gefangene hinweg; und obwohl sich der amerikanische Führer für den Moment wieder hinter den Delaware zurückzog, dauerte es vier Tage später, die Offensive wieder aufzunehmen. Cornwallis, der gerade in New York war, um nach England zu segeln, eilte vergeblich an die Front zurück. Durch eine Reihe schneller und gezielter Bewegungen wurde der Bundesstaat New Jersey wiederhergestellt. und am 5. Januar wurden das amerikanische Hauptquartier und der Hauptteil der Armee in Morristown in den Hügeln von Jersey errichtet, wobei die linke Seite am Hudson ruhte und so den Kontakt zum strategischen Zentrum des Interesses wiedererlangte. Diese bedrohliche Lage der Amerikaner an der Flanke der Verbindungslinie von New York nach Delaware zwang Howe, die Linien, die er so leichtfertig verlängert hatte, abrupt zu verkürzen; und der Feldzug, den er so widerstrebend wieder aufnehmen musste, endete im Düsternis des Rückzugs und des Desasters, was nicht nur die breite Masse der Menschen, sondern auch die Militärkritiker zutiefst und zu Recht beeindruckte. „Von all den großen Eroberungen, die die Truppen seiner Majestät in den Jersies gemacht hatten", schreibt Beatson, „waren Brunswick und Amboy die einzigen zwei Orte von Bedeutung, die sie behielten; und so glänzend ihre Erfolge zu Beginn des Feldzugs auch gewesen waren, Als der Winter vorrückte, zogen sie kaum Vorteile daraus, und die Nähe eines so wachsamen Feindes zwang sie, die härteste Pflicht zu erfüllen. Mit bewusstem oder unbewusstem Humor schließt er die Chronik des Jahres dann sofort mit der Ankündigung ab: „Seine Majestät war so zufrieden mit den Fähigkeiten und der Aktivität, die General Howe in diesem Feldzug gezeigt hatte, dass er ihm am 25. Oktober den Most verlieh. " Ehrenwerter Orden des Bades."

Fußnote 15:

Gegenwärtig durch Landgewinnung reduziert.

Fußnote 16:

Beatsons „Military and Naval Memoirs", vi. 44, geben Sie 34.614 als Stärke von Howes Armee an. Clintons Spaltung ist darin nicht enthalten. vi. 45.

Fußnote 17:

Admiral James's Journal, S. 30. (Navy Records Society.)

KAPITEL III

Die entscheidende Zeit des Krieges. ÜBERGABE VON BURGOYNE UND ERFASSUNG VON PHILADELPHIA DURCH HOWE. DER MARINETEIL IN JEDER OPERATION
1777

Das Hauptziel der britischen Regierung im Feldzug von 1777 war dasselbe wie das, mit dem sie 1776 begonnen hatte: die Kontrolle über die Linie des Hudson und des Lake Champlain, die durch zwei Expeditionen, von denen eine an jedem Ende startete, bewältigt werden sollte und beide arbeiten an einem gemeinsamen Zentrum in Albany, nahe der Flussmündung. Vorläufige Schwierigkeiten waren im Vorjahr durch die Zerstörung der amerikanischen Flottille auf dem See und durch die Verkleinerung von New York beseitigt worden. Zu beiden Zielen hatte die Marine einen bemerkenswerten Beitrag geleistet. Es blieb nur noch, die Arbeiten abzuschließen, indem der Vormarsch von den beiden gesicherten Operationsbasen aus wieder aufgenommen wurde. Im Jahr 1777 reichten die Befestigungen am Hudson nicht aus, um den Fortschritt einer kombinierten Marine- und Militärexpedition aufzuhalten, wie sich im Verlauf des Feldzugs zeigte.

Das nördliche Unternehmen wurde General Burgoyne anvertraut. Die Unmöglichkeit, eine neue Seestreitmacht zu schaffen, die mit der von Carleton ins Leben gerufenen Flotte mithalten könnte, hatte die Amerikaner daran gehindert, weiter zu bauen. Burgoyne zog daher ohne Widerstand am See entlang nach Ticonderoga, vor dem er am 2. Juli erschien. Es wurde eine Position entdeckt, die die Arbeiten befehligte und die die Amerikaner nicht besetzt hatten. Nachdem die Festung beschlagnahmt und eine Batterie aufgestellt worden war, musste sie evakuiert werden. Da der Rückzug auf dem Wasserweg erfolgte, hatte die britische Seeflotte unter Kapitän Skeffington Lutwidge, mit dem Nelson einige Jahre zuvor in den arktischen Meeren gedient hatte, eine herausragende Rolle bei der Verfolgung gespielt; Sie durchtrennten den Sperrbaum, der den schmalen oberen See blockierte, und beteiligten sich ungestüm an einem Angriff auf das schwimmende Material, die Flachboottransporter und die wenigen Relikte von Arnolds Flottille, die der Zerstörung im Vorjahr entgangen waren. Diese Affäre ereignete sich am 6. Juli. Von da an erfolgte der Vormarsch der Armee hauptsächlich auf dem Landweg. Die Marine fand jedoch Besetzung am Lake George, wo Burgoyne ein Versorgungsdepot errichtete, obwohl er dessen

Wasserstraße nicht für den Marsch der Armee nutzte. Eine Gruppe von Seeleuten unter Edward Pellew, immer noch Midshipman, begleitete den Vormarsch und teilte das Unglück der Expedition. Es wird erzählt, dass Burgoyne den jungen Marineoffizier später damit verspottete, er sei die Ursache ihres Unglücks gewesen, weil er und seine Männer es durch den Wiederaufbau einer Brücke in einem kritischen Moment ermöglicht hätten, den oberen Hudson zu überqueren. Da die Armee durch enorme natürliche und vom Feind auferlegte Schwierigkeiten am Vormarsch gehindert wurde, brauchte sie zwanzig Tage, um zwanzig Meilen zurückzulegen. Am 30. Juli erreichte es Fort Edward, vierzig Meilen von Albany entfernt, und musste dort bis Mitte September bleiben. Aufgrund der Nachlässigkeit im Kriegsministerium wurden die gebieterischen Befehle an Sir William Howe, den Hudson hinaufzufahren und eine Kreuzung mit Burgoyne zu machen, nicht weitergeleitet. Infolgedessen beschloss Howe, seinen Angriff auf Philadelphia zu erneuern, indem er auf die Ermessensbefugnisse zurückgriff, die er bereits besaß, und sich von politischen Gründen beeinflussen ließ, auf die er nicht einzugehen braucht. Ein zögerlicher Vorstoß nach New Jersey und die darauffolgenden Manöver Washingtons überzeugten ihn davon, dass das Unternehmen auf diesem Weg zu gefährlich war. Er schiffte daher vierzehntausend Mann ein und ließ achttausend bei Sir Henry Clinton zurück, um New York zu halten und Umleitungen zugunsten von Burgoyne vorzunehmen. und segelte am 23. Juli von Sandy Hook aus, eskortiert von fünf 64-Kanonen-Schiffen, einem 50-Kanonen-Schiff und zehn kleineren Schiffen unter dem unmittelbaren Kommando von Lord Howe. Die gesamte Expedition umfasste etwa 280 Segelschiffe. Es wurden große Anstrengungen unternommen, um Washington über den Zweck der Bewaffnung zu täuschen; Aber angesichts der Bewegungen Burgoynes und des wohlverstandenen allgemeinen Ziels des britischen Ministeriums war nur wenig Geschick nötig, um einen kompetenten Gegner davon abzuhalten, sich einen Entwurf auszudenken, der so im Widerspruch zu gesunden militärischen Prinzipien stand. Dementsprechend schrieb Washington: „Howes Aufgabe von Burgoyne ist in gewisser Weise eine so unerklärliche Angelegenheit, dass ich nicht anders kann, als meinen Blick ständig nach hinten zu richten, bis ich mir dessen völlig sicher bin." Er vermutete die Absicht, nach New York zurückzukehren.

Am 31. Juli, gerade als Burgoyne Fort Edward erreichte, wo er sechs Wochen lang festhielt, befanden sich Howes Waffen vor den Kaps von Delaware. Der vorherrschende Sommerwind an der amerikanischen Küste ist Südsüdwest und eignet sich gut zum Aufsteigen des Flusses. Es gingen jedoch Informationen ein, dass der Feind den Kanal blockiert hatte, der sich für eine solche Verteidigung in einiger Entfernung unterhalb von Philadelphia eignet. Obwohl daher nach der Besetzung der Stadt die freie Schifffahrt über den Fluss zum Meer für die Aufrechterhaltung der Stellung unerlässlich sein würde, denn der Prozess hatte gezeigt, dass die gesamte Armee keine Kommunikation auf dem Landweg mit New York, dem anderen Seestützpunkt, Howe, gewährleisten konnte beschloss, sein Unternehmen über den Chesapeake weiterzuführen, dessen Besteigung unter allen Umständen nicht ernsthaft behindert werden konnte. Weitere vierzehn Tage dauerte es, gegen die Südwestwinde und die Flaute zu kämpfen, bevor die Flotte am 15. August vor den Kaps des Chesapeake ankerte. und noch eine weitere Woche verging , bis der Kopf der Bucht erreicht wurde. Am 25. landeten die Truppen. Obwohl Washington so lange im Zweifel war, war es zwar zur Stelle, um den Weg zu bestreiten, aber mit geringerer Stärke; und Howe hatte keine großen Schwierigkeiten, sich seinen Weg nach Philadelphia zu erkämpfen, das am 26. September besetzt wurde. Eine Woche zuvor hatte Burgoyne Stillwater am Westufer des Hudson erreicht, den Höhepunkt seiner Reise, wo er noch zwanzig Meilen von Albany entfernt war. Drei Wochen später musste er angesichts der überwältigenden Massen in Saratoga kapitulieren, wohin er sich zurückgezogen hatte.

Lord Howe blieb an der Spitze des Chesapeake, bis er überzeugt war, dass sein Bruder ihn nicht mehr brauchte. Am 14. September machte er sich mit dem Geschwader und dem Konvoi auf den Weg in die Bucht und schickte eine kleine Division nach Delaware, um der Armee bei Bedarf zu helfen. Da der Wind aus Süden hielt, brauchte man zehn Tage, um zur See zu gelangen; und draußen kam es durch sehr schweres Wetter zu weiteren Verzögerungen. Der dortige Admiral verließ den Konvoi und eilte flussaufwärts. Am 6. Oktober befand er sich vor Chester, zehn Meilen unterhalb von Philadelphia. Die Marine war bereits seit einer Woche damit beschäftigt, Hindernisse zu beseitigen, von denen es zwei Linien gab; beide werden von Batterien am jenseitigen oder Jersey-Ufer des Delaware kommandiert. Die untere Batterie war von Truppen getragen worden; und als Howe ankam, hatten die Schiffe, obwohl sie auf heftigen Widerstand der amerikanischen Galeeren und Feuerflöße stießen, den Kanal für große Schiffe freigegeben, um sich den oberen Hindernissen zu nähern. Diese wurden nicht nur durch ein Werk in Red Bank an der Küste von Jersey verteidigt, sondern auch auf der anderen Seite des Baches durch eine Festung namens Fort Mifflin auf Mud Island. [18] Da der Kanal an dieser Stelle über eine halbe Meile nur zweihundert Meter breit war und die Truppen die Insel nicht erreichen konnten, war die Stellung sehr stark und hielt die Briten sechs Wochen lang fest . Fort Mifflin wurde von zwei schwimmenden Batterien und mehreren Galeeren unterstützt. Letztere kämpften nicht nur offensiv und defensiv, sondern sorgten auch für die Versorgung und Munition der Garnison.

Am 22. Oktober endete ein konzertierter Angriff der Armee auf die Werke von Red Bank und der Marine auf Fort Mifflin mit einem katastrophalen Ergebnis. Ersterer wurde mit erheblichem Verlust zurückgeschlagen, wobei der befehlshabende Offizier getötet wurde. Das Geschwader, bestehend aus einer 64, drei Fregatten und einer Schaluppe, trat gleichzeitig mit Mud Island in Aktion; Aber da sich der Kanal möglicherweise aufgrund der Hindernisse verschoben hatte, landeten die 64 und die Schaluppe auf Grund und konnten an diesem Tag nicht zu Wasser gelassen werden. Am 23. konzentrierten die Amerikaner ihre Batterien, Galeeren und Feuerflöße auf die beiden; und das größere Schiff geriet in Brand und explodierte, während noch Vorbereitungen getroffen wurden, um es leichter zu machen. Anschließend wurde die Schaluppe in Brand gesteckt und verlassen.

Solange dieses Hindernis bestehen blieb, mussten alle Vorräte für die britische Armee in Philadelphia mit Booten an die Küste und über beträchtliche Entfernungen auf dem Landweg transportiert werden. Da sich direkte Angriffe als erfolglos erwiesen hatten, wurden gezieltere Maßnahmen ergriffen. Die Armee baute Batterien, und die Marine schickte Geschütze an Land, um sie darin zu montieren. Der entscheidende Schlag gegen Mud Island wurde jedoch von einem kleinen bewaffneten Schiff, der *Vigilant*, 20, versetzt, das erfolgreich durch einen Kanal auf der Westseite des Flusses gesteuert wurde und mit einer schwimmenden Batterie im Schlepptau das hintere Ende des Werks erreichte drei 24-Pfünder. Das war am 15. November. In dieser Nacht verließen die Amerikaner Fort Mifflin. Ihr Verlust belief sich laut Beatson auf fast 400 Tote und Verwundete; das der Briten auf 43. Wenn dies richtig wäre, hätte es die Unbesiegbarkeit von Männern beweisen müssen, die unter solch gewaltiger Ungleichheit des Leidens ihre Position so hartnäckig behaupten konnten. Nach dem Verlust von Mud Island konnte Red Bank nicht mehr ausgenutzt werden und wurde am 21. evakuiert, als ein Angriff unmittelbar bevorstand. Die amerikanischen Schiffe zogen sich flussaufwärts zurück; aber sie wurden in die Enge getrieben und natürlich letztendlich zerstört. Nachdem die Hindernisse nun beseitigt waren, wurden die britischen Wasserverbindungen über die Delaware-Linie hergestellt – acht Wochen nach der Besetzung der Stadt, die notwendigerweise sechs Monate später geräumt werden musste.

Während diese Dinge vorübergingen, wurde Howes Triumph durch die Nachricht von Burgoynes Kapitulation am 17. Oktober getrübt. Dafür konnte er nicht umhin, das Gefühl zu haben, dass die Heimatregierung ihn zum großen Teil dafür verantwortlich machen müsse; Denn im Chesapeake hatte er, zu spät, um seinen Fehltritt wiedergutzumachen, einen Brief vom Kriegsminister erhalten, in dem es hieß, was auch immer er sonst noch unternehme, die Unterstützung für Burgoyne sei das große Ziel, das man im Auge behalten müsse.

Während der Operationen rund um Philadelphia hatte Sir Henry Clinton in New York genug getan, um zu zeigen, welche großen Erfolgsaussichten ein Vormarsch der zwanzigtausend Mann, die Howe hätte mitnehmen können, den Hudson hinauf verbunden gewesen wäre. Beginnend am 3. Oktober hatte Clinton mit dreitausend Soldaten und einer kleinen Fregattendivision der Marine innerhalb einer Woche West Point erreicht, fünfzig Meilen flussaufwärts. Die amerikanischen Befestigungen entlang des Weges wurden eingenommen, Verteidigungsanlagen dem Erdboden gleichgemacht, Vorräte und Schifffahrtsanlagen niedergebrannt; während eine unbedeutende Abteilung mit den leichten Schiffen fünfzig Meilen weiter hinaufging und dort weitere Militärvorräte zerstörte, ohne auf nennenswerten Widerstand zu stoßen. Hätte Howe die gleiche Vorgehensweise gewählt, hätte er sicherlich mit den zehntausend Mann Washingtons rechnen müssen, die ihm auf dem Marsch vom Chesapeake nach Philadelphia gegenüberstanden; aber seine Flanke wäre bis nach Albany durch einen schiffbaren Bach gedeckt gewesen, auf dessen beiden Seiten er über die fliegende Brücke operieren konnte, die die Anwesenheit und Kontrolle der Marine ständig darstellte. Abgesehen von den Befestigungsanlagen, die Clinton problemlos tragen konnte, bestand keine Bedrohung für seine Kommunikation oder seine Flanke, wie sie das Hügelland von New Jersey geboten und Washington geschickt genutzt hatte.

Der Feldzug von 1777 endete für die Briten somit mit einer offensichtlichen Katastrophe und einem scheinbaren Erfolg, der ebenso katastrophal war wie ein Misserfolg. Am Ende hielten sie Narragansett Bay, die Stadt und den Hafen von New York sowie die Stadt Philadelphia. Der erste war aus den von Rodney genannten Gründen ein bewundernswerter Marinestützpunkt, insbesondere für Segelschiffe. Die zweite war damals wie heute die größte militärische Stellung an der Atlantikküste der Vereinigten Staaten; und obwohl die beiden nicht auf dem Landweg kommunizieren konnten, unterstützten sie sich gegenseitig als Marinestationen in einem Krieg, der im Wesentlichen von der Seemacht abhängig war. Philadelphia hatte keinen anderen Zweck, als die britischen Unternehmen zu spalten und abzulenken. Die Streitkräfte dort und in New York waren für ihren Unterhalt völlig vom Meer abhängig und konnten nicht zusammenarbeiten. Sie konnten sich nicht einmal außer auf dem Seeweg vereinen. Als Clinton Howe als Oberbefehlshaber ablöste, obwohl er auf dem Landweg weniger als hundert Meilen entfernt war, musste er eine Reise von über zweihundert Meilen von New York nach Philadelphia auf sich nehmen, die Hälfte davon einen schwierigen Fluss hinauf, um zu seinem Land zu gelangen Bahnhof; und die Truppen wurden nach demselben langwierigen Verfahren verlegt. Aufgrund dieser Umstände musste der Ort in dem Moment aufgegeben werden, als der Krieg mit Frankreich die Kontrolle über das Meer auch nur zweifelhaft erscheinen ließ. Die Briten hielten es insgesamt weniger als neun Monate lang.

Im Jahr 1777 führten britische kombinierte Land- und Seestreitkräfte eine Reihe von Überfällen durch, um amerikanische Depots und andere

Ressourcen zu zerstören. Zusammengenommen sind solche Operationen dem großen Ziel untergeordnet, die Kommunikation eines Feindes zu unterbrechen oder zu belästigen, und dienen ihm auch. Insofern nehmen sie einen festen Platz unter den großen Kriegseinsätzen ein ; aber einzeln betrachtet kann man sie nicht so einschätzen, und die Tatsache wird daher einfach zur Kenntnis genommen, ohne auf Einzelheiten einzugehen. Es kann jedoch angemerkt werden, dass die Marine bei ihnen, obwohl der Umfang kleiner war, die gleiche Rolle spielte wie heute bei den vielen Expeditionen und kleinen Kriegen, die Großbritannien in verschiedenen Teilen der Welt unternahm; das Gleiche geschah bei Wellingtons Feldzügen auf der spanischen Halbinsel 1808-1812. Die Landstreitkräfte waren auf das Wasser angewiesen, und das Wasser wurde von der Marine kontrolliert.

Fußnote 18:

Dies befand sich direkt unterhalb der Mündung des Schuylkill, ein kurzes Stück unterhalb der heutigen Marinewerft von League Island.

KAPITEL IV

ZWISCHEN FRANKREICH UND GROSSBRITANNIEN BEGINNT DER KRIEG. BRITISCHE evakuieren PHILADELPHIA. MARINEOPERATIONEN VON D'ESTAING UND HOWE ÜBER NEW YORK, NARRAGANSETT BAY UND BOSTON. VOLLSTÄNDIGER ERFOLG VON LORD HOWE. AMERIKANISCHE ENTTÄUSCHUNG IN D'ESTAING. LORD HOWE kehrt nach England zurück.
1778

Die Ereignisse von 1777 überzeugten die französische Regierung davon, dass die Amerikaner über genügend Kraft und Geschick verfügten, um Großbritannien ernsthaft in Verlegenheit zu bringen, und dass daher der richtige Zeitpunkt gekommen war, Schritte zu unternehmen, die kaum umhin konnten, einen Krieg auszulösen. Am 6. Februar 1778 schloss Frankreich mit den Vereinigten Staaten einen offenen Freundschafts- und Handelsvertrag; und gleichzeitig einen zweiten Geheimvertrag, der die Unabhängigkeit der ehemaligen Kolonien anerkennt und mit ihnen ein Verteidigungsbündnis schließt. Am 13. März übermittelte der französische Botschafter in London der britischen Regierung den offenen Vertrag mit der Bemerkung, dass „die Vereinigten Staaten im vollen Besitz der Unabhängigkeit seien, die durch ihre Erklärung vom 4. Juli 1776 verkündet wurde." Großbritannien rief seinen Botschafter sofort zurück und beide Länder bereiteten sich auf den Krieg vor, obwohl keine Erklärung abgegeben wurde. Am 13. April segelte eine französische Flotte von zwölf Linienschiffen und fünf Fregatten unter dem Kommando des Grafen d'Estaing [19] von Toulon in Richtung der amerikanischen Küste. Es war für Delaware Bay bestimmt, in der Hoffnung, Howes Geschwader abzufangen. D'Estaing wurde angewiesen, die Feindseligkeiten vierzig Meilen westlich von Gibraltar zu beginnen.

Das britische Ministerium war sich der drohenden Gefahr nicht unbewusst, die bereits im vergangenen Jahr zu spüren war. aber es war nicht rechtzeitig fertig geworden, was möglicherweise auf die zuversichtlichen Erfolgserwartungen des Feldzugs von 1777 zurückzuführen war. Die Schiffe waren in Bezug auf Anzahl und Ausrüstung nicht so weit vorne, wie die Admiralität dargestellt hatte; und es war schwierig, sie zu bemannen, was im

Moment fast unmöglich war. Den Schiffen der Kanalflotte mussten Besatzung und Vorräte entzogen werden, um eine angemessene Verstärkung für Amerika zu bilden. Darüber hinaus war das Ziel des Toulon-Geschwaders unbekannt, da die französische Regierung bekannt gegeben hatte, dass es nach Brest unterwegs sei, wo sich über zwanzig andere Linienschiffe in einem fortgeschrittenen Vorbereitungszustand befanden. Erst am 5. Juni, als d'Estaing bereits acht Wochen unterwegs war, kamen bestimmte Nachrichten von einer Fregatte, die seine Flotte nach dem Passieren von Gibraltar beobachtet und neunzig Meilen westlich der Meerenge in den Atlantik begleitet hatte . Die Verstärkung für Amerika durfte dann abreisen. Am 9. Juni fuhren dreizehn Linienschiffe unter dem Kommando von Vizeadmiral John Byron nach New York. [20]

Diese Verzögerungen waren ein einzigartiges und eindrucksvolles Beispiel für die negativen Auswirkungen einer unzureichenden Vorbereitung auf die Besatzung der Flotte auf den Handel. Eine beträchtliche Anzahl westindischer Schiffe, die mit Vorräten ausgestattet waren, die für den Erhalt der Inseln unbedingt notwendig waren, warteten in Portsmouth über drei Monate lang auf den Konvoi, während die gesamte Flotte, bestehend aus achtzig Segelschiffen, fünf Wochen lang festgehalten wurde, nachdem sie sich versammelt hatte; „Und obwohl der Wind am 19. Mai gut war, segelte er erst am 26. Mai, weil die Begleitschiffe Boyne *und* Ruby *nicht* bereit waren." 45 Eigner und Kapitäne unterzeichneten einen Brief an die Admiralität, in dem sie diese Fakten darlegten. „Der Konvoi", sagten sie, „sollte am 10. April auslaufen." Viele Schiffe waren bereits im Februar fertig. „Ist das nicht eine beschämende Verwendung, meine Herren, um die Öffentlichkeit im Allgemeinen zu täuschen? In diesen drei Monaten warten zweihundert mit Proviant usw. beladene Schiffe in Spithead. Die durchschnittlichen Kosten für jedes Schiff belaufen sich also auf 150 Pfund pro Monat dass sich die Kosten für die gesamte westindische Flotte seit Februar auf 90.000 Pfund belaufen."

Die Westindischen Inseln waren vor dem Krieg hauptsächlich von ihren Mitkolonien auf dem amerikanischen Kontinent abhängig, was die Versorgung mit Nahrungsmitteln und anderen lebenswichtigen Gütern anbelangte. Diese wurden nicht nur im Zuge des Krieges abgeschnitten, was große Peinlichkeiten und Leid mit sich brachte, was vehemente Appelle der Pflanzergemeinschaft an die Heimatregierung hervorrief, sondern die amerikanischen Freibeuter übten auch große Beute auf den Handel der Inseln aus, deren Industrien dadurch in Mitleidenschaft gezogen wurden Wurzel und Zweig, Import und Export. Im Jahr 1776 war die Salznahrung für Weiße und Neger von 50 auf 100 Prozent gestiegen, und Mais, die Hauptnahrung der Sklaven – der Arbeiterklasse –, war um 400 Prozent gestiegen. Gleichzeitig war der Preis für Zucker von 25 auf 40 Prozent gefallen, für Rum um über 37 Prozent. Die Worte „Hunger" und „Hungersnot" wurden in diesen Darstellungen, die 1778 wiederholt wurden, frei verwendet. Die Versicherung stieg auf 23 Prozent; und dies, zusammen mit den tatsächlichen Verlusten durch die Eroberung [21] und die Einstellung des amerikanischen Handels mit dem daraus resultierenden Preisverfall, ergab schätzungsweise einen Gesamtverlust von 66 Pfund pro 100 Pfund, die vor dem Krieg verdient wurden. Trotz alledem wartete die westindische Flotte im Jahr 1778 sechs Wochen, vom 10. April bis zum 26. Mai, auf den Konvoi. Unmittelbar nach der Flucht wurde ein strenges Embargo gegen alle Schiffe in britischen Häfen verhängt, um deren Besatzungen dazu zu bewegen, die Kanalflotte zu bemannen. Selbst Marktschiffen war die Durchfahrt zwischen Portsmouth und der Isle of Wight nicht gestattet.

Drei Tage nach Byrons Abreise stach auch Admiral Augustus Keppel mit einundzwanzig Linienschiffen in See, um vor Brest zu kreuzen. Seine Anweisung lautete, den Zusammenschluss der Divisionen Toulon und Brest zu verhindern und eine der Divisionen anzugreifen, damit er sie treffen könne. Am 17. Juni wurden zwei französische Fregatten gesichtet. Um zu verhindern, dass sie seine Streitkräfte oder seine Bewegungen melden, schickte der britische Admiral zwei seiner eigenen Fregatten mit der Bitte, ihn auszusprechen. Einer, der *Belle Poule*, 36, lehnte ab; und es folgte eine Verlobung zwischen ihr und dem britischen Schiff, der *Arethusa*, im Jahr 32. Der König von Frankreich erklärte später, dass dieses Ereignis den Beginn des Krieges festlegte. Obwohl sowohl Keppels als auch d'Estaings Befehle feindselige Handlungen vorsahen, gab es noch keinen formellen Krieg.

Byron hatte eine sehr stürmische Passage mit widrigen Winden, wodurch seine Schiffe zerstreut und beschädigt wurden. Am 18. August, siebenundsechzig Tage von Plymouth entfernt, traf das Flaggschiff vor der Südküste von Long Island, neunzig Meilen östlich von New York, ein, ohne dass jemand aus der Flotte in Begleitung war. Dort wurden zwölf Schiffe gesehen, die in Lee (Norden) vor Anker lagen, neun oder zehn Meilen entfernt, mit Notmasten und anderen Anzeichen einer Behinderung. Das britische Schiff kam nahe genug heran, um sie als Franzosen zu erkennen. Es handelte sich um d'Estaings Geschwader, das von einem sehr schweren Sturm gelähmt wurde, unter dem auch Howes Streitmacht gelitten hatte, wenn auch in geringerem Maße. Da Byron allein war und die aktuellen Verhältnisse nicht kannte, hielt er es für unzweckmäßig, entweder nach New York oder nach Narragansett Bay weiterzufahren. Da der Wind aus Süden wehte, steuerte er Halifax an, das er am 26. August erreichte. Auch einige seiner Schiffe fuhren dort ein. Nur sehr wenigen war es bereits gelungen, sich Howe in New York anzuschließen und hatten das Glück, dem Feind zu entkommen.

Was die Hilfe Englands anbelangt, wäre Lord Howe schon lange vorher vernichtet worden. Seine Sicherheit verdankte er teils seiner eigenen Schnelligkeit, teils der Verzögerung seines Gegners. Anfang Mai erhielt er Ratschläge von zu Hause, die ihn davon überzeugten, dass eine plötzliche und schnelle Aufgabe von Philadelphia und Delaware Bay notwendig werden könnte. Deshalb zog er seine Linienschiffe aus New York und Narragansett zurück und konzentrierte sie an der Mündung der Delaware Bay, während die Transportschiffe alle Vorräte einschifften, mit Ausnahme derjenigen, die für die zweiwöchige Versorgung der Armee in einem feindlichen Land benötigt wurden. Die drohende Möglichkeit des Auftauchens eines überlegenen Feindes vor der Küste machte es möglicherweise und auch erforderlich, die Truppen nicht auf See zu riskieren, sondern stattdessen die Alternative eines 90-Meilen-Marsches durch New Jersey zu wählen, der ein Jahr zuvor abgelehnt worden war als zu gefährlich für eine noch größere Streitmacht. So vorbereitet ging keine Zeit verloren, als die Evakuierung notwendig wurde. Sir William Howe, der am 24. Mai von Sir Henry Clinton abgelöst worden war und nach England zurückgekehrt war, entging der Demütigung, seine teuer erkaufte Eroberung aufzugeben. Am 18. Juni wurden die zwölftausend britischen Truppen unter der Aufsicht der Marine über den Delaware gebracht und begannen ihren gefährlichen Marsch nach New York. Am nächsten Tag begannen die Transporte, sich flussabwärts zu bewegen; aber aufgrund der schwierigen Navigation, des Gegenwinds und der Windstille gelangten sie erst am 28. Juni zur See. Am 8. Juli, zehn Tage zu spät, ankerte d'Estaing in der Mündung des Delaware. „Hätte eine Passage von auch nur gewöhnlicher Länge stattgefunden", schrieb Washington, „muss Lord Howe mit den britischen Kriegsschiffen und allen Transportschiffen auf dem Fluss Delaware unweigerlich gefallen sein; und Sir Henry Clinton muss mehr Glück gehabt haben, als allgemein angenommen wird." an Männer seines Berufs unter solchen Umständen, wenn er und seine Truppen nicht zumindest das Schicksal von Burgoyne geteilt hätten.

Wäre Howes Flotte abgefangen worden, hätte es für New York keine Seeverteidigung gegeben; die französische Flotte hätte die Schwierigkeiten des Hafens mit Leichtigkeit überwunden; und Clinton, gefangen zwischen ihr und der amerikanischen Armee, muss kapituliert haben. Howes Ankunft beseitigte diese unmittelbare Gefahr; aber es musste noch viel getan werden, sonst würde das Ende nur hinausgezögert, nicht abgewendet. Ein guter Wind trug die Flotte und den gesamten Konvoi in 48 Stunden von der Delaware nach Sandy Hook. Am Morgen des 29., als Howe sich seinem Hafen näherte, überbrachte er ein Paket aus England, das nicht nur eindeutige Nachrichten über d'Estaings Auslaufen brachte, sondern auch berichtete, dass sie selbst nach Süden mit ihm zusammengekommen sei, nicht sehr weit von der amerikanischen Küste entfernt und von seinen Schiffen verfolgt worden. Sein Erscheinen vor New York stand daher unmittelbar bevor.

Howes Maßnahmen waren schnell und gründlich, was zu seinem großen Ruf führte. Um auf d'Estaings Herannahen zu achten, wurde eine Gruppe von Kreuzern entsandt, die zahlreich genug waren, dass einige regelmäßig von seinen Bewegungen berichten konnten, während andere mit ihm in Kontakt blieben. Die Schiffe in New York wurden nach Sandy Hook beordert, wo die Verteidigung des Eingangs erfolgen sollte. Clinton, der während seines gesamten Marsches von Washington hart bedrängt worden war, traf am 30. Juni – einen Tag nach Howe selbst – auf den Höhen von Navesink an der Küste südlich von Sandy Hook ein. Im vergangenen Winter hatte das Meer einen Durchbruch zwischen den Höhen und dem Hook geschaffen und diesen in eine Insel verwandelt. Über diese Bucht schlug die Marine eine Bootsbrücke, über die die Armee am 5. Juli zum Hook gelangte und von dort in die Stadt gebracht wurde.

Am selben Tag wurde die französische Flotte vor der Küste Virginias von einem Kreuzer gesichtet, der am 7. Howe erreichte; und zwei Tage später brachte ein anderer die Nachricht, dass der Feind am 8. vor der Delaware vor Anker gegangen sei. Dort blieb d'Estaing erneut zwei Tage, die der britische Admiral eifrig verbesserte, indem er gleichzeitig Depeschen verschickte, um Byron zu warnen, von dessen Ankunft er inzwischen gehört hatte. Trotz all seiner Energie waren seine Vorbereitungen noch lange nicht abgeschlossen, als am Morgen des 11. ein drittes Schiff eintraf und die Annäherung der Franzosen ankündigte. An diesem Abend ankerten sie draußen, vier Meilen südlich von Sandy Hook. Howe, der in all diesen Tagen unermüdlich war, nicht nur in der Planung, sondern auch in der persönlichen Überwachung der Einzelheiten, beeilte sich sofort, seine Schiffe gemäß der Anordnung zu platzieren, die er festgelegt und die er seinen Kapitänen sorgfältig erklärt und so sichergestellt hatte eine intelligente Zusammenarbeit ihrerseits.

Der schmale Landarm namens Sandy Hook ragt in nördlicher Richtung von der Küste von New Jersey hervor und bedeckt die untere Bucht von New York auf der Südseite. Der Hauptschifffahrtskanal verlief damals wie heute fast östlich und westlich, im rechten Winkel zum Hook und nahe seinem nördlichen Ende. Jenseits des Kanals im Norden gab es an diesem Tag innerhalb der Kanonenreichweite keinen festen Boden für eine Befestigung. Deshalb wurden fünf Geschütze, die an Land montiert werden konnten, in Batterie am Ende des Hakens aufgestellt. Diese bildeten die rechte Flanke der Verteidigung, die von dort nach Westen durch eine Linie von sieben Schiffen fortgesetzt wurde, die am südlichen Rand des Kanals entlanggingen. Da die Annäherung der Franzosen im Falle eines Angriffs mit Ostwind und steigender Flut erfolgen musste, wurden die Schiffe in dieser Erwartung aufgestellt; und zwar so, dass, mit dem Kopf nach Osten gerichtet, jedes aufeinanderfolgende, vom Lieferwagen bis zum Heck, ein wenig außerhalb – nördlich – von dem nächsten vor ihm lag. Der Zweck dieser gegliederten Formation bestand darin, dass jedes Schiff seine Breitseite nach Osten richten und dennoch von den Schiffen östlich von ihm fernhalten konnte. Um diese Konzentration aller Batterien in östlicher Richtung zu bewirken, die die Annäherung des Feindes verhindern würde, wurde von der Außen- oder Backbordseite jedes Schiffes mit Ausnahme des Anführers eine Quelle [23] angelegt. [24] Diese Federn wurden nicht, wie oft üblich, am Bugkabel oder Anker befestigt, sondern an eigenen Ankern, die weit vom Backbordbug entfernt angebracht waren. Wenn der Feind dann angreifen würde, würden die Schiffe, indem sie einfach die Federn festhielten und die Kabel drehten, mit ihren Breitseiten nach Osten schwenken. Wenn der Feind, der kein Bogenfeuer hatte, seine Bestrafung überlebte und es schaffte, bis auf die Höhe der britischen Linie vorzudringen, war es nur nötig, die Taue festzuhalten und die Federn loszulassen; Die Schiffe würden sich dem Ostwind zuwenden, und die Breitseiten würden wieder nach Norden zeigen, über den Kanal statt entlang des Kanals. Bei diesen sorgfältigen Vorkehrungen kam es natürlich zu dem Unglück, dass Kabel oder Federn weggeschnitten wurden; Dies wurde jedoch durch die wahrscheinliche Verletzung der Spieren, der Takelage und der Rümpfe des Feindes mehr als ausgeglichen, bevor er seine Batterien überhaupt einsetzen konnte.

Dies war die Hauptverteidigung, die Howe arrangierte; mit dem New York stand oder fiel. In der Reihe standen fünf 64er, ein 50er und ein bewaffnetes Lagerschiff. Eine vorgeschobene Linie von einem Fünfzig mit zwei kleineren Schiffen wurde direkt innerhalb der Bar – zwei oder drei Meilen außerhalb des Hooks – aufgestellt, um den Feind beim Überqueren zu drängen und sich zurückzuziehen, als er sich näherte; und vier Galeeren, die eine zweite Linie bildeten, waren zu demselben Zweck ebenfalls auf der anderen Seite des Kanals neben dem Hook stationiert. [25] Der Rückzug dieser war ins seichte Wasser gesichert, wo sie nicht verfolgt werden konnten. Eine 64 und einige Fregatten wurden als Reserve innerhalb der Hauptlinie festgehalten, um bei Bedarf einsatzbereit zu sein. Die insgesamt verfügbare Streitmacht betrug sechs 64er, drei 50er und sechs Fregatten. D'Estaings Flotte bestand im Einzelnen aus einem 90-Kanonen-Schiff, einem 80-Kanonen-Schiff, sechs 74-Kanonen-Schiffen und einem 50-Kanonen-Schiff. So groß diese Diskrepanz zwischen den Gegnern auch war, sie wurde größtenteils durch Howes geschickte Dispositionen ausgeglichen, die sein Feind nicht umgehen konnte. Sollten sich diese einmal durchsetzen, gab es für die Briten wenig Hoffnung; Aber es war für die Franzosen unmöglich, sich der primären Notwendigkeit zu entziehen, aus der äußersten Reichweite der feindlichen Kanonen bis zum Moment der Annäherung einem heftigen Feuer ohne Antwort ausgesetzt zu sein. Es stand jedoch viel auf dem Spiel, und die scheinbaren Chancen ließen das Kampfblut der britischen Seeleute bis auf den Grund sinken. Da die Kriegsschiffe unterbesetzt waren, forderte Howe Freiwillige aus den Transportern. Es meldeten sich so große Mengen, dass die Schiffsführer kaum in der Lage waren, an Bord Wache zu halten; und viele, deren Namen nicht auf den Listen standen, versteckten sich in den Booten, die ihre Begleiter zu den Kampfschiffen brachten. Die Kapitäne und Maaten der Handelsschiffe im Hafen boten in gleicher Weise ihre Dienste an und nahmen ihre Plätze an den Kanonen ein. Andere kreuzten in kleinen Booten vor der Küste, um herannahende Schiffe zu warnen; Viele davon fielen dennoch in die Hände des Feindes.

Unterdessen stand d'Estaing in Kontakt mit Washington, wo einer seiner Adjutanten sein Flaggschiff besuchte. Es wurden auch einige New Yorker Piloten entsandt. Als diese den Tiefgang der schwereren französischen Schiffe erfuhren, erklärten sie, dass es unmöglich sei, sie aufzunehmen; dass es auf der Bar bei Hochwasser nur 23 Fuß Wasserstand gab. Wäre das wirklich der Fall gewesen, hätte Howe nicht die Verteidigungsvorbereitungen treffen müssen, die auf See und an Land für Tausende von Augen sichtbar waren; aber d'Estaing, obwohl persönlich mutig wie ein Löwe, war in seinem Beruf, den er im Alter von dreißig Jahren begonnen hatte, schüchtern, ohne in den unteren Klassen zu dienen. Die Zusicherungen der Piloten wurden nach einer Untersuchung durch einen Leutnant des Flaggschiffs akzeptiert, der nichts tiefer als 22 Fuß finden konnte. Die Gunst des Schicksals wird wie zum Spott an die Unfähigen oder Unentschlossenen verschwendet. Am 22. Juli sorgte zusammen mit einer Springflut ein frischer Nordostwind für möglichst hohen Wasserstand an der Bar. [26]

„Um acht Uhr", schrieb ein Augenzeuge der britischen Flotte, „erschien d'Estaing mit seinem gesamten Geschwader unterwegs. Er arbeitete weiter in Luv, als wollte er bis dahin eine geeignete Position einnehmen, um die Latte zu überqueren." Die Flut sollte genügen. Der Wind könnte für einen solchen Plan nicht günstiger sein; er wehte genau von der Stelle, von der aus er uns mit größtem Vorteil angreifen konnte. Die Springflut war am höchsten und an diesem Nachmittag waren es zehn Meter auf der Bar Wir erwarteten daher den heißesten Tag, den es je zwischen den beiden Nationen gegeben hatte. Auf unserer Seite stand alles auf dem Spiel. Wären die Kriegsschiffe besiegt worden, müsste die Flotte der Transporter und Proviantschiffe vernichtet worden sein, und die Armee, Natürlich sind sie mit uns gefallen. D'Estaing war jedoch dem Risiko nicht gewachsen; um drei Uhr sahen wir, wie er nach Süden davonzog, und nach ein paar Stunden war er außer Sichtweite.

Vier Tage später schrieb Howe, als er über diese Vorfälle berichtete: „Da das Wetter in den letzten drei Tagen günstig war, um die Einfahrt in diesen Hafen zu erzwingen, komme ich zu dem Schluss, dass der französische

Kommandant davon abgelassen hat." Es ist klar, dass der erfahrene britische Admiral die Unmöglichkeit eines Erfolgs für den Feind nicht erkannte.

Nach der Demonstration am 22. stand d'Estaing im Süden, mit Ostwind. Die britischen Beratungsboote brachten die Nachricht zurück, dass sie ihm bis zu den Kaps von Delaware Gesellschaft geleistet und ihn dort neunzig Meilen vom Land entfernt zurückgelassen hatten. Als ihr Verlassen ihn von der Beobachtung befreite, drehte er sich um und machte sich auf den Weg nach Narragansett Bay, einem Angriff, auf den er zur Unterstützung einer amerikanischen Landstreitmacht zwischen ihm und Washington abgestimmt worden war. Am 29. ankerte er drei Meilen südlich von Rhode Island und wartete dort auf einen geeigneten Moment, um sich die Einfahrt zu erzwingen.

Die Narragansett Bay enthält mehrere Inseln. Die beiden größten in Meeresnähe sind Rhode Island und Conanicut, wobei letzteres westlicher liegt. Ihre allgemeine Richtung ist, wie die der Bucht selbst, nach Norden und Süden; und durch sie wird der Eingang in drei Durchgänge geteilt. Davon ist der östliche, Seakonnet genannte, oberhalb von Rhode Island nicht schiffbar. Der mittlere, der Hauptkanal, wird oberhalb von Conanicut durch den westlichen verbunden, und so führen beide zur oberen Bucht. Die Stadt Newport liegt auf der Westseite von Rhode Island, vier Meilen vom Haupteingang entfernt.

Am 30. Juli, einen Tag nach der Ankunft der französischen Flotte, fuhren zwei ihrer Linienschiffe unter dem Kommando des später berühmten Suffren den westlichen Kanal hinauf und ankerten darin nahe dem südlichen Ende von Conanicut. Eines davon wurde im Vorbeifahren zweimal von den britischen Batterien beschossen. Zur gleichen Zeit drangen zwei Fregatten und eine Korvette in Seakonnet ein; Daraufhin gaben die Briten eine Kriegsschaluppe, die *Kingfisher*, 16, und einige dort stationierte Galeeren auf und brannten sie nieder. Der britische General Sir Robert Pigot zog nun seine Abteilungen aus Conanicut zurück, nachdem er die Geschütze außer Gefecht gesetzt hatte, und konzentrierte den Großteil seiner Streitkräfte im südlichen Teil von Rhode Island und in der Nähe von Newport. Goat Island, das den inneren Hafen der Stadt bedeckt, war noch immer besetzt, der Hauptkanal wurde von seinen Batterien sowie von denen nördlich und südlich davon auf Rhode Island beherrscht. Am 5. August machten sich Suffrens zwei Schiffe wieder auf den Weg, segelten durch die Westpassage und ankerten im Hauptkanal nördlich von Conanicut; Ihre früheren Positionen wurden von zwei anderen Linienschiffen eingenommen. [27] Der hochrangige britische Marineoffizier sah, dass der Rückzug sowohl im Norden als auch im Süden abgeschnitten war, und zerstörte nun die Kriegsschiffe, die nicht in den inneren Hafen einlaufen konnten, und versenkte zwei zwischen Goat und Rhode Islands, um zu verhindern, dass Feinde dort vorbeikamen. Fünf Transporter wurden auch nördlich von Goat Island zwischen Goat Island und Coaster's Harbour versenkt, um den inneren Ankerplatz in dieser Richtung zu schützen. Diese vorbereitenden Operationen kosteten die Briten neben einigen Galeeren fünf Fregatten und zwei Schaluppen. Die ihnen abgenommenen Waffen und Munition dienten der Stärkung der Verteidigung; und ihre über tausend Offiziere und Mannschaften dienten in den Befestigungsanlagen.

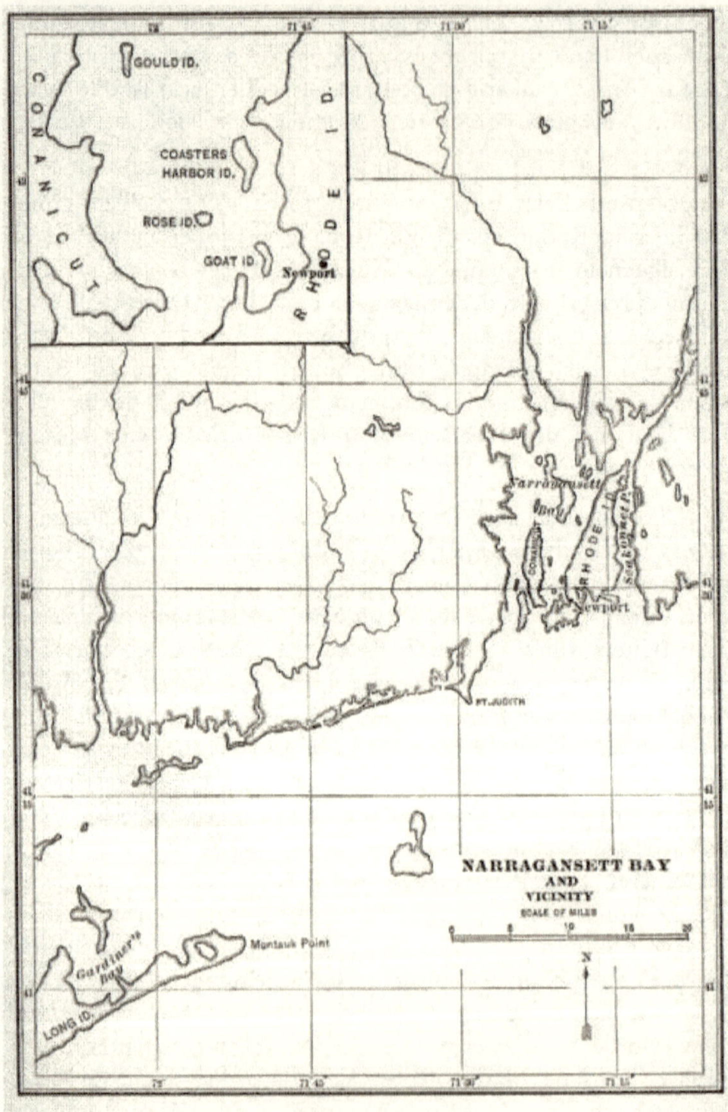

Narragansett Bay

Am 8. August steuerten die acht verbliebenen französischen Linienschiffe die Batterien auf Rhode und Goat Islands an, ankerten oberhalb der letzteren zwischen Rhode Island und Conanicut und wurden dort von den vier zuvor an der Westpassage abgesetzten Schiffen wieder vereint. Nachdem zu diesem Zeitpunkt zehntausend amerikanische Truppen vom Festland in den nördlichen Teil von Rhode Island übergegangen waren, landete d'Estaing sofort viertausend Soldaten und Seeleute der Flotte auf Conanicut, um eine vorläufige Organisation zu gewährleisten. Danach sollten sie ebenfalls nach Rhode Island weiterreisen und sich an den Operationen beteiligen. Daher war die britische Garnison, die wahrscheinlich sechstausend Mann zählte, vorerst von weit überlegenen Streitkräften zu Lande und zu Wasser eingekesselt. Die Verlegenheit hielt jedoch nicht lange an. Am nächsten Morgen erschien Lord Howe und ankerte vor Point Judith, sieben Meilen vom Eingang zur Bucht und zwölf Meilen von der Position entfernt, die damals die französische Flotte einnahm. Er brachte eine stärkere Streitmacht mit, als er zur Verteidigung von New York aufbringen konnte, und verfügte neben mehreren kleineren Schiffen nun über ein 74er, sieben 64er und fünf 50er in allen dreizehn Linien; Aber er war seinem Gegner immer noch weit unterlegen, gemessen an jeder rationalen Art der Marineberechnung.

Howes Energien in New York beschränkten sich nicht auf Vorbereitungen zum Widerstand gegen den Einmarsch des Feindes, noch hörten sie mit dessen Abzug auf. Als er zum ersten Mal aus Philadelphia dort ankam, hatte er sich beeilt, seine Schiffe seetauglich zu machen, eine Vorbeschäftigung, die die Einnahme ihrer Positionen bei Sandy Hook etwas, aber nicht unangemessen, verzögerte. Zwei zum Beispiel waren an der Wasserstelle gewesen, als die Annäherung der Franzosen signalisiert wurde. Dank dieser Sorgfalt verlor er durch sein Verschulden keine Zeit, als ihm am 28. oder 29. Juli durch die Ankunft des *Raisonnable* 64, [30] aus Halifax das neue Ziel des Feindes bekannt gegeben wurde. Dieses Schiff entkam der französischen Flotte nur knapp, nachdem es am Abend des 27. an ihr vorbeigefahren war und Kurs auf Rhode Island nahm. Der *Renown* 50, die am 26. von den Westindischen Inseln aus New York erreicht hatte, erging es ähnlich ergehend, da sie in der Nacht zuvor unbemerkt durch den Rücken des Feindes gesegelt war. Außer diesen beiden gesellten sich zu Howe auch der *Centurion* (50) aus Halifax und der *Cornwall* (74); Letzterer überquerte am 30. die Grenze und erreichte als erster von Byrons Flotte New York. Die drei anderen gehörten zu Howes eigenem Geschwader. Für die beiden Halifax-Schiffe, die zu dieser höchst willkommenen Verstärkung beitrugen, war der Admiral dem Fleiß des dort kommandierenden Offiziers zu verdanken, der sie schnellstmöglich wegschickte, sobald er von d'Estaings Erscheinen an der Küste erfuhr. Die günstige Gelegenheit ihrer Ankunft erregte Aufmerksamkeit. „Wären sie ein paar Tage früher aufgetaucht", heißt es in einer zeitgenössischen Erzählung, „hätten sie entweder daran gehindert werden müssen, eine Verbindung mit unserem Geschwader zu bilden, und wieder zur See gezwungen werden müssen, oder wir hätten die Demütigung gehabt, zu sehen, wie sie ihren Triumph noch steigerten." unser Feind.

Am 1. August, 48 Stunden nachdem die *Cornwall* von einer stürmischen Passage von zweiundfünfzig Tagen zurückgekommen war, war das Geschwader bereit zur See, und Howe versuchte auszulaufen; Aber der Wind wehte sofort nach dem Signal zum Wiegen schlecht. Erst am Morgen des 6. wurde es zur Stunde des Hochwassers, als nur schwere Schiffe die Grenze überschreiten konnten, schön. „Rhode Island war von so großer Bedeutung", sagt der bereits zitierte Erzähler, „ *und das Schicksal eines so großen Teils der britischen Armee, die die Garnison bildete, war für die allgemeine Sache von so unendlicher Bedeutung* , dass man annahm, der Admiral würde dies nicht tun." Verlieren Sie einen Moment und unternehmen Sie einen Versuch, sie zu entlasten. Er hatte von den aus der französischen Flotte gebildeten Abteilungen erfahren und hoffte, dass aus dieser Division ein gewisser Vorteil gezogen werden könnte. Kurz gesagt, er ging, wie es in solch kritischen Umständen angemessen und seine Pflicht war, ein großes Risiko ein, in der Hoffnung auf ein günstiges Gelegenheitsangebot. Am 9. ankerte er, wie bereits erwähnt, vor Point Judith und nahm Verbindung mit der Garnison auf, aus der er die bisherigen Ereignisse erfuhr und auch, dass der Feind mit Fahrzeugen aller Art gut ausgestattet war, um einen Abstieg zu ermöglichen auf jedem Teil der Insel.

So wie deGrasse in Yorktown, als Gerüchte das Herannahen einer britischen Flotte ankündigten, nur durch die dringendsten Appelle Washingtons davon abgehalten wurde, seine Kontrolle über den Chesapeake aufzugeben, der für die Eroberung von Cornwallis unerlässlich war, so nun d'Estaing in der Narragansett Bay, war nicht bereit, seinen Platz angesichts von Howes weit unterlegenem Geschwader zu behalten. [31] Der Einfluss, den die bloße Annäherung einer feindlichen Flotte auf diese beiden Admirale ausübte, als entscheidende Vorteile davon abhingen, dass sie sich behaupteten, kann plausibel zur Stützung der extremsten Ansicht über die Wirkung einer „lebenden Flotte" angeführt werden; Aber auch die Beispiele werden bei der Analyse der Bedingungen die Frage aufwerfen: Ist eine solche Wirkung immer legitim, in der Existenz der Flotte selbst inhärent, oder hängt sie nicht oft von den Eigenschaften des betroffenen Mannes ab? In der zeitgenössischen britischen Erzählung dieser Ereignisse in der Narragansett Bay heißt es, nachdem sie die verschiedenen Hindernisse und die Unterlegenheit des britischen Geschwaders angeführt hat: „Die geschicktesten Offiziere waren daher der Meinung, dass der Vizeadmiral keinen Angriff riskieren könne; und das scheint der Fall zu sein." Dem öffentlichen Brief seiner Lordschaft zufolge war dies auch seine eigene Meinung: Unter solchen Umständen hielt er es für undurchführbar, dem

General irgendeine wesentliche Erleichterung zu gewähren. In beiden Fällen waren die betreffenden Admirale gezwungen, die fast sichere Eroberung nicht einer bloßen Position, sondern eines entscheidenden Teils der organisierten Streitkräfte des Feindes durch die bloße Möglichkeit einer Aktion zu opfern; durch die moralische Wirkung, die eine Flotte hervorbrachte, die ihrer eigenen weit unterlegen war und die unter den gegebenen Umständen in keinem Fall angegriffen hätte. Was beweist das?

Unmittelbar nach Howes Erscheinen wurden die französischen Seeleute, die am Tag zuvor auf Conanicut gelandet waren, auf ihre Schiffe zurückgerufen. Am nächsten Morgen, dem 10. August, um 7 Uhr morgens wehte der Wind stark aus Nordost, was in dieser Jahreszeit außergewöhnlich ist. D'Estaing stach sofort in See und durchtrennte in seiner Eile die Kabel. In zwei Stunden war er draußen und steuerte auf den Feind zu. Howe zog sich natürlich sofort zurück; Seine Unterlegenheit erlaubte kein Engagement außer zu seinen eigenen Bedingungen. Um dies zu gewährleisten, benötigte er den Wettermesser und die Offensivposition des Tages, die er zu gewinnen hoffte, wenn er sich südlich hielt, wenn der übliche Wind aus dieser Richtung einsetzen würde. Der französische Admiral hatte das gleiche Ziel und hoffte, den seinen zu vernichten agiler Gegner; und da die Meeresbrise aus dem Südwesten an diesem Tag ausblieb, gelang es ihm trotz Howes Geschick, den Vorsprung zu behalten, mit dem er begonnen hatte. Bei Einbruch der Dunkelheit steuerten beide Flotten immer noch nach Süden, auf Backbordschlag, die Franzosen fünf oder sechs Meilen hinter den Briten, bei wechselndem Ostwind. Der gleiche Kurs wurde die ganze Nacht über beibehalten, wobei die Franzosen die Briten nach und nach überholten und am 11. um 3 Uhr morgens sichtbar wurden. Wie von Howe mitgeteilt, steuerten sie am Morgen zu einer nicht näher bezeichneten Uhrzeit Ost-Nordost, also fast querab, aber etwas weiter entfernt als in der Nacht zuvor, da sie offenbar näher am Wind geblieben waren, der sich dadurch beruhigt hatte bei Ost-Nordost.

Im Laufe des Tages wechselte Howe seine Flagge von der *Eagle* (64) zur *Apollo* (32) und stellte sich zwischen die beiden Flotten, um die Bewegungen seiner eigenen Flotte besser bestimmen zu können. Da es ihm unmöglich war, die Wetterlage zu ermitteln, und wahrscheinlich nicht bereit war, sich zu weit von Rhode Island zu entfernen, machte er nun mit der Flotte einen großen Kreis, indem er eine Reihe von Kursänderungen durchführte: um 8 Uhr morgens nach Süden, dann nach Süden - West und West, bis die Schiffe schließlich um 13.30 Uhr nach Nordwesten steuerten; Immer in der Schlachtlinie. Der französische Admiral scheint dieser Bewegung vorsichtig gefolgt zu sein, auf einem äußeren Kreis, aber mit höherer Geschwindigkeit, so dass er am Morgen von Ost nach Nordost kam, was sich, da die Flotten damals unterwegs waren, auf der Steuerbordseite des Schiffes befand Die

Franzosen hielten um 16:00 Uhr britisch nebeneinander und luvwärts und orientierten sich in südsüdöstlicher Richtung, was etwas auf der Backbordseite oder fast achteraus, aber in Lee liegen würde. Howe schätzte, dass ihr Van zu diesem Zeitpunkt zwei bis drei Meilen vom britischen Rücken entfernt war, und nach seiner Interpretation ihrer Manöver bildete d'Estaing seine Linie auf dem gleichen Kurs wie die Briten, mit der Aussicht auf „ Angriff auf das britische Geschwader auf der Leeseite", wodurch er gegenüber diesem den Vorteil des Einsatzes der Geschütze auf dem Unterdeck erlangte, da der Wind und die See viel stärker geworden waren. Da der französische Admiral in dieser neuen Disposition seine schwersten Schiffe in der Vorhut stationiert hatte und seine Linie sich fast im Kielwasser der Briten befand, vermutete Howe einen Angriff auf seinen Rücken. Deshalb befahl er seinem schwersten Schiff, der *Cornwall* , 74, vom Zentrum aus dorthin zu fahren, wobei er die Plätze mit der *Centurion* , 50, tauschte, und gab gleichzeitig der Flotte ein Signal, sich *dem Zentrum zu nähern* – ein Detail, das es wert ist, im Hinblick auf Rodneys Schiff im Gedächtnis zu bleiben vereiteltes Manöver vom 17. April 1780. Es blieb nun nur noch, den Moment fest abzuwarten, in dem die Franzosen das dazwischen liegende Gebiet hätten abdecken und so viel von seinem Rücken zum Einsatz bringen sollen, wie d'Estaing zum Angriff für richtig hielt; Die Bedingungen des Meeres begünstigten die Geschwindigkeit der größeren Schiffe, aus denen die feindliche Flotte bestand. Letzterer gab den Versuch jedoch bald auf und „zog nach Süden ab, offenbar aufgrund der Wetterlage, die durch den stark auffrischenden Wind und häufigen Regen nun für den Angriff sehr ungünstig war." Es kann hinzugefügt werden, dass die Stunde für den Beginn einer Aktion sehr spät war. Bei Sonnenuntergang befanden sich die Briten unter stark gerefften Marssegeln und der Seegang war so stark, dass Howe nicht in der Lage war, zur *Eagle zurückzukehren* . [33]

Der Wind steigerte sich nun zu großer Heftigkeit, und bis zum Abend des 13. wütete an der Küste ein heftiger Sturm, der die beiden Flotten in Verwirrung brachte, die Schiffe zerstreute und zahlreiche Katastrophen verursachte. In der Nacht des 12. verlor die *Apollo ihren Fockmast und ließ den Großmast sprengen*. Am nächsten Tag waren nur noch zwei britische Linienschiffe und drei kleinere Schiffe in Sichtweite ihres Admirals. Als das Wetter nachließ, ging Howe an Bord der *Phoenix* (44) und von dort zur *Centurion* (50), mit der er „nach Süden weiterfuhr und am 15. zehn Segel des französischen Geschwaders entdeckte, von denen einige im Meer vor Anker lagen. etwa fünfundzwanzig Meilen östlich von Cape May. [34] Er ließ dort die *Centurion* zurück, um alle von Byrons Schiffen, die an der Küste ankommen könnten, nach New York zu leiten, reiste auch selbst dorthin ab und schloss sich am Abend des 17. dem Geschwader vor Sandy Hook, dem vereinbarten Treffpunkt, wieder an. Die verschiedenen Schiffe hatten viele Verletzungen erlitten, die jedoch meist geringfügiger Natur waren. und am 22. stach die Flotte erneut in See, um den Feind zu suchen.

Die Franzosen hatten viel stärker gelitten. Das Flaggschiff *Languedoc* , 90, hatte seinen Bugspriet weggerissen, alle unteren Masten folgten ihm über Bord, und auch die Pinne war kaputt, wodurch das Ruder unbrauchbar wurde. Die *Marseillais* , 74, verlor ihren Fockmast und ihren Bugspriet. Bei der Zerstreuung der beiden Flotten, die dem Sturm folgten, traf jedes dieser beschädigten Schiffe am Abend des 13. einzeln auf ein britisches 50-Kanonen-Schiff; Das *Languedoc wird von der Renown* angegriffen , und das *Marseillais* wird von der *Preston angegriffen* . Die Bedingungen waren in jedem Fall für den kleineren Kämpfer deutlich günstiger; aber leider zogen sich beide bei Einbruch der Dunkelheit zurück und machten den Fehler, eine Chance auf morgen zu verschieben, von der sie nicht sicher waren, ob sie nach dem heutigen Tag bestehen würde. Als der Morgen anbrach, erschienen andere französische Schiffe und die Gelegenheit verstrich. Die britische *Isis* , *50, wurde ebenfalls von der César* , *74,* verfolgt und überholt. Bei der darauffolgenden Aktion wurde das Steuerrad des französischen Schiffs weggeschossen und es schied aus; zwei weitere britische Schiffe, eines von der Linie, waren in Sicht. Letztere werden in den britischen Rechnungsabschlüssen nicht erwähnt, und beide Seiten machten den Vorteil in dieser unentschiedenen Klage geltend. Der französische Kapitän verlor einen Arm.

Nach vorübergehenden Reparaturen war die französische Flotte am Ankerplatz, wo Howe sie am 15. August sah, wieder in Richtung Newport weitergefahren. Während dieser Passage wurden sie am 18. von Byrons Flaggschiff [35] südlich von Long Island gesehen. Die *Experiment* 50, die Howe zur Erkundung der Narragansett Bay geschickt hatte, wurde von ihnen in den Long Island Sound gejagt und erreichte New York erst über den East River; Es war das erste Linienschiff oder 50-Kanonen-Schiff, das jemals durch das Höllentor fuhr. Am 20. kommunizierte d'Estaing mit General Sullivan, dem Kommandeur der amerikanischen Landstreitkräfte auf Rhode Island; aber es ging ihm nur darum, ihm mitzuteilen, dass seiner eigenen Meinung und der eines Kriegsrates zufolge der Zustand des Geschwaders es erforderlich machte, nach Boston zu gehen, um es umzurüsten. Was auch immer man von der Richtigkeit dieser Entscheidung halten mag, ihre Ernsthaftigkeit lässt sich am besten aus dem Bericht verstehen, den Pigot an Howe schickte. „Die Rebellen hatten ihre Batterien bis auf fünfzehnhundert Yards an die britischen Werke herangeführt. Er hatte keine Angst vor einem ihrer Angriffe an der Front; aber wenn die französische Flotte einmarschieren würde, würde das eine besorgniserregende Veränderung bedeuten. Truppen könnten gelandet werden und ...“ rückte in seinem

Rücken vor; in diesem Fall konnte er für die Folgen nicht aufkommen. Sullivans Bitten, er möge bleiben, ignorierte d'Estaing und segelte am nächsten Tag nach Boston, das er am 28. August erreichte. Am 31. kam der unermüdliche Howe in Sicht; aber die Franzosen hatten in den drei Tagen aktiv gearbeitet. Neunundvierzig Kanonen, 18- und 24-Pfünder, mit sechs Mörsern waren bereits in Position und deckten den Ankerplatz ab; und „das französische Geschwader hatte keine Angst vor einem Angriff, sondern wünschte ihn sehnsüchtig." [36] Dem Abzug der französischen Flotte aus Rhode Island folgte der der amerikanischen Truppen vor Newport.

Howe hatte New York sofort verlassen, als er von d'Estaings Wiederauftauchen vor Rhode Island hörte. Er nahm die gleiche Anzahl von Schiffen mit wie zuvor, dreizehn an der Linie, die *Monmouth* (64) von Byrons Geschwader, die eingetroffen war und den Platz der *Isis eingenommen hatte*, die bei ihrem späten Vorgehen verkrüppelt worden war. Bevor er Newport erreichte, erfuhr er, dass die Franzosen nach Boston aufgebrochen waren. Er hoffte, dass sie es für nötig halten würden, aus George's Bank hinauszugehen, und dass er sie abfangen könnte, indem er der kürzeren Straße hinein folgte. Darin war er, wie wir gesehen haben, enttäuscht und die Stellung des Feindes war nun zu stark für einen Angriff. Der Rückzug der Franzosen nach Boston beendete den Seefeldzug von 1778 in nordamerikanischen Gewässern.

Richard, Earl Howe   Charles Henri, Comte d'Estaing

Die Unfähigkeit oder Unwilligkeit von d'Estaing, das Unternehmen gegen Rhode Island zu erneuern, beschert Howe den unbestreitbaren Sieg in diesem Feldzug – eine Ehre, die er mit seinen Anhängern im Allgemeinen teilen muss und zweifellos gerne geteilt hätte. Dass seine Flotte, größtenteils zwei Jahre von zu Hause entfernt, in einem Land ohne Werften, innerhalb von zehn Tagen nach dem Sturm das Meer hätte erobern können müssen, während ihre Gegner, die gerade aus Frankreich kamen, aber drei Monate Seepraxis hatten, waren so beschädigt, dass sie das Feld und alle großartigen Aussichten von Rhode Island aufgeben mussten – wie sie es bereits in New York versäumt hatten –, zeigt eine entscheidende Überlegenheit der britischen Offiziere und Besatzungen. Die unbestreitbaren Verdienste der Basis dürfen jedoch nicht die Aufmerksamkeit von den großen Qualitäten des Führers ablenken, für die sonst das beste Material vergeblich gewesen wäre. Die Bedingungen waren so, dass sie Howes stärkste Eigenschaften aufs Äußerste hervorbrachten: Festigkeit, Ausdauer, ununterbrochene Beharrlichkeit statt Schnelligkeit, großes berufliches Können, gereift durch ständige Reflexion und jederzeit einsatzbereit. Vielleicht war Howe kein brillanter Intellekt, aber absolut klar und voller Hilfsmittel, um allen möglichen Eventualitäten zu begegnen. Er zeigte eine ausgeglichene, unermüdliche Energie, die sein größtes Merkmal war und die ihn hervorragend für die Aufgabe rüstete, jede Bewegung eines Feindes schachmatt zu setzen – für eine rein defensive Kampagne. Er war immer zur Stelle und immer bereit; denn er wurde nie müde, und er verstand sein Handwerk. Zu großen Kombinationen war er vielleicht ungleich. Jedenfalls sind solche nicht mit seinem Namen verbunden. Die ferne Szene sah er nicht; aber Schritt für Schritt sah er seinen Weg mit absoluter Präzision und folgte ihm mit unbeirrbarer Entschlossenheit. Bei einer durchweg unterlegenen Streitmacht ist es eine unübertroffene Leistung, in einem Feldzug die britische Flotte, New York und Rhode Island mit der gesamten britischen Armee, die auf diese beiden Stationen aufgeteilt und vom Meer abhängig war, zu retten Annalen der Verteidigungskriegsführung zur See. Es kann hinzugefügt werden, dass seine Leistung das Maß für die Mängel seines Gegners ist.

Howes Geschwader war 1776 nur mit Bezug auf den Kolonialkampf und für seichtes Wasser zusammengestellt worden und bestand daher ganz richtig aus Kreuzern und Linienschiffen der kleineren Klassen; es gab mehrere Fünfziger und nichts Größeres als einen Vierundsechziger. Als ein Krieg mit Frankreich drohte, beging das Ministerium nach langer Vorwarnung einen unverzeihlichen Fehler, indem es zuließ, dass eine solche Streitmacht mit einer so überlegenen Streitmacht konfrontiert wurde, wie sie im April 1778 von Toulon aus segelte. Diese hätte auf ihrem Weg gestoppt werden müssen, andernfalls hätte seiner Ankunft in Amerika eine britische Verstärkung vorausgehen müssen. So wie es war, wurde die Regierung nur durch die Effizienz ihres Admirals und die Ineffizienz seines Gegners vor einer gewaltigen Katastrophe bewahrt. Wie es nicht allzu ungewöhnlich ist, wurde die Dankbarkeit durch den Instinkt der Selbsterhaltung vor dem dadurch und durch andere gleichzeitige Anzeichen von Vernachlässigung erregten nationalen Zorn überschwemmt. Es wurde versucht, Howes Verhalten herabzuwürdigen und zu beweisen, dass seine Streitmacht der der Franzosen sogar überlegen war, indem man die Kanonen aller seiner Schiffe zusammenfasste, deren Klassen außer Acht ließ, oder indem man Gruppen seiner kleinen Schiffe gegen die von d'Estaing zusammenlegte größere Einheiten. Der Auslöser des Angriffs war ein Marineoffizier von gewissem Rang, aber geringer beruflicher Qualifikation, der in diesem äußerst günstigen Moment eine politische Konvertierung durchlief, die ihm einerseits eine Anstellung und andererseits den Vorwurf des Abfalls einbrachte. Für diese Art professioneller Arithmetik empfand und drückte Howe völlige Verachtung aus. Zwei und zwei ergeben in einer Fibel vier, aber im Feld können sie drei oder fünf ergeben. Ganz zu schweigen von der größeren Verteidigungskraft schwerer Schiffe oder der Konzentration ihres Feuers: Auch hier kommt der Einheit der Führung unter einem Kapitän die Bedeutung zu, die dazu geführt hat, dass die Einheit des Kommandos und der Anstrengung als das wichtigste Element des Militärs anerkannt wurde Effizienz, vom Größten bis zum Kleinsten. Zusammengenommen bilden die drei Elemente – größere Verteidigungskraft, Konzentration des Feuers und einheitliche Richtung – ein entscheidendes und dauerhaftes Argument für große Schiffe, zu Howes Zeiten wie zu unseren Zeiten. Zweifellos gibt es heute wie damals eine Grenze; Die meisten Argumente können intellektuell oder praktisch ad *absurdum geführt werden.* Eine Grenze zu ziehen ist immer schwer; Aber wenn wir nicht genau sagen können, wo die Linie überschritten wurde, können wir erkennen, dass ein Schiff viel zu groß ist, während ein anderes es sicherlich nicht ist. Zwischen beiden kann eine Annäherung an ein exaktes Ergebnis erfolgen.

Bei seiner Rückkehr nach New York am 11. September fand Howe dort Konteradmiral Hyde Parker [37] mit sechs Linienschiffen von Byrons Geschwader vor. Da Howe seine Aufgabe nun erfüllt hatte, beschloss er, aufgrund einer vor einiger Zeit auf eigenen Wunsch erteilten Erlaubnis nach England zurückzukehren. Die Pflicht gegenüber den Amerikanern, in letzter Zeit seinen Landsleuten, war ihm immer zuwider gewesen, obwohl er sich nicht strikt weigerte, sie zu übernehmen, wie es Admiral Keppel tat. Das Eingreifen Frankreichs in den Streit und die Ankunft d'Estaings erfrischten die Stimmung des Veteranen, der darüber hinaus es verschmähte, sein Kommando angesichts solcher Widrigkeiten aufzugeben. Nun, da die britischen Stellungen gesichert waren und die Überlegenheit der Streitkräfte vorerst gesichert war, übergab er freudig seinen Auftrag und segelte nach Hause; Er brannte gegen die Admiralität mit einem Zorn, der den meisten angesehenen Seeleuten dieses Krieges eigen war. Er wurde erst wieder auf See eingesetzt, als es 1782 zu einem Wechsel im Ministerium kam.

Fußnote 19:

Charles H., Comte d'Estaing. Geboren 1729. Diente 1758 in Indien unter Lally Tollendal. Nachdem er 1759 in Madras gefangen genommen worden war, wurde er zur Marine ausgetauscht. Von 1778 bis 1780 in Nordamerika kommandiert. Guillotiniert, 1794. WLC

Fußnote 20:

Großvater des Dichters.

Fußnote 21:

Der Sekretär von Lloyd's war für die Zwecke dieser Arbeit so freundlich, die Erstellung einer speziellen Zusammenfassung der Verluste und Beschlagnahmungen im Zeitraum 1775-1783 zu veranlassen. Dies führt, soweit es sich um Kaufleute und Freibeuter handelt, zu den folgenden Ergebnissen.

	BRITISCHE SCHIFFE				FEINDESSCHIFFE			
	Kaufleute		Freibeuter		Kaufleute		Freibeuter	
	Aufgeno mmen am [22]	Zurücker obert oder freigekau ft	Aufgeno mmen am [22]	Zurücker obert oder freigekau ft	Aufgeno mmen am [22]	Zurücker obert oder freigekau ft	Aufgeno mmen am [22]	Zurücker obert oder freigekau ft
17 75	—	—	—	—	—	—	—	—
17 76	229	51	—	—	19	—	6	—
17 77	331	52	—	—	51	1	18	—
17 78	359	87	5	—	232	5	16	—
17 79	487	106	29	5	238	5	31	—
17 80	581	260	15	2	203	3	34	1
17 81	587	211	38	6	277	10	40	—
17 82	415	99	1	—	104	1	68	—

| 17
83 | 98 | 13 | 1 | 1 | 11 | 2 | 3 | — |

Fußnote 22:

Einschließlich derjenigen, die zurückerobert oder freigekauft wurden. WLC

Fußnote 23:

Eine Feder ist ein Seil, das normalerweise von der Seite (einer Seite des Hecks) eines Schiffes zum Anker geführt wird. Durch Ziehen daran wird die Batterie in die gewünschte Richtung gedreht.

Fußnote 24:

Die Anführerin, die *Leviathan* , wurde ausgenommen, offensichtlich weil sie unter dem Haken lag und ihre Waffen den Kanal nicht durchhalten konnten. Es handelte sich nicht um ein Kampfschiff des Geschwaders, sondern um ein bewaffnetes Lagerschiff, obwohl es ursprünglich ein Kriegsschiff war und daher aufgrund seiner Seitendicke besser zur Verteidigung geeignet war als ein gewöhnliches Handelsschiff. Ihre Platzierung scheint ein nachträglicher Einfall gewesen zu sein, um die Lücke in der Linie zu schließen und auch nur die Möglichkeit zu verhindern, dass die feindlichen Schiffe dort eindrehen und sich dem Van nähern. So vermied Howe das fatale Versehen, das Brueys zwanzig Jahre später in der Bucht von Aboukir beging.

Fußnote 25:

Es sei daran erinnert, dass die Konföderierten in Mobile 1864 eine ähnliche Entscheidung gegen den Angriff von Farragut trafen und dass sein Flaggschiff *Hartford von diesen kleinen Schiffen* aus seinen schwersten Verlust erlitt. Bei Segelschiffen waren die Chancen größer, da eine Verletzung der Holme einen Stillstand nach sich ziehen konnte. Darüber hinaus brachten Howes Vorkehrungen alle seine schwereren Schiffe in solch ein Feuer.

Fußnote 26:

In einem Brief an die Admiralität vom 8. Oktober 1779 von Vizeadmiral Marriot Arbuthnot, dem damaligen Oberbefehlshaber in New York, heißt es: „Bei Springfluten stehen die Wellen bei Hochwasser im Allgemeinen dreißig Fuß hoch."

Fußnote 27:

Diese vier Schiffe gehörten zu den kleinsten der Flotte, nämlich ein 74er-Schiff, zwei 64er-Schiffe und ein 50er-Schiff. D'Estaing reservierte seine schwersten Schiffe ganz richtig, um den Hauptkanal zu erzwingen.

Fußnote 28:

Flora , 32; *Juno* , 32; Lerche, 32; *Orpheus* , 32; *Falke* , 16.

Fußnote 29:

Eine genaue Angabe der Anzahl konnte ich nicht finden; Beatson stellt acht Regimenter mit einer Verstärkung von fünf Bataillonen.

Fußnote 30:

Es könnte interessant sein, sich daran zu erinnern, dass dies das Schiff war, in dessen Büchern Nelsons Name erstmals 1771 in der Marine geführt wurde.

Fußnote 31:

Troude führt d'Estaings Ausfall auf ein Gefühl der Unsicherheit seiner Position zurück; Lapeyrouse Bonfils, zu einem Wunsch nach Wettbewerb. Chevalier verweilt bei der Aufdeckung der Situation.

Fußnote 32:

Zur jeweiligen Stärke der beiden Flotten siehe S. 66 , 67 , 71 .

Fußnote 33:

Dieser Bericht über die Manöver der beiden Flotten basiert auf der Depesche von Lord Howe und wurde aus dem Tagebuch von Kapitän Henry Duncan vom Flaggschiff *Eagle ergänzt* , das seit der ersten Veröffentlichung dieses Werks (1902) veröffentlicht wurde. Siehe „Navy Records Society, Naval Miscellany". Bd. ich, p. 161.

Fußnote 34:

An der Mündung der Delaware Bay.

Fußnote 35:

Ante , S. 62 .

Fußnote 36:

Chevalier: „Marine Française", 1778.

Fußnote 37:

Später Vizeadmiral Sir Hyde Parker, Bart., der 1783 auf der *Cato* ums Leben kam. Er war der Vater dieses Admirals Sir Hyde Parker, der 1801 Nelsons Oberbefehlshaber in Kopenhagen war und der 1778 die *Phœnix befehligte* . 44, in Howes Flotte. (*Ante* , S. 39 , 46.)

KAPITEL V

DER SEEKRIEG IN EUROPA. DIE SCHLACHT VON USHANT
1778

In denselben zwei Monaten, in denen der Kampf zwischen d'Estaing und Howe in Amerika stattfand, fand 1778 in europäischen Gewässern die einzige Begegnung zwischen nahezu gleichwertigen Flotten statt. Admiral Keppel, der nach der Affäre zwischen der *Belle Poule* und der *Arethusa nach Spithead zurückgekehrt war* , stach am 9. Juli ~~erneut~~ in See, wobei die Streitmacht auf dreißig Linienschiffe erhöht wurde. Die Notwendigkeit, einem Gefecht auszuweichen und sich sogar in den Hafen zurückzuziehen, war ihm peinlich gewesen, da ihm zuvor nur unzureichende Truppen zur Verfügung standen, und nun war er fest entschlossen, ein Gefecht zu erzwingen, falls er auf die Franzosen traf.

Am Tag vor Keppel stach auch die Flotte von Brest unter dem Kommando des Admirals Comte d'Orvilliers in See. Es enthielt zweiunddreißig Linienschiffe. Davon wurden drei – 64, 60 und 50 – als nicht für die Schlachtlinie geeignet erachtet, die somit auf 29 Segel mit 2098 Kanonen reduziert wurde. Diesen stellten die Briten eine Gesamtzahl von 2278 entgegen; aber ein Vergleich allein auf diese Weise ist sehr grob. Nicht nur die Größe der Geschütze, sondern auch die Klassen und das Gewicht der Schiffe müssen berücksichtigt werden. Im Einzelfall ist die Angelegenheit von geringer Bedeutung; Die Aktion war unentschlossen und der Kredit hing eher von Manövern als von Kämpfen ab.

Der französische Admiral wurde durch schwankende Anweisungen behindert, die Ausdruck der instabilen Impulse waren, die das Ministerium beherrschten. Was auch immer seine persönlichen Wünsche waren, er hatte das Gefühl, dass von ihm erwartet wurde, Maßnahmen zu vermeiden, es sei denn, es liegen sehr günstige Umstände vor. Zum Zeitpunkt des Auslaufens schrieb er: „Da Sie mir die Freiheit lassen, meine Kreuzfahrt fortzusetzen, werde ich die Flotte nicht nach Brest zurückbringen, es sei denn auf ausdrücklichen Befehl, bis ich den in meinen Anweisungen genannten und bekannten Monat auf See erfüllt habe." Alle Kapitäne. Bis dahin werde ich nicht vor Admiral Keppel fliegen, wie stark er auch sein mag; nur wenn ich weiß, dass er zu überlegen ist, werde ich eine unverhältnismäßige Aktion so gut wie möglich vermeiden; wenn der Feind jedoch wirklich versucht, sie zu erzwingen , es wird sehr schwer sein, es zu meiden. Diese Worte erklären sein Verhalten in den nächsten Tagen.

Am Nachmittag des 23. Juli sichteten die beiden Flotten einander etwa hundert Meilen westlich von Ushant, die Franzosen befanden sich damals auf der Leeseite. Gegen Sonnenuntergang standen sie im Südwesten, mit einem West-Nordwest-Wind, und steuerten nordöstlich vom Feind, der sie anlügte, nach Norden. Da die Briten die ganze Nacht über nahezu bewegungslos blieben und der Wind drehte, nutzte d'Orvilliers die Umstände, um in Luv vorzudringen, und am Morgen wurde festgestellt, dass er nordwestlich von seinem Gegner lag. [39] Ihre relativen Positionen stellten zunächst beide Admirale zufrieden; denn Keppel befand sich zwischen Brest und den Franzosen, während d'Orvilliers, obwohl er den Vorteil des offenen Rückzugs in seinen Hafen aufgab, es durch die Erlangung des Wettermessers möglich gemacht hatte, sein Versprechen zu erfüllen, das Meer zu behalten und es dennoch zu tun Maßnahmen vermeiden. Zwei seiner Schiffe, die *Duc de Bourgogne* , 80, und eine 74, befanden sich jedoch immer noch auf der Leeseite, nicht nur ihrer eigenen Hauptmacht, sondern auch der der Briten. Keppel schickte Verfolger hinter ihnen her, mit dem ausdrücklichen Ziel, d'Orvilliers zu zwingen, zu ihrer Unterstützung zu handeln, [40] und die Briten glaubten, dass sie gezwungen waren, nach Brest zurückzukehren, um nicht abgeschnitten zu werden. Sie haben sicherlich ihre Flotte verlassen, die dadurch auf 27 effektive Segel reduziert wurde. Von diesem Zeitpunkt an bis zum 27. Juli wehte der Wind weiter nach Westen, und die Vorsicht des französischen Admirals machte alle Bemühungen seines Gegners, in Reichweite zu gelangen, zunichte. Keppel hatte keinen Zweifel daran, was von ihm erwartet wurde, verfolgte ihn energisch und lauerte auf seine Chance. Am Morgen des 27. Juli waren die beiden Flotten [Abb. 1, AA, AA] sechs bis zehn Meilen voneinander entfernt, der Wind südwestlich, beide auf Backbordschlag, 41° steuerten nordwestlich; Die Franzosen liegen direkt in Luv, in Linie voraus. Die Briten befanden sich in Bug-und-Viertel-Linie. In dieser Formation befanden sich die Schiffe einer Flotte, wenn man sie genau betrachtete, nahezu auf gleicher Höhe; Sie waren jedoch so weit entfernt, dass sie, wenn sie alle gleichzeitig kreuzten, sofort in der Kampflinie vorn und dicht am Wind wären – die Kampfordnung. [42] Beide Flotten waren unregelmäßig aufgestellt, insbesondere die Briten; denn Keppel war zu Recht der Ansicht, dass er sein Ziel nicht erreichen würde, wenn er hinsichtlich der Reihenfolge seines Gehens pedantisch wäre. Er hatte daher eine „General Chase" angekündigt, die, indem sie viel individuelle Bewegungsfreiheit gewährte, den Fortschritt des gesamten Körpers erleichterte. Bei Tageslicht war die von Sir Hugh Palliser kommandierte Division – der rechte Flügel, wie damals unterwegs – nach hinten gefallen [R]; und um 5.30 Uhr morgens wurde das Signal an sieben seiner schnellsten Segler gegeben, nach Luv zu jagen, um durch Drücken der Segel weiter nach Luv zu gelangen, mit dem

Ziel, sie relativ zum Hauptkörper zu platzieren, um diesen bei Gelegenheit zu stützen zum Handeln bieten sollte.

Um 9 Uhr morgens befahl der französische Admiral, sich dem Feind zu nähern und klarer zu sehen, seiner Flotte, nacheinander zum Gegenmarsch überzugehen. Als die Vorschiffe unter diesem Signal umrundeten (b), mussten sie parallel zu ihrer früheren Linie, auf der sich die ihnen nachfolgenden Schiffe noch befanden, vom Wind ablenken (be), bis sie den Punkt erreichten, den das hintere Schiff inzwischen erreicht hatte vorgerückt (c), wenn sie wieder in den Wind ziehen konnten. Dies führte zu einem Bodenverlust auf der Leeseite, aber nicht mehr, als sich d'Orvilliers nach derzeitigem Stand der Dinge leisten konnte. Kurz nachdem er sich einigermaßen auf das Manöver eingelassen hatte, drehte der Wind um zwei Punkte nach Süden, von ~~Südwesten~~ nach Südsüdwesten, was die Briten begünstigte und es ihnen ermöglichte, sich näher an den Feind heranzubewegen (BB). Die Verschiebung warf auch die Bögen der Franzosen aus der Linie, denen sie folgten, und brachte ihre Ordnung durcheinander. Keppel setzte daher den Backbordschlag fort, bis alle Franzosen (BB) an Steuerbord waren, und befahl um 10.15 Uhr, als er fast in ihrem Kielwasser war, seinen eigenen Schiffen, zusammen zu wenden (dd), was sie auf eine Linie nach vorne bringen würde auf dem gleichen Weg wie die Franzosen; das heißt, der Wind ist auf derselben Seite. Dies brachte die Briten in eine Kolonne, [44] immer noch auf Lee, aber fast achteraus des Feindes und folgte ihm (CC). In diesem Moment kam ein starker Regenschauer auf, der die Flotten eine Dreiviertelstunde lang voneinander verdeckte. Mit dem Sturm drehte der Wind wieder nach Südwesten, was die Briten auf diesem Kurs begünstigte, wie auch auf dem anderen, und es ihnen ermöglichte, sich in den Rücken des Feindes zu legen, woraufhin sie standen (französische BB) und nun zum Einsatz kommen konnten. Als sich das Wetter um 11 Uhr klarte, sah man, dass die Franzosen mit allen Schiffen wieder umhergezogen waren und sich immer noch in der Verwirrung eines teilweise ausgeführten Manövers (CC) befanden. Ihr Admiral hatte zweifellos am Wechsel des Windes und an der Richtung des Feindes, als er zuletzt sichtbar war, erkannt, dass eine Begegnung nicht zu vermeiden war. Wenn er auf Steuerbordkurs weitermachte, würde der Van des verfolgenden Feindes, dessen Entschlossenheit, den Kampf zu erzwingen, nicht missverstanden werden konnte, seine hinteren Schiffe überholen und so viele von ihnen angreifen, wie er wollte. Durch die Wiederaufnahme des Backbordschlags würden sich die Spitzen der Kolonnen treffen und die Flotten würden in entgegengesetzter Richtung passieren, und zwar unter gleichen Bedingungen hinsichtlich der betrachteten Position; weil alle Franzosen angreifen würden und nicht nur ein Teil ihres Rückens. Deshalb hatte er seinen Schiffen befohlen, alle gleichzeitig umherzufahren; So bildete

sich schnell wieder eine Kolonne, aber die Reihenfolge wurde umgekehrt, so
dass das Heck zum Van wurde.

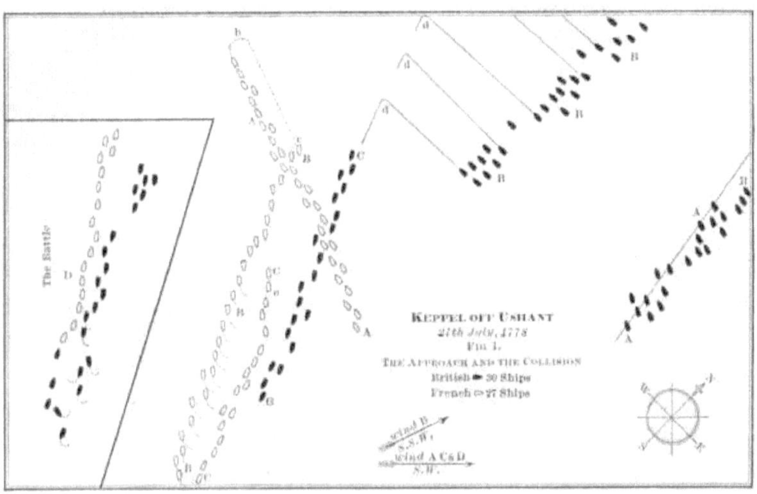

D'Orvilliers und Keppel, vor Ushant, 27. Juli 1778
Abbildung 1

Keppel hatte bislang noch kein Signal zur Schlachtlinie gegeben und tat es
auch jetzt nicht. Da er während der viertägigen Verfolgungsjagd erkannte,
dass sein Feind einer Aktion aus dem Weg ging, kam er zu dem richtigen
Schluss, dass er es erzwingen sollte, selbst wenn er ein gewisses Risiko
einging. Es war weder die Zeit für einen Drill-Master noch für eine Parade.
Dank des Morgensignals für die Verfolgung der Lee-Schiffe befanden sich
diese, die das Heck der ungeordneten Kolonne bildeten, in der er vorrückte,
nun gut in Luv und waren daher in der Lage, ihre Kameraden bei Bedarf zu
unterstützen und anzugreifen der Feind. Kurz gesagt, praktisch die gesamte
Streitmacht trat in Aktion, wenn auch viel weniger regelmäßig, als man hätte
wünschen können. Was folgte, war ein harter Kampf, aber es war alles, was
man haben konnte, und besser als nichts. Keppel gab daher einfach das
Signal zum Kampf, und das gerade, als das Feuer begann. Die Kollision kam
so plötzlich, dass die Flaggen der Schiffe zunächst nicht zu sehen waren.

Auch die Franzosen befanden sich in einiger Verwirrung, obwohl ihre
Manöver methodischer gewesen waren. Es ist nicht einer Truppe von dreißig
Schiffen unterschiedlicher Qualität gegeben, in zwei Wochen Seeübung die
Perfektion der Bewegung zu erreichen. Der Windwechsel hatte eine Aktion
herbeigeführt, die der eine Admiral angestrebt und der andere gemieden
hatte; aber jeder musste ihm mit so viel Entschlossenheit begegnen, wie er
konnte. Die Briten (CC) waren am Wind, die Franzosen (CC), die auf einer
parallelen Linie vorrückten, waren vier Punkte und 45 Punkte vom Wind

entfernt. Die meisten ihrer Schiffe hätten sich daher von ihren Gegnern fernhalten können, aber die Tatsache, dass diese einige der Anführer erreichen konnten, zwang die anderen, sie zu unterstützen. Wie d'Orvilliers gesagt hatte, war es schwer, einem Feind auszuweichen, der entschlossen war, zu kämpfen. Die führenden drei französischen Schiffe [46] (e) nutzten ihren Wind und folgten dem Signal des Admirals, um die Schlachtlinie zu bilden, was eine Amwindlinie bedeutet. Dies hatte zur Folge, dass sie sich allmählich von der feindlichen Linie entfernten und außer Reichweite des britischen Zentrums und Hinterlandes kamen. Wenn dies von ihren Anhängern nachgeahmt würde, würde die Angelegenheit noch parteiischer und unentschlossener werden, als es bei solchen Passanten normalerweise der Fall war. Das vierte französische Schiff begann die Aktion und eröffnete kurz nach elf Uhr das Feuer. Die Schiffe der gegnerischen Flotten drängten unter kurzem Segel (D) vorbei und feuerten, wenn sich die Gelegenheit bot, wurden aber zwangsläufig stark durch Rauch behindert, der die klare Sicht eines Feindes verhinderte und Angst auslöste, ein unsichtbarer Freund könnte eine Breitseite erhalten. „Die Entfernung zwischen der *Formidable* , 90, (Pallisers Flaggschiff) und der *Egmont* , 74, war so kurz", sagte Kapitän John Laforey aus, dessen Dreidecker, die *Ocean* , 90, auf gleicher Höhe und außerhalb dieses Abstands lag, „dass sie es war." Mit Mühe konnte ich zwischen ihnen bleiben, um sie anzugreifen, ohne auf sie zu schießen, und einmal war ich ganz in der Nähe an Bord der *Egmont* – direkt vor dem *Ozean* . Die *Formidable* hielt ihr Besan-Marssegel die meiste Zeit zurück, um ihr den Weg zu versperren, um vor ihr den nötigen Platz für die *Ocean zu schaffen* und auch um den hinteren Schiffen das Schließen zu ermöglichen. „Um Viertel nach eins", sagte Kapitän Maitland von der „ *Elizabeth* ", 74, aus, „waren wir sehr dicht hinter der *Formidable* , und ein Midshipman auf dem Achterdeck rief, dass am Wetterbug ein Schiff an Bord kommen würde. Ich legte das Ruder an." hoch,... und stellte fest, dass ich, als sich der Rauch verzog, unter dem Windschatten der *Formidable* angeschossen wurde . Sie war dann mit den beiden letzten Schiffen der französischen Flotte im Kampf und da ich nicht auf sie schießen konnte, ohne durch sie zu schießen *Beeindruckend* , ich musste weiterschießen. [47] Kapitän Bazely von der *Formidable* sagt über denselben Vorfall: „Die *Formidable* hielt sich zum Zeitpunkt des Gefechts an einem der feindlichen Schiffe fest, um nicht an Bord des Schiffes zu geraten, dessen Klüverausleger fast das Achterliek des Hauptmarssegels berührte." der *Formidable* . Ich dachte, wir könnten es nicht vermeiden, an Bord zu sein.

Im Gegensatz zum üblichen Ergebnis waren die Verluste der hinteren Division an Toten und Verwundeten am höchsten und entsprachen nahezu der Summe der beiden anderen. [48] Dies war auf das morgendliche Signal zur Verfolgung in Luv zurückzuführen, das diese Schiffe näher als ihre Anführer brachte. Sobald die britische Vorhut, bestehend aus zehn Schiffen, den französischen Rücken passiert hatte, gab ihr Kommandeur, Vizeadmiral Sir

Robert Harland, der Keppels Wünsche voraussah, dem Feind ein Zeichen, umzugehen und dem Feind zu folgen (Abb. 2, V). Als die französische Kolonne frei lief, wurden diese Schiffe, sobald sie in der Nähe waren, luvwärts von ihrem Kielwasser entfernt. Als die *Victory* um 13 Uhr aus dem Feuer zog, gab auch Keppel ein ähnliches Signal und versuchte, (c) zu tragen, da die Verletzungen an seiner Takelage ein Wenden nicht zuließen; Beim Manövrieren über den Bug der folgenden Schiffe war jedoch Vorsicht geboten, und erst um 14 Uhr befand sich die *Victory* auf dem anderen Kurs (Abb. 2, C) und steuerte auf die Franzosen zu. Zu diesem Zeitpunkt, um 14 Uhr, kurz vor oder kurz nach dem Tragen, wurde das Signal für die Schlacht eingeholt und das Signal für die Schlachtlinie gehisst. Der Zweck der letzteren bestand darin, den Orden neu zu formieren, und die erste wurde eingestellt, teils weil sie nicht mehr benötigt wurde, vor allem aber, damit sie nicht den Anschein erweckte, sie widerspreche der dringenden Forderung nach einer Neubildung.

Zu dieser Zeit befanden sich sechs oder sieben von Harlands Division am Wetterbug der *Victory* , in Luv (westwärts), aber etwas voraus und standen wie sie hinter den Franzosen; alles auf Backbordbug (Abb. 2). Keiner der Mittelabteilungen gelang es auf einmal, sich dem Flaggschiff anzuschließen. Um 2.30 Uhr passierte Pallisers Schiff, die *Formidable* (R), auf Steuerbordseite die *Victory* in Lee, offenbar als letztes Schiff der Flotte außer Gefecht. Eine halbe Stunde später schlossen sich der *Victory drei aus der Mitte an, die ihr in dichter Reihenfolge folgten, wobei der Lieferwagen in derselben relativen Position blieb.* Hinter diesen beiden Gruppen von vorn und in der Mitte befanden sich eine Reihe anderer Schiffe in unterschiedlichem Ausmaß an Verwirrung – einige drehten sich um, andere versuchten aufzutauchen, andere waren völlig außer Gefecht gesetzt. Vor allem im Südosten, also weit in Lee, befand sich eine Ansammlung von vier oder fünf britischen Schiffen, die offensichtlich vorübergehend manövrierunfähig waren.

Dies war die Situation, die dem französischen Admiral ins Auge fiel, als er das Feld absuchte, während der Rauch sich verzog. Die Unruhe der Briten, die ihren Ursprung in der allgemeinen Verfolgungsjagd hatte, hatte sich durch die Eile der Manöver nach dem Sturm verstärkt und gipfelte in den eben beschriebenen Zuständen. Dies war eine unvermeidliche Folge der militärischen Notwendigkeit, mit der eine erst kürzlich ausgerüstete Flotte konfrontiert war. Die Franzosen waren, ausgehend von einer besseren Formation, in besserer Verfassung herausgekommen. Aber schließlich scheint es schwierig zu sein, den Nachteil einer im Wesentlichen defensiven Politik gänzlich zu beseitigen; und d'Orvilliers' nächster Befehl war zwar gut durchdacht, aber ergebnislos. Um 13.00 Uhr [42] gab er seiner Flotte das Zeichen, nacheinander anzutreten und die Schlachtlinie auf Steuerbordseite zu bilden (Abb. 2, F). Dieses Signal wurde vom führenden Schiff nicht gesehen, das die Bewegung hätte beginnen sollen. Der junge französische Admiral im vierten Schiff ging schließlich umher und sprach das Flaggschiff, um zu erfahren, was der Oberbefehlshaber wünschte. D'Orvilliers erklärte, dass er die Flotte des Feindes von einem Ende zum anderen nach *Lee* durchziehen wollte , weil sich in ihrem ungeordneten Zustand ein fairer Vorteil versprach, und indem er nach Lee ging und dem Feind seine Wetterseite präsentierte, konnte er dies Verwenden Sie die wetterfesten Unterdeckgeschütze, während bei dem damaligen Seegang die Lee-Unterdeckpforten nicht geöffnet werden konnten. So erklärt, die Bewegung wurde ausgeführt, aber der günstige Zeitpunkt war verstrichen. Erst um 2.30 Uhr wurde den Briten das Manöver klar.

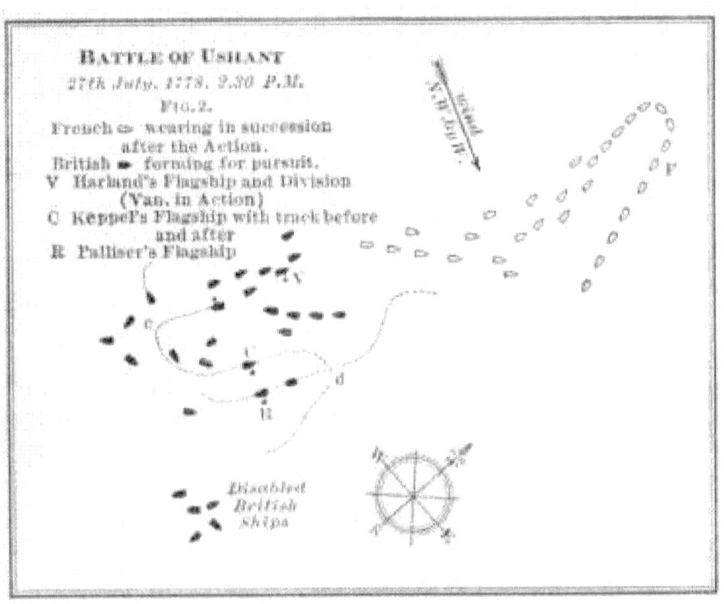

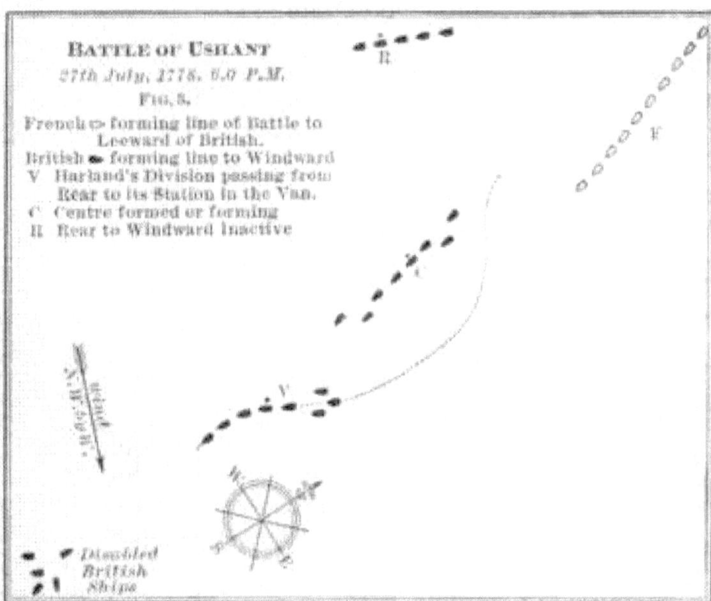

D'Orvilliers und Keppel, vor Ushant, 27. Juli 1778
Abbildungen 2 und 3

Sobald Keppel die Absicht seines Gegners erkannte, trug er einige Minuten nach 15 Uhr wieder die *Victory* (d) und stellte sich langsam, auf Steuerbordbug vom *Wind abgewandt* , auf seine beschädigten Schiffe im

Südosten zu und hielt das Signal für die Schlachtlinie hoch, das jedem handhabbaren Schiff befahl, zu seiner Position zu gelangen (Abb. 3, C). Da diese absichtliche Bewegung vom Feind wegführte (F), versuchte Palliser später, ihr das Stigma der Flucht anzuheften – eine absurde Extravaganz. Harland stellte seine Division sofort auf und schloss sich dem Admiral an. Auf diesem Kurs lag seine Position vor der *Victory*, aber auf eine Nachricht von Keppel folgte er ihr, um den Rücken zu decken, bis Pallisers Division den Schaden reparieren und ihre Plätze einnehmen konnte. Um 16 Uhr stand Harlands Division in der Reihe. Pallisers Schiffe stellten sich nach Abschluss der Umrüstung vor oder hinter seinem Flaggschiff auf; Ihre Kapitäne gingen, wie sie aussagten, davon aus, dass sie ihren Posten bei ihrem Divisionskommandeur einnahmen und nicht beim Schiff des Oberbefehlshabers. Auf diese Weise wurde im Wetterviertel der *Victory*, ein oder zwei Meilen entfernt, eine separate Schiffslinie gebildet, die auf diesem Kurs den eigentlichen hinteren Teil der Flotte bildete und in ihrer Initiative von Pallisers Flaggschiff abhängig war (Abb. 3, R). Um 17 Uhr sandte Keppel per Fregatte die Nachricht an Palliser, er solle in die Linie eilen, da er nur darauf wartete, dass er die Aktion wieder aufnahm, da die Franzosen ihr Manöver nun abgeschlossen hatten. Sie hatten nicht angegriffen, wie sie es hätten tun können, sondern waren im Windschatten der Briten aufgestellt, wobei ihr Van in der Mitte der Briten stand. Gleichzeitig wurde Harland angewiesen, seine richtige Position im Lieferwagen einzunehmen, was er auch sofort tat (Abb. 3, V). Palliser rührte sich nicht, und Keppel unterließ es mit außerordentlicher – wenn nicht sogar schuldhafter – Nachsicht, die hinteren Schiffe durch ihre einzelnen Wimpel auf Linie zu bringen. Dies tat er schließlich gegen 19 Uhr, indem er jedem der damals mit Palliser gruppierten Schiffe (mit Ausnahme seines eigenen Flaggschiffs) ausdrücklich signalisierte, Letzteres zu verlassen und ihre Posten in der Linie einzunehmen. Dies geschah zwar, es wurde jedoch damals angenommen, dass es zu spät sei, die Klage zu erneuern. Am nächsten Morgen waren bei Tageslicht nur drei französische Schiffe von den Decks aus zu sehen; aber der Hauptteil konnte im Südosten von einigen Mastspitzen aus gesehen werden und man nahm an, dass er fünfzehn bis zwanzig Meilen entfernt war.

Obwohl absolut unentschlossen, war dies ein ziemlich kluges Gefecht; Der britische Verlust betrug 133 Tote und 373 Verwundete, der der Franzosen 161 Tote und 513 Verwundete. Das allgemeine Ergebnis scheint darauf hinzudeuten, dass die Franzosen gemäß ihrer üblichen Politik geschossen hatten, um die Spieren und die Takelage ihres Feindes, die Antriebskraft, lahmzulegen. Dies stünde im Einklang mit dem erklärten Ziel von d'Orvilliers, Maßnahmen außer unter günstigen Umständen zu vermeiden. Als der Rauch dichter wurde und die Verwirrung zunahm, rückten die Flotten immer näher zusammen, und ungeachtet der Absicht gelangten zahlreiche Schüsse zu den britischen Schiffsrümpfen. Dennoch lag die Zahl der getroffenen Männer bei den Franzosen, wie die Ergebnisse zeigen, bei den Briten bei fast 7 zu 5. Sicher ist hingegen, dass die Manövrierkraft der Franzosen nach der Aktion größer war als die der Briten .

Beide Seiten beanspruchten den Vorteil. Dies war lediglich eine Ehrensache oder ein Verdienst, da keiner von beiden einen materiellen Vorteil hatte. Keppel hatte es geschafft, d'Orvilliers zu zwingen, gegen seinen Willen vorzugehen; d'Orvilliers hatte durch eine wohlüberlegte Entwicklung nach dem Gefecht eine Überlegenheit an Manövrierkraft behalten. Wäre seinem nächsten Signal umgehend Folge geleistet worden, hätte er die britische Flotte vielleicht noch einmal in einigermaßen gutem Zustand passieren können, bevor sie sich neu formierte und sein Feuer auf das windabgewandtere ihrer Schiffe konzentrierte. Trotz der Verzögerung lag es eindeutig in seiner Macht, den Kampf zu erneuern; und dass er dies nicht tat, verwirkt jeglichen Anspruch auf den Sieg. Ganz zu schweigen vom besseren Zustand der französischen Schiffe, hatte Keppel durch die Flucht vor dem Wind seinem Gegner volle Gelegenheit gegeben, seine Flotte zu erreichen und anzugreifen. Statt dies zu tun, rückte d'Orvilliers im britischen Windschatten außerhalb der Schussweite vor und bot den Kampf an; ein tapferer Trotz, aber für einen verkrüppelten Feind.

Dadurch hatten die Briten Zeit, ihre Schiffe so weit auszurüsten, dass sie erneut durchgreifen konnten. Dies hätte der französische Admiral nicht zulassen dürfen. Er hätte sofort angreifen oder sich zurückziehen sollen; nach Luv oder Lee, wie es am zweckmäßigsten schien. Unter diesen Umständen war es keine gute Feldherrschaft, dem Feind Zeit zu geben und auf sein Wohlwollen zu warten. Keppel hingegen hätte, da ihm diese Chance gewährt wurde, den Kampf erneuern sollen; Und hier entstand die Kontroverse, die ganz England in Aufregung versetzte und die diesen ansonsten unbedeutenden Vorfall verewigt haben könnte. Pallisers Division sollte von 16 bis 19 Uhr, während die Signale flogen, in Luv gehen, um eine Schlachtlinie zu bilden und im Kielwasser des Admirals nach unten zu drängen; und Keppel behauptete, dass er, wenn er diesen Vorschriften bis 18 Uhr Folge geleistet hätte, die Schlacht wieder aufgenommen hätte, da noch mehr als zwei Stunden Tageslicht übrig gewesen wären. Es wurde bereits erwähnt, dass neben den Signalen eine Fregatte Palliser die Nachricht überbrachte, dass der Admiral nur auf ihn warte.

Der unmittelbare Streit ist gegenwärtig von geringem Interesse, außer als historischer Zusammenhang in der Kampfentwicklung der britischen Marine; und allein diese historische Bedeutung rechtfertigt mehr als eine beiläufige Erwähnung. Im Jahr 1778 waren die Gedanken der Menschen immer noch voller Gedanken an Byngs Hinrichtung im Jahr 1757 und an die Mathews- und Lestock-Affäre im Jahr 1744, die Byng bei seinem Vorgehen vor Menorca wesentlich beeinflusst hatte. Keppel sprach wiederholt davon, dass ihm sein Leben vor Gericht stünde; und er war Mitglied von Byngs Kriegsgericht gewesen. Der Kern der von Palliser gegen ihn erhobenen Anschuldigungen bestand darin, dass er in erster Linie angegriffen hatte, ohne seine Linie richtig zu formulieren, wofür Mathews getadelt worden war; und zweitens, dass er nicht sein Möglichstes getan habe, um „einzunehmen, zu versenken, zu verbrennen und zu zerstören", indem er die Aktion nach dem ersten Vorbeifahren nicht erneuerte und sich von der französischen Flotte abwandte. Unter diesem Vorwurf wurde Byng erschossen. Neben seinen rechtfertigenden Gründen für seinen Kurs im Allgemeinen behauptete und bewies Keppel, dass er die volle Absicht habe, erneut anzugreifen, wenn Palliser es nicht versäumt hätte, mitzuhalten, eine Straftat, die mit der von Lestock vergleichbar war und zu Mathews Ruin beitrug.

Mit anderen Worten: Der Geist der Menschen löste sich zwar von der Tyrannei des Schlachtordens, hatte sie aber noch nicht vollständig abgeworfen – eine der schlimmsten Tyranneien, weil sie auf der Wahrheit beruhte. Ein absoluter Irrtum kann, wie eine ganze Lüge, schnell entdeckt werden; Halbwahrheiten sind lästig. Der Order of Battle [50] war ein bewundernswerter Diener und ein höchst anstößiger Despot. Mathews warf aus Verzweiflung über eine widerspenstige Sekunde das Joch ab, kämpfte mit einem Teil seiner Streitmacht, wurde schlecht unterstützt und getadelt; Lestock entkommt. Byng, der dies bedachte und von Natur aus ein Pedant war, würde seine Linie nicht brechen; Der Feind entwischte, Menorca ergab sich und wurde erschossen. In Keppels Kriegsgerichtsprozess wurden achtundzwanzig der dreißig Kapitäne, die in der Reihe gestanden hatten, als Zeugen geladen. Die meisten von ihnen schworen, dass es keine Aktion hätte geben können, wenn Keppel an diesem Tag in der Schlachtlinie gejagt hätte, und die Mehrheit von ihnen stimmte seinem Vorgehen herzlich zu; Aber offensichtlich herrschte unterschwellig immer noch Uneinigkeit, vor allem auf den hinteren Schiffen, wo es zu einigen der bei solchen Bewegungen unvermeidlichen Auseinandersetzungen gekommen war. Ihre Kommandeure machten daher die unangenehme Erfahrung, dass es an gegenseitiger Unterstützung mangelte, die durch die Schlachtlinie gewährleistet werden sollte.

Ein weiterer Hinweis auf noch immer vorhandene Pedanterie war die Verpflichtung der hinteren Schiffe, Posten bei ihrem eigenen Admiral einzunehmen und dort zu bleiben, wenn die Signale für die Schlachtlinie flogen, und im Kielwasser des Admirals anzugreifen. So lähmte Pallisers eigene Untätigkeit, aus welchen Gründen auch immer, die sechs oder acht Segel mit ihm; Aber es scheint dem Autor, dass Keppel ernsthaft nachlässig war, diese Schiffe nicht mit ihren eigenen Wimpeln herbeizurufen, sobald er anfing, den Absichten des Vizeadmirals zu misstrauen, anstatt dies wie er bis 19 Uhr zu verschieben. Es ist ein merkwürdiges Bild, das uns die Beweise bieten. Der Oberbefehlshaber mit seinem Stab und der Kapitän des Schiffes, wütend und wütend Achterdeck *der Victory* ; die erwähnten fliegenden Signale; Harlands Division reiht sich vorn ein; und vier Punkte auf dem Wetterviertel, nur zwei Meilen entfernt, so dass „jedes Geschütz und jeder Hafen gezählt werden konnte", eine Gruppe von sieben oder acht Segeln, darunter die Flagge des Dritten im Kommando, scheinbar gleichgültige Zuschauer. Das einzige Anzeichen einer Behinderung der „ *Formidable* " war, *dass das Vormarssegel vier Stunden lang nicht gebogen war – eine Verzögerung, die, da sie ungeklärt war, den Verdacht, der damals in der gesamten Marine weit verbreitet war, eher verstärkte als linderte.* Palliser war ein Tory und hatte den Admiralitätsrat verlassen, um sein Kommando zu übernehmen. Keppel war ein so starker Whig, dass er nicht gegen die Amerikaner aufschlagen wollte; und er fürchtete offensichtlich, dass er verraten und in den Ruin getrieben werden würde.

Pallisers Verteidigung stützte sich auf drei Hauptpunkte: (1) dass das Signal für die Schlachtlinie an Bord der *Formidable nicht gesehen wurde* ; (2), dass das Signal, in das Kielwasser des Admirals zu gelangen, von ihm selbst wiederholt wurde; (3), dass sein Fockmast verwundet war und sich darüber hinaus in einem so schlechten Zustand befand, dass er Angst hatte, Segel darauf zu tragen. Was das erste betrifft, so wurde das Signal an Bord der *Ocean gesehen* , direkt achteraus und „nicht weit von" [51] der *Formidable entfernt* ; Zweitens hätte der Admiral über eine Behinderung informiert werden müssen, durch die ein einzelnes Schiff eine Division neutralisierte. Die Fregatte, die Keppels Nachricht überbrachte, hätte diese zurückbringen können. Drittens war das schädlichste Merkmal für Pallisers Fall, dass er behauptete, dass er, nachdem er aus dem Beschuss herausgekommen war, sich sofort auf den Feind zubewegte; danach trug er wieder zurück. Ein Schiff, das auf diese Weise vor drei Uhr zweimal abgenutzt war, hätte möglicherweise genug Eifer und Effizienz bewiesen, um zwei Meilen gegen den Wind zu laufen, [52] um fünf, um einen Kampf zu unterstützen. Vorsätzlicher Verrat ist unmöglich. Für diesen Autor erscheint das Verhalten des Vizeadmirals wie das eines schmollenden Mannes, der nur das tut, wofür er keine Entschuldigung finden kann, es zu vernachlässigen. In solchen Fällen, in denen man knapp über die Ziellinie segelt, geraten die Menschen meist in schweres Unrecht.

Keppel wurde von allen gegen ihn erhobenen Anklagen freigesprochen; Der Ankläger hatte es nicht für das Beste gehalten, die Verzögerung beim Rückruf der Schiffe, die sein eigenes Beispiel festhielt, unter ihnen zum Ausdruck zu bringen. Gegen Palliser wurde keine konkrete Anklage erhoben, aber die Admiralität leitete am 27. Juli eine allgemeine Untersuchung seines Verhaltens ein. Das Gericht befand sein Verhalten „in vielen Fällen äußerst vorbildlich und verdienstvoll" – er hatte gut gekämpft –, „aber verwerflich, weil er den Oberbefehlshaber nicht über seine Not informiert hatte, was er entweder durch den Fuchs oder durch … getan haben könnte . " andere Mittel, die er in seiner Macht hatte." Die öffentliche Meinung war stark für Keppel und sein Freispruch wurde in London mit Freudenfeuern und Illuminationen gefeiert. Der Mob betrank sich, schlug die Fenster von Pallisers Freunden ein, zerstörte Pallisers eigenes Haus und war kurz davor, Palliser selbst zu töten. Die Admiralität ernannte ihn 1780 zum Gouverneur des Greenwich Hospital.

Am 28. Juli, als sich die Briten und Franzosen nicht mehr in Sichtweite befanden, begab sich Keppel nach Plymouth, wo er am 31. ankam, da seine Flotte in der Luft zu stark beschädigt war, um an der französischen Küste vorbeizufahren. Bevor er wieder in See stach, sorgte er durch eine allgemeine Anordnung dafür, dass sich das Vergehen vom 27. nicht wiederholen sollte, dass „die Linie in Zukunft immer vom Zentrum aus genommen werden soll". Wäre dies schon früher in Kraft gewesen, hätten die Kapitäne der Palliser beim Oberbefehlshaber Stellung bezogen und die *Formidable* wäre sich selbst überlassen worden. Zur gleichen Zeit schloss Howe sein Geschwader auf das Zentrum in Amerika ab; und Rodney erlebte zwei Jahre später die negativen Auswirkungen der Distanz, die er dem nächsten voraus einnahm, als das führende Schiff einer Flotte einen Befehl missachtete.

Obwohl der Oberbefehlshaber Pallisers Verhalten privat tadelte, reichte er keine offizielle Beschwerde ein, und erst als die Angelegenheit durch die Gespräche der Flotte in die Zeitungen gelangte, begannen die Schwierigkeiten, die dazu führten, dass beide Offiziere vorzeitig vor Gericht gestellt wurden im Folgejahr. Danach äußerte Keppel, der mit der Behandlung durch die Admiralität unzufrieden war, seinen Wunsch, das Kommando aufzugeben. Der Befehl, seine Flagge zu hissen, datierte vom 18. März 1779. Er wurde nicht wieder auf See eingesetzt, aber nach dem Regierungswechsel im Jahr 1782 wurde er Erster Lord der Admiralität und blieb dies mit einer kurzen Unterbrechung bis Dezember 1783.

Es ist vielleicht notwendig zu erwähnen, dass sowohl die Briten als auch die Franzosen behaupteten und bis heute behaupten, dass die andere Partei das Feld aufgegeben habe. [53] Der Punkt ist nach Meinung des Autors zu trivial, um eine weitere Diskussion einer Episode zu rechtfertigen, deren historisches Interesse sehr gering ist, deren professionelle Lehren jedoch wertvoll sind. Der britische Fall hatte – durch das Kriegsgericht – den Vorteil der eidesstattlichen Aussage von zwanzig bis dreißig Kapitänen, die zustimmten, dass die Briten die ganze Nacht unter kurzen Segeln auf demselben Kurs blieben und dass am Morgen nur drei französische Schiffe unterwegs waren sichtbar. Soweit dem Autor bekannt, stützt sich die französische Behauptung nur auf die üblichen Berichte.

Fußnote 38:

Ante , S. 61 , 62 .

Fußnote 39:

Aussagen der Kapitäne Hood, Robinson und Macbride sowie von Konteradmiral Campbell, dem Kapitän der Flotte von Keppel.

Fußnote 40:

Siehe Hinweis auf der vorherigen Seite.

Fußnote 41:

Ein Schiff befindet sich dann auf Backbordseite, wenn der Wind von Backbord oder von der linken Seite weht. auf Steuerbordbug, wenn der Wind auf der rechten Seite weht. Wenn sie also bei Ostwind nach Norden fährt, ist sie auf Steuerbordseite; wenn südlich, am Hafen.

Fußnote 42:

Siehe auch Hinweis; *Beitrag* , S. 200.

Fußnote 43:

Zweiundzwanzig Grad.

Fußnote 44:

Spalte und Linie voraus sind gleichbedeutende Begriffe, jedes Schiff steuert im Kielwasser seines nächsten Voraus.

Fußnote 45:

Fünfundvierzig Grad.

Fußnote 46:

Chevalier sagt, S. 89, „Die Engländer gerieten außer Reichweite“ dieser Schiffe. Da diese Schiffe den Wind hatten, hatten sie die Wahl der Reichweite, abgesehen von Signalen ihres eigenen Admirals. In Wahrheit gehorchten sie seinem Befehl.

Fußnote 47:

Diese Aussage der Kapitäne der *Ocean* und der *Elizabeth* widerspricht Pallisers Vorwurf, sein Schiff sei nicht ausreichend gestützt worden.

Fußnote 48:

Es war eigentlich ganz gleich, aber dies war auf eine versehentliche Explosion an Bord der *Formidable zurückzuführen* .

Fußnote 49:

Ritter. Wahrscheinlich später durch die anderen in diesem Konto verwendeten Zeiten.

Fußnote 50:

Die Schlachtordnung bestand aus den Linienschiffen, die sich in einer vorgeschriebenen Reihenfolge hintereinander aufstellten. die Position jedes einzelnen und die Zeitspanne zwischen der Aufnahme vom nächsten Schiff. Dies machte das führende Schiff zum Dreh- und Angelpunkt des Befehls und des Manövrierens, sofern nicht ausdrücklich etwas anderes angeordnet wurde; was im Notfall nicht immer einfach zu bewerkstelligen ist. Streng genommen, wenn die Umstände günstig waren, war die Linie, auf der sich die Schiffe so formierten, eine der beiden Amwindlinien; „Am Wind" bedeutet, den Kopf des Schiffes so „nahe" wie möglich an die Windrichtung zu bringen, normalerweise auf etwa 70 Grad. Der Vorteil der Amwindlinie bestand darin, dass die Schiffe leichter zu steuern waren, als wenn sie „abseits" des Windes waren.

Fußnote 51:

Beweise für Kapitän John Laforey vom *Ozean* .

Fußnote 52:

„Ich kann mich nicht erinnern, wie viele Punkte ich wegen des Windes erreicht habe; ich muss einen ziemlich großen Kurs zurückgelegt haben." Aussage von Kapitän J. Laforey vom *Ocean* zu diesem Punkt.

Fußnote 53:

„In der Nacht (vom 27.) hielt sich Admiral Keppel auf dem *richtigen Weg* nach Portsmouth." Chevalier, „Marine Française", S. 90. Paris, 1877. Seltsamerweise fügt er hinzu, dass „am Abend des 28. das französische Geschwader, *von den Strömungen nach Osten getragen* , Ushant sichtete."

KAPITEL VI

OPERATIONEN IN DEN WESTINDIEN, 1778-1779. DIE BRITISCHE INVASION IN GEORGIEN UND SÜD-CAROLINA

Die Jahreszeiten hatten großen Einfluss auf Zeitpunkt und Ort der Feindseligkeiten während des Seekrieges von 1778; Die Eröffnungsszenen in Europa und Nordamerika wurden gerade erzählt. In den europäischen Meeren wurde erkannt, dass Marineunternehmungen durch Flotten, die Entwicklungen durch Massen großer Schiffe erforderten, nur im Sommer möglich waren. Winterstürme zerstreuten Schiffe, behinderten Manöver und machten Geschützfeuer wirkungslos. Die gleiche Überlegung herrschte vor, die Aktivität in nordamerikanischen Gewässern auf den Sommer zu beschränken; Hinzu kam die Tatsache, dass es in den Westindischen Inseln von Juli bis Oktober zu Hurrikanen übermäßiger Gewalt kam. Die Praxis bestand daher darin, die Kräfte je nach Jahreszeit von einem Viertel auf das andere in der westlichen Hemisphäre zu verlagern.

Im jüngsten Vertrag mit den Vereinigten Staaten hatte der König von Frankreich offiziell auf jeden Anspruch verzichtet, einen Teil des amerikanischen Kontinents zu erwerben, der damals im Besitz Großbritanniens war. Andererseits hatte er sich das ausdrückliche Recht vorbehalten, jede ihrer Inseln südlich von Bermuda zu erobern. Die Westindischen Inseln waren damals gemessen am Wert ihrer Produkte die reichste Handelsregion der Welt. und Frankreich wollte nicht nur seine bereits großen Besitztümer dort vergrößern, sondern auch seine politische und militärische Amtszeit fester festigen.

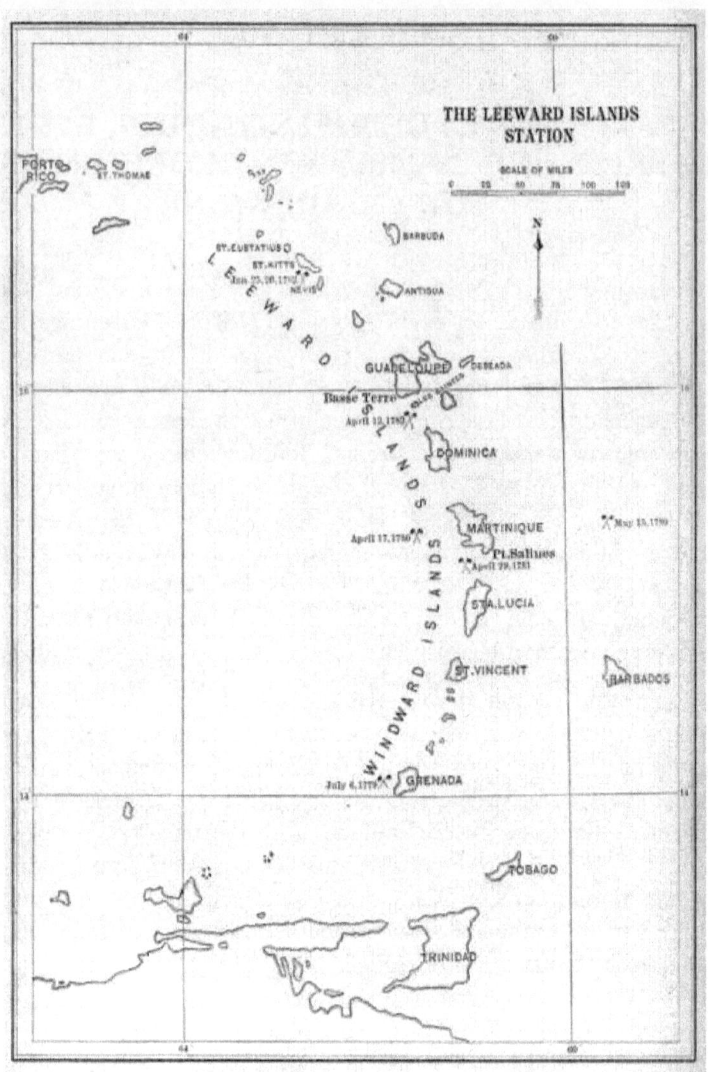

Station Leeward Islands (Westindische Inseln).

Im September 1778 wurde die britische Insel Dominica von einer Expedition der angrenzenden französischen Kolonie Martinique erobert. Die Angelegenheit war eine Überraschung und hat kein besonderes militärisches Interesse; Es ist jedoch aufschlussreich zu beobachten, dass Großbritannien zu Beginn des Krieges sowohl auf den Westindischen Inseln als auch anderswo unvorbereitet war. Kurz zuvor hatte es eine Änderung im Kommando der so genannten Leeward Islands Station gegeben, die sich von Antigua nach Süden über die Kleinen Antillen erstreckte und ihr Hauptquartier auf Barbados hatte. Konteradmiral der Hon. Samuel

Barrington, der Neuankömmling, der sein Zuhause verließ, bevor der Krieg erklärt worden war, hatte den Befehl, Barbados nicht zu verlassen, bis weitere Anweisungen eintrafen. Diese hatten ihn noch nicht erreicht, als er vom Verlust Dominicas erfuhr. Die Franzosen hatten ihre Befehle am 17. August erhalten. Der Schlag war an sich schon ziemlich schwerwiegend, soweit die bloße Eroberung einer Position ausreichen kann, da die Befestigungen stark waren, obwohl sie nur unzureichend mit Garnisonen ausgestattet waren. Es ist ein Fehler, Werke zu bauen und sie nicht zu bemannen, denn ihr Fall überträgt sich auf die Stärke des Feindes, für deren Aufbau er sonst Zeit brauchen würde. Für die Franzosen war die Eroberung über den kommerziellen Wert hinaus nützlich, da sie eine Lücke in ihren Besitztümern schloss. Sie hielten nun vier aufeinanderfolgende Inseln, von Norden nach Süden: Guadeloupe, Dominica, Martinique und Santa Lucia.

Barrington hatte zwei Linienschiffe: sein Flaggschiff, die *Prince of Wales*, 74, und die *Boyne*, 70. Wenn er auf einer Kreuzfahrt gewesen wäre, hätten diese die Franzosen wahrscheinlich abgeschreckt. Als er die Nachricht erhielt, stach er in See und fuhr bis nach Antigua. aber er wagte es nicht, fernzubleiben, weil die erwarteten Anweisungen noch nicht eingetroffen waren und er, wie Keppel, eine unhöfliche Auslegung seiner Handlungen fürchtete. Deshalb blieb er auf Barbados und wartete geduldig auf eine Gelegenheit zum Handeln.

Der Abzug von Howe und der herannahende Winter bestimmten die Verlegung britischer Truppen und Schiffe vom Kontinent auf die Inseln unter dem Winde. Verstärkungen hatten der britischen Flotte in Amerika eine zahlenmäßige Überlegenheit verschafft, die d'Estaing zunächst in Schach hielt; aber Byron, der sprichwörtlich Pech mit dem Wetter hatte, wurde verkrüppelt nach Newport gefahren, so dass die Franzosen Boston verlassen konnten. Die Schwierigkeit, eine so große Streitmacht wie zwölf Linienschiffe zu versorgen, drohte zunächst den Rückzug zu verhindern, da die Vorräte im Hafen damals äußerst knapp waren; Doch im kritischen Moment brachten amerikanische Freibeuter große Mengen Beute mit, beladen mit Proviant aus Europa für die britische Armee. So konnte d'Estaing am 4. November nach Martinique segeln. Am selben Tag verließ ein britisches Geschwader – zwei 64er, drei 50er und drei kleinere Schiffe – unter dem Kommando von Kommodore William Hotham New York in Richtung Barbados und transportierte fünftausend Soldaten zum Dienst in Westindien.

Da die beiden feindlichen Körper fast denselben Punkt ansteuerten, steuerten sie parallele Kurse, ohne sich der Nähe des anderen bewusst zu sein. In der Breite von Bermuda litten beide unter einem heftigen Sturm, die Franzosen jedoch am meisten; Das Flaggschiff *Languedoc* verlor seinen Groß- und Besantopmast. Am 25. November fiel eine [54] von Hothams Konvoi in die Hände von d'Estaing, der dann zuerst von der britischen Segelfahrt erfuhr. Er war sich nicht sicher, ob ihr Ziel Barbados oder Antigua war, ihre beiden Hauptstationen, und entschied sich für Letzteres. Als er am 6. Dezember dort ankam, kreuzte er achtundvierzig Stunden lang und machte sich dann auf den Weg nach Fort Royal auf Martinique, dem wichtigsten französischen Depot in Westindien, wo er am 9. Dezember ankerte. Am 10. schloss sich Hotham Barrington auf Barbados an.

Barrington wusste bereits, was er tun wollte, und verlor daher keinen Moment der Überlegung. Die Truppen blieben an Bord, Hothams Konvoivereinbarungen blieben unverändert. Am Morgen des 12. Dezember segelte die gesamte Streitmacht erneut. Die wichtigsten Änderungen betrafen das Oberkommando und die Hinzufügung von Barringtons beiden Linienschiffen. Am Nachmittag des 13. ankerte die Schifffahrt im Grand Cul de Sac, einer Bucht auf der Westseite von Santa Lucia, die 70 Meilen ostnordöstlich von Barbados liegt. Ein Teil der Truppen landete sofort und eroberte die Batterien und Höhen auf der Nordseite der Bucht. Der Rest wurde am nächsten Morgen an Land gebracht. Die französischen Streitkräfte waren nicht in der Lage, ihre Werke zu verteidigen; Es ist jedoch zu beobachten, dass sie mit unermüdlicher Energie vorangetrieben wurden und dass die Briten dieser Schnelligkeit ihre Fähigkeit verdankten, ihre Position zu halten.

Insel Santa Lucia

Drei Meilen nördlich des Cul de Sac liegt eine Bucht, die damals Carénage genannt wurde. jetzt Port Castries. An seinem nördlichen Ende befindet sich ein steiles Vorgebirge, La Vigie, das damals befestigt war und von dessen Besitz nicht nur die Kontrolle über diesen Ankerplatz, sondern auch der Zugang zur Rückseite der Werke abhing, die den Cul de Sac beherrschten. Wenn diese Werke scheiterten, musste das britische Geschwader seine Position aufgeben und in See stechen, wo d'Estaings weitaus überlegene Flotte lauern würde. Wurde das Geschwader hingegen an seinen Ankern zerschlagen, waren die Truppen isoliert und mussten letztendlich kapitulieren. Daher waren La Vigie und das Geschwader die beiden Schlüssel zur Situation, und der Verlust eines der beiden wäre entscheidend.

Am Abend des 14. hielten die Briten die Küstenlinie von La Vigie bis zur Südspitze des Cul de Sac sowie Morne Fortuné (Fort Charlotte), die Hauptstadt der Insel. Die schwache französische Garnison zog sich ins Landesinnere zurück und ließ ihre Waffen unversehrt und ihre Munition und Vorräte unberührt – ein weiteres Beispiel für die Gefahr, dass sich die Arbeiten zum eigenen Nachteil auswirken. Es war nun Barringtons Absicht, die Transporte nach Carénage zu verlegen, da dieser ein geräumigerer Hafen war, der wahrscheinlich auch besser verteidigt war. aber er wurde durch die Ankunft von d'Estaing am Nachmittag daran gehindert. „Gerade als alle wichtigen Stationen gesichert waren, die französischen Fahnen zuschlugen und das Hauptquartier von General Grant im Haus des Gouverneurs errichtet wurde, kam die Fregatte *Ariadne* in Sicht mit dem Signal für die Annäherung eines Feindes." [55] Die französische Flotte wurde bald darauf aus der Höhe über dem Geschwader gesehen.

Die Briten hatten durch ihre Schnelligkeit bisher viel gewonnen, aber sie ließen sich trotzdem keine Zeit, Luft zu holen. Die Nacht verbrachten die Soldaten mit der Stärkung ihrer Stellungen und der Konteradmiral mit der Korrektur seines Befehls, um dem erwarteten Angriff zu begegnen. Die Transportschiffe, deren Zahl zwischen fünfzig und sechzig betrug, wurden in den Kriegsschiffen transportiert, und diese wurden sorgfältigst über die Mündung der Cul-de-Sac-Bucht verteilt. Am nördlichen (luvseitigen) [56- Ende wurde die] *Isis* 50 weit unter der Spitze platziert , um zu verhindern, dass irgendetwas um sie herum passiert; aber zur weiteren Sicherheit wurde sie von drei Fregatten unterstützt, die in der Lücke zwischen ihr und der Küste ankerten. Von der *Isis aus* erstreckte sich die Linie nach Süden und neigte sich leicht nach außen; Die *Prince of Wales* , 74, Barringtons Flaggschiff, nahm die Südflanke als exponierteste Position ein. Zwischen ihr und der *Isis* befanden sich fünf weitere Schiffe: die *Boyne* (70), *die Nonsuch* (64), *die St. Albans* (64), *die Preston* (50) und *die Centurion* (50). Die von den Franzosen an der Nord- und Südspitze der Bucht hinterlassenen Werke könnte zur Unterstützung der Flanken eingesetzt worden sein, aber Barrington sagt dies in seinem Bericht nicht.

D'Estaing verfügte über zwölf Linienschiffe und konnte zwei Tage später siebentausend Soldaten landen. Bei einer solchen Überlegenheit ist es offensichtlich, dass die Briten mitten in ihren Operationen gestoppt worden wären , wenn er vierundzwanzig Stunden früher eingetroffen wäre. Um Zeit zu gewinnen, hatte Barrington versucht zu verhindern, dass Geheimdienstinformationen das weniger als fünfzig Meilen entfernte Fort Royal erreichten, indem er vor seinem Geschwader Kreuzer schickte, um die Annäherungen an Santa Lucia abzudecken. aber trotz seiner Sorgfalt erhielt d'Estaing die Nachricht am 14.. Er segelte sofort ab und befand sich, wie gesagt, an diesem Abend vor Santa Lucia. Bei Tagesanbruch des 15. sprang er für die Carénage ein; Doch als er in Reichweite kam, verkündete ihm eine lebhafte Kanonade, dass der Feind bereits im Besitz war. Er beschloss daher, das Geschwader in der Sackgasse anzugreifen, und um 11.30 Uhr zogen die Franzosen daran von Norden nach Süden entlang und feuerten, aber ohne Wirkung. Am Nachmittag wurde ein zweiter Versuch unternommen, der auf die Leeflanke gerichtet war, aber er war ebenfalls erfolglos. Die Briten ließen drei Männer töten; der französische Verlust wird nicht genannt, soll aber gering gewesen sein. Es wird angegeben, dass die Meeresbrise an diesem Tag nicht weit genug in die Bucht vordrang, um eine Schließung zu ermöglichen. Das kommt häufig vor, ändert aber nichts an der Tatsache, dass das Geschwader der richtige Angriffspunkt war und dass sich, insbesondere in der Wintersaison, bald eine Gelegenheit zum Aufschließen bieten musste. D'Estaing, der wahrscheinlich von der militärischen Voreingenommenheit geleitet wurde, die er mehr als einmal verraten hatte, beschloss nun, die Werke an Land anzugreifen. Er ankerte in einer kleinen Bucht nördlich der Carénage, landete siebentausend Mann und versuchte am 18., die britischen Linien bei La Vigie zu stürmen. Die Landzunge, die das Vorgebirge mit der Insel verbindet, ist sehr flach, und die Franzosen litten daher unter großer Benachteiligung durch die beherrschende Stellung ihres Feindes. Es war eine Wiederholung von Bunker Hill und vielen anderen unüberlegten und überstürzten Frontalangriffen. Nach drei tapferen, aber erfolglosen Angriffen, angeführt von d'Estaing persönlich, zogen sich die Angreifer zurück, wobei einundvierzig Offiziere und achthundert Soldaten getötet und verwundet wurden.

Admiral, der ehrenwerte Samuel Barrington

D'Estaing schiffte seine Männer wieder ein und war erneut bereit, Barrington anzugreifen. Eine Fregatte wird vor der Sackgasse stationiert, um bekannt zu geben, wann der Wind dienen sollte. Am 24. gab sie ein Zeichen, und die Flotte wog; aber Barrington, der für ein adäquates Ziel ein sehr großes Risiko eingegangen war, ging aus Übermut kein unnötiges Risiko ein. Er hatte seine Atempause genutzt, um die Kriegsschiffe weiter nach innen zu ziehen, wohin der Wind weniger sicher reichte und wo engere Gewässer den Flanken besseren Halt boten. Letztere hatte er auch durch neue Werke verstärkt, in denen er schwere, mit Seeleuten bemannte Kanonen der Schiffe untergebracht hatte. Aus diesen oder anderen Gründen griff d'Estaing nicht an. Am 29. verließ er die Insel und am 30. kapitulierte der französische Gouverneur, der Chevalier de Micoud.

Diese Leistung von Barrington und dem ihm nahestehenden Generalmajor James Grant wurde damals mit einem Beifall begrüßt, der im militärischen Urteil eines späteren Zeitalters nachhallen wird. Es macht eine besondere Freude, die Bereitschaft zu finden, ein großes Risiko einzugehen, gepaart mit einer Sorgfalt, die nichts zu bieten hat und der größter Fleiß und Geschicklichkeit entgegenwirken können. Die Schnelligkeit, Voraussicht, Vorsicht und der Wagemut von Admiral Barrington haben sich in die Aufzeichnungen der britischen Marine einen Erfolg eingeschrieben, dessen Unterscheidung nicht an der Größe des Ausmaßes gemessen werden sollte, sondern an der Perfektion der Kunstfertigkeit und an der Energie der Ausführung angesichts großer Widrigkeiten.

Santa Lucia blieb während des gesamten Krieges in britischer Hand. Es handelte sich um eine wichtige Akquisition, da sich an ihrem nordwestlichen Ende ein guter und verteidigungsfähiger Ankerplatz befand, die Gros Ilet Bay, nur dreißig Meilen von Fort Royal auf Martinique entfernt. Darin konnte die britische Flotte liegen, wenn es wünschenswert war, um den Feind genau zu beobachten, sich aber während ihrer Abwesenheit keine Sorgen um die Sicherheit des Hafens machen; denn es war nur ein Außenposten und keine Operationsbasis wie Fort Royal. Es wurde daher kontinuierlich verwendet, und Rodney errang daraus seinen großen Sieg im April 1782.

In den ersten sechs Monaten des Jahres 1779 ereignete sich auf den Westindischen Inseln kein wichtiger Vorfall. Am 6. Januar erreichte Vizeadmiral Byron mit zehn Linienschiffen von Narragansett Bay aus Santa Lucia und entließ Barrington vom Oberkommando. Sowohl die britische als auch die französische Flotte wurden im Laufe des Frühjahrs verstärkt, aber die relative Stärke blieb nahezu gleich wie zuvor, bis am 27. Juni die Ankunft einer Division aus Brest die französischen Truppen zahlenmäßig etwas überlegen machte.

Kurz zuvor war Byron durch eine der kommerziellen Erfordernisse eingeschränkt worden, die die militärische Aktion britischer Admirale ständig in Verlegenheit brachte. Ein großer Konvoi von Handelsschiffen, die nach England unterwegs waren, sammelte sich in St. Kitts, und er hielt es für notwendig, ihn einen Teil des Heimwegs zu begleiten, bis er die französischen Westindien-Kreuzer weit hinter sich gelassen hatte. Zu diesem Zweck verließ er Santa Lucia Anfang Juni. Sobald die Küste klar war, sandte d'Estaing, informiert über Byrons Ziel, eine kleine gemeinsame Expedition gegen St. Vincent, die am 18. des Monats kapituliert wurde. Am 30. verließ der französische Admiral selbst Fort Royal mit seiner gesamten Flotte – fünfundzwanzig Linienschiffen und mehreren Fregatten – und nahm Kurs auf die britische Insel Grenada, vor der er am 2. Juli ankerte. Mit lobenswerter Schnelligkeit landete er noch am selben Abend seine Truppen, und am 4. kapitulierte die Insel. Mit Ausnahme einer kleinen bewaffneten Schaluppe, die gekapert wurde, war die britische Marine an dieser Transaktion nicht beteiligt. Dreißig reich beladene Handelsschiffe wurden im Hafen gekapert.

Bei Tagesanbruch des 6. Juli erschien Byron mit einundzwanzig Liniensegeln, einer Fregatte und einem Konvoi von achtundzwanzig Schiffen, die Truppen und Ausrüstung transportierten. Er war am 1. nach Santa Lucia zurückgekehrt und hatte dort vom Verlust von St. Vincent gehört, zusammen mit dem Gerücht, die Franzosen seien gegen Grenada vorgegangen. Er sei daher am 3. mit der genannten Stärke in See gestochen.

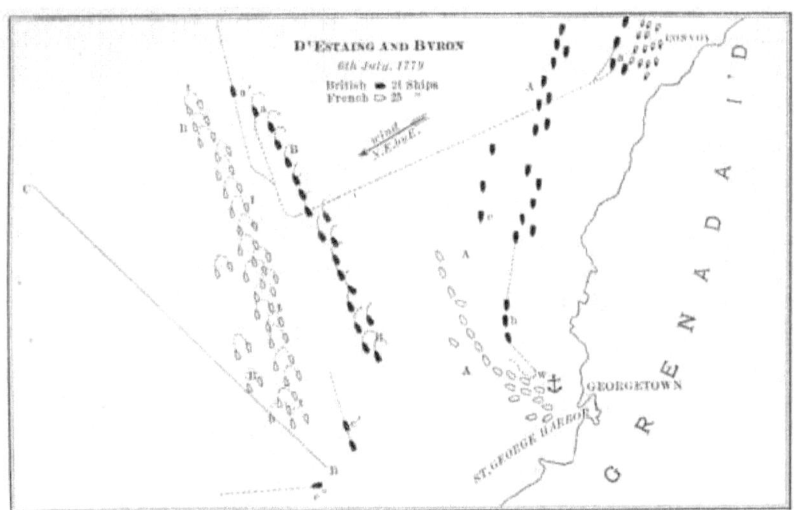

D'Estaing und Byron, 6. Juli 1779

Die britische Annäherung wurde d'Estaing in der Nacht des 5. Juli gemeldet. Der größte Teil seiner Flotte lag damals vor Georgetown im Südwesten der

Insel vor Anker; Einige Schiffe, die zur Beobachtung unterwegs gewesen waren, waren auf der Leeseite gesunken. [57] Um 4 Uhr morgens begannen die Franzosen, ihre Anker zu lichten, mit dem Befehl, in der Reihenfolge ihrer Geschwindigkeit eine Kampflinie auf dem Steuerbordbug zu bilden; das heißt, so schnell wie möglich ohne Rücksicht auf übliche Stationen. Als es ganz hell geworden war, sah man die britische Flotte (A) von Norden kommend nahe der Küste auf Backbordbug stehen, bei freiem Nordost-Ost-Wind. Dies war nicht in Ordnung, wie aus der Tatsache hervorgeht, dass die Schiffe, die dem Feind am nächsten waren und daher als erste aufholen mussten, bei der damaligen Fahrt im hinteren Bereich hätten sein müssen. Für diesen Zustand gibt es keine offensichtliche Entschuldigung; denn eine Flotte mit einem Konvoi fährt notwendigerweise so langsam voran, dass die Kriegsschiffe eine vernünftige Ordnung zur gegenseitigen Unterstützung aufrechterhalten können. Darüber hinaus entfallen Unregelmäßigkeiten, die im Notfall oder wenn plötzlich kein Feind angetroffen werden kann, zulässig sind, wenn die unmittelbare Wahrscheinlichkeit einer Begegnung besteht. Die schlechtesten Ergebnisse des Tages sind auf diesen Fehler zurückzuführen. Da es an Fregatten mangelte, hatte Byron drei Linienschiffe (a) unter Konteradmiral Rowley dem Konvoi zugeteilt, der sich natürlich auf der Seite des Feindes und etwas im Hintergrund befand. Es wurde jedoch davon ausgegangen, dass diese bei Bedarf in die Leitung gerufen würden.

Als die Franzosen (AA) zum ersten Mal von Byron wahrgenommen wurden, formierte sich ihre Linie; die lange, dünne Säule, die sich von der verworrenen Gruppe [58, die] immer noch am Ankerplatz zu sehen ist, allmählich nach Nordnordwesten hin ausdehnt . In der Hoffnung, von ihrer Unordnung zu profitieren, gab er „eine allgemeine Verfolgungsjagd in diesem Viertel" bekannt [und] forderte Konteradmiral Rowley auf, den Konvoi zu verlassen Den Schiffen wurde ein Signal gegeben, anzugreifen *und sich zu formieren, damit sie aufstehen konnten* . [60] Daraus geht nicht nur hervor, dass die Schiffe nicht in Ordnung waren, sondern auch, dass sie sich unter Beschuss formieren sollten. Drei Schiffe, die *Sultan* (74), die *Prince of Wales* (74) und die *Boyne* (70) in der genannten Reihenfolge – das zweite trug Barringtons Flagge – waren der Flotte deutlich voraus (b). Die für den Angriff vorgeschriebene Richtung, die der gruppierten Schiffe im französischen Rücken, führte die Briten auf einem Süd-Südwest- oder Süd-West-Kurs nach unten; und als sich der Vorwagen und das Zentrum des Feindes nach Nordnordwesten ausdehnten, ähnelten die beiden Linien zu diesem Zeitpunkt den Schenkeln eines „V", dessen Spitze der Ankerplatz vor Georgetown war. Barringtons drei Schiffe näherten sich daher allmählich dem französischen Befehl und mussten einige Zeit lang dessen Feuer empfangen, bevor sie antworten konnten, es sei denn, sie wichen durch Anziehen in den Wind vom festgelegten Kurs ab. Dies und ihre Isolation machten ihren Verlust sehr schwer. Als sie den Rücken der Franzosen erreichten, war deren Kolonne einigermaßen gebildet, und Barringtons Schiffe trugen (w) nacheinander – genau wie Harlands Schiff bei Keppels Aktion –, um auf dem anderen Kurs zu folgen . Dabei hielt sich der *Sultan* unter dem Heck des hintersten feindlichen Schiffes fern, um es zu harken. um zu vermeiden, dass dieser sich langweilte. Der *Sultan* verlor dadurch Zeit und Boden, und Barrington übernahm die Führung und stand entlang der französischen Linie, von hinten bis zum Van und in Luv.

Mittlerweile hatte die Formierung des Feindes Byron zum ersten Mal und zu seiner Bestürzung offenbart, dass er getäuscht worden war, indem er glaubte, die französische Streitmacht sei seinen eigenen unterlegen. „Die allgemeine Verfolgungsjagd wurde jedoch fortgesetzt und das Signal zum Nahkampf gegeben.“ [61] Die übrigen Schiffe legten wie die ersten drei auf Backbordbug an und folgten dem Kielwasser der letzteren, denen sie folgten; Doch bevor sie den Punkt der Abnutzung erreichten, hielten drei Schiffe, die „ *Grafton* “ (74), die „*Cornwall*“ (74) und die „ *Lion* “ (64) (c), *die sich zufällig auf der Leeseite befanden* ([62], dem Feuer der gesamten Linie des Feindes stand, als dieser vorbeizog auf dem Steuerbordschlag.“ Es scheint klar zu sein, dass es, da es in der Nacht und jetzt Wind gab und auf der Suche nach einem Feind war, nicht „passieren“ durfte, dass sich Schiffe so weit in Lee befanden, dass sie keine Unterstützung mehr hatten. Kapitän Thomas White, RN, der als Befürworter von Byron schreibt, sagt: [63] „Während der Van getragen wurde ... kamen die hintersten Schiffe unter Konteradmiral Hyde Parker auf ... Unter diesen Schiffen waren die *Cornwall* und *die Lion* , Da sie näher am Feind waren als die um sie herum (denn die hintere Division hatte sich damals noch nicht *in einer Linie aufgestellt*), zogen sie fast das gesamte feindliche Feuer auf sich. Keine Worte können die katastrophale, überstürzte Unordnung, in der dieser Angriff verübt wurde, deutlicher zeigen. Der *Grafton* , sagt White, lag in ähnlicher Weise. Infolgedessen waren diese drei so verkrüppelt, abgesehen von einem schweren Verlust an Männern, dass sie auf der anderen Seite weit nach Lee und Achteraus (c', c") fielen.

Als die britischen Schiffe im Allgemeinen umgekommen waren und auf Steuerbordbug vorne in einer Reihe standen – genau wie die Franzosen –, vom Heck bis zum Vorschiff des Feindes (Positionen B, B, B), gab Byron den acht Schiffen ein Zeichen die Schiffe dazu bringen, sich zusammenzuschließen, sich gegenseitig zu unterstützen und eng zusammenzuarbeiten. Dies hätte vor dem Kampf geschehen sollen – nicht mit äußerster Präzision, sondern mit militärischer Angemessenheit –, was jetzt, im Lärm der Schlacht und mit beschädigten Schiffen, nicht mehr so einfach war. Ein scharfsichtiger Untergebener tat jedoch etwas, um den Fehler seines Chefs zu beheben. Konteradmiral Rowley war immer noch beträchtlich achtern und musste den Abstand zwischen dem Konvoi und der Flotte ausgleichen. Als er letzterem folgte, sah er, dass Barringtons drei

Schiffe ungerechtfertigt getrennt und zweifellos sichtlich stark beschädigt waren. Anstatt also seinem Anführer blind zu folgen, ging er geradewegs (aa) an die Spitze der Kolonne, um den Vorwagen zu stützen – eine Tat, die fast völlig identisch mit der war, die Nelson am Kap St. Vincent Ruhm einbrachte. Dabei folgte ihm die *Monmouth* , 64, deren brillante Haltung den beiden Flotten so ins Auge fiel, dass es heißt, die französischen Offiziere hätten nach der Schlacht auf „das kleine schwarze Schiff" angestoßen. Sie und die *Suffolk* , 74, Rowleys Flaggschiff, erlitten bei dieser tapferen Leistung ebenfalls schwere Verluste.

Für Byron war es nun unerlässlich, seinen Transporter auf Augenhöhe mit dem Feind zu halten, damit er den Konvoi nicht entdeckte, der sich breit auf dem Wetterbug der beiden Flotten befand. „Sie schienen sehr geneigt zu sein, den Konvoi abzuschneiden, und hatten es mit ihren großen Fregatten, unabhängig von Linienschiffen, weitgehend in ihrer Macht." [64] Auf der anderen Seite konnten die *Cornwall, Grafton* und *Lion* , obwohl sie ihren Kopf drehten, nicht mit der Flotte mithalten (c', c") und fielen auch nach Lee – in Richtung des Feindes. oder kurz darauf wehrte sich d'Estaing mit der Masse seiner Streitmacht, um einige seiner Schiffe zu vereinen, die auf der Leeseite gefallen waren. Byron behielt – unter seinen Bedingungen der Unterlegenheit – ganz richtig seinen Wind, und so kam es zur Trennung der beiden Flotten erzeugt, was dazu führte, dass das Schießen um 13 Uhr eingestellt wurde

Die Feinde waren nun auf parallelen Linien mit einiger Entfernung voneinander aufgestellt; immer noch auf Steuerbord-Bug, Richtung Nord-Nordwest. Zwischen den beiden, aber weit achtern, schleppten sich die *Cornwall, die Grafton, die Lion* und ein viertes britisches Schiff, die *Fame , stark verkrüppelt dahin.* Um 15 Uhr kreuzten die Franzosen, nun in guter Verfassung, zusammen (t, t, t), was sie dazu veranlasste, auf diese behinderten Schiffe zuzugehen. Byron ahmte die Bewegung sofort nach, und die Augen aller in den beiden Flotten beobachteten gespannt das Ergebnis. Kapitän Cornwallis von der *Lion* schätzte die Situation genau ein und erkannte, dass er sich, wenn er weiter vorrücken würde, in der Mitte der Franzosen befinden würde, wenn er sie erreichen würde. Da nur noch sein Fockmast stand, hob er seinen Helm und stellte sich breit vor dem Wind (c"), quer zum Bug des Feindes, in Richtung Jamaika. Er wurde nicht verfolgt. Die anderen drei konnten nicht wenden und hatten Angst, das zu tragen wollte sie auch in die Gewalt des Feindes bringen, blieb stehen, ging an dessen Luv vorbei, erhielt mehrere Breitseiten und entkam so nach Norden. Die *Monmouth* wurde ebenso misshandelt; tatsächlich war es ihr nicht gelungen, mit ihr nach Süden zu wenden Die Flotte. Als sie weiter nach Norden (a') weiterfuhr, wurde sie nun stark getrennt. D'Estaing stellte danach seine Schlachtordnung auf dem Backbordschlag wieder her und formierte sich auf dem damals Leeschiff auf der Linie BC.

Byrons Aktion vor Grenada, die als isoliertes Ereignis betrachtet wurde, war die katastrophalste, die die britische Marine seit Beachy Head im Jahr 1690 bekämpft hatte. Dass die Cornwall, *Grafton* und *Lion* nicht gefangen genommen wurden, lag einfach an der überspannten und ungeschickten Vorsicht des französischen Admirals. Dies gab Byron praktisch zu. „Zu meiner großen Überraschung wurde nach der *Lion* kein feindliches Schiff mehr abgesetzt . Die *Grafton* und *die Cornwall* hätten von den Franzosen vielleicht überstanden werden können, wenn sie ihren Wind gehalten hätten, ... aber sie blieben so strikt dabei, jede Chance auf einen Nahkampf abzulehnen dass sie sich damit begnügten, auf diese Schiffe zu schießen, als sie gerade noch in Schussweite vorbeikamen, und ihnen erlaubten, sich wieder dem Geschwader anzuschließen, ohne einen einzigen Versuch, sie abzuschneiden. Suffren, 65, der die Franzosen auf Steuerbordschlag anführte und dessen Schiff, die *Fantasque* , 64, 22 Tote und 43 Verwundete verlor, schrieb: „Hätte die Seemannschaft unseres Admirals seinem Mut gleichgekommen, hätten wir nicht zugelassen, dass vier am Mast zerstörte Schiffe entkommen." " Dass auch die *Monmouth* and *Fame* hätten gesichert werden können, ist äußerst wahrscheinlich; und wenn Byron, um sie zu retten, sich entschlossen hätte, die Aktion zu erneuern, hätte das Unglück zu einer Katastrophe werden können.

Dass aus ihrem großen Vorteil für die Franzosen nichts resultierte, ist also auf die Unfähigkeit ihres Oberbefehlshabers zurückzuführen. Es ist aufschlussreich, auch die Ursachen des schweren Unglücks zu beachten, das den Briten widerfuhr, als 21 Schiffe auf 24 trafen, 66 — eine spürbare, aber nicht überwältigende Überlegenheit. Diese Tatsachen sind hinreichend dargelegt. Byrons Katastrophe war darauf zurückzuführen, dass er mit unnötiger Hektik und unnötiger Unordnung angegriffen hatte. Er hatte den Wettermesser, es war früher Morgen, und der Nordostpassat, bereits eine starke Brise, musste im Laufe des Tages auffrischen. Die Franzosen waren an ihre neue Eroberung gebunden, die sie nicht ohne Demütigung aufgeben konnten; ganz zu schweigen von ihren Truppen an Land. Selbst wenn sie sich zurückziehen wollten, hätten sie dies nicht vor einer allgemeinen Verfolgungsjagd tun können, es sei denn, sie wären bereit, ihre langsameren Schiffe zu opfern. Wenn es vierundzwanzig Schiffen gelingen würde, von einundzwanzig loszulaufen, wäre es kaum möglich, dass die schnellsten von ihnen die langsamsten überholen würden. Es gab Zeit zum Kämpfen, eine Gelegenheit, unumgängliche Aktionen zu erzwingen, und auch Zeit für die Briten, sich einigermaßen gut zu formieren.

Es ist wichtig, dies zu bedenken, denn während Keppel dafür zugelassen werden muss, dass er in teilweiser Unordnung angreift, muss Byron dafür verantwortlich gemacht werden, dass er in völliger Unordnung angreift. Keppel musste einem unwilligen Gegner die Chance entreißen. Da er selbst das Lee-Gage hatte, konnte er weder wählen noch manövrieren; Dennoch setzte er seine Flotte in Aktion und unterstützte sich gegenseitig fast, wenn nicht ganz, auf der gesamten Linie. Was Byron tat, wurde dargelegt; Der Haken ist, dass seine stümperhafte Taktik in keiner Dringlichkeit des Falles eine Linderung finden kann.

Die Verluste der beiden Flotten beliefen sich nach Angaben der Behörden beider Nationen auf: Briten: 183 Tote, 346 Verwundete; Französisch, 190 Tote, 759 Verwundete. Von der britischen Gesamtzahl fielen 126 Tote und 235 Verwundete, also zwei Drittel, auf die beiden Gruppen zu je drei Schiffen, die durch Byrons Missmanagement nach und nach dem konzentrierten Feuer des Feindes ausgesetzt waren, um detailliert zerstückelt zu werden. Auch der Verlust der Briten an Spieren und Segeln – also an Antriebskraft – überstieg den der Franzosen bei weitem.

Nach der Aktion kehrte d'Estaing stillschweigend nach Grenada zurück. Byron ging zur Überholung nach St. Kitts; aber Reparaturen waren äußerst schwierig, da die Admiralität die Westindischen Inseln nicht mehr an Vorräten hatte. Trotz aller Geschicklichkeit der damaligen Seeleute, Schäden wiedergutzumachen, blieben die Schiffe lange Zeit unbrauchbar, was bei den anderen Inseln große Besorgnis auslöste. Diesen Zustand ließ d'Estaing nicht bessern, da er in der Schlacht seinen Vorteil hatte. Tatsächlich führte er seine überlegene Streitmacht vor Byrons Flotte vor, als diese vor Anker lag; Aber abgesehen von der Demütigung, die eine Marine, die stolz darauf war, das Meer zu beherrschen, natürlich empfand, wurde kein weiterer Schaden angerichtet.

Im August segelte Byron nach England. Barrington war bereits verwundet nach Hause gegangen. Die Station wurde daher dem Kommando von Konteradmiral Hyde Parker ((67) überlassen und blieb es bis März 1780, als der berühmte Rodney als Oberbefehlshaber auf der Leeward Islands Station eintraf. Die nordamerikanische Station wurde Vizeadmiral Marriot Arbuthnot übergeben, der über ein halbes Dutzend Linienschiffe mit Hauptquartier in New York verfügte. Sein Kommando war normalerweise unabhängig von dem von Rodney, aber dieser zögerte nicht, im Notfall nach New York zu gehen und dort das Kommando zu übernehmen; Dabei hatte er die Zustimmung der Admiralität.

Der herannahende Winter 1778 hatte zur Einstellung der Marine- und Militäroperationen im nördlichen Teil des amerikanischen Kontinents geführt und, wie bereits erwähnt, zur Verlegung von fünftausend Soldaten nach Westindien geführt. Gleichzeitig wurde in den Südstaaten Georgia und South Carolina eine im Hinblick auf die verfügbaren Mittel ungerechtfertigte Ausweitung der britischen Anstrengungen unternommen. Am 27. November segelte eine kleine Truppenabteilung unter Oberstleutnant

Archibald Campbell von Sandy Hook aus in See, begleitet von einer Fregattendivision unter dem Kommando von Kapitän Hyde Parker. [68] Die Expedition drang vier Wochen später in den Savannah River ein und besetzte bald darauf die gleichnamige Stadt. Gleichzeitig zog General Prevost auf Clintons Befehl aus Florida, damals eine britische Kolonie, mit allen Männern, die er für die Verteidigung von St. Augustine entbehren konnte, ab. Bei seiner Ankunft in Savannah übernahm er das Kommando über die gesamte so versammelte Streitmacht.

Diese Operationen, die sich im Jahr 1779 bis in die Umgebung von Charleston erstreckten, hingen von der Kontrolle des Wassers ab und sind ein auffälliges Beispiel für den Missbrauch von Macht bis hin zur endgültigen Selbstzerstörung. Sie waren 1778–79 im Wesentlichen von untergeordneter Bedeutung, insbesondere im maritimen Teil, und werden daher mit der Bemerkung abgetan, dass die Marine mit kleinen Schiffen jede Bewegung in einem Land begleitete, das in alle Richtungen von großen und kleinen Wasserläufen durchschnitten war . „Die Verteidigung dieser Provinz", schrieb Parker, „muss stark von der Seestreitmacht auf den verschiedenen Bächen im Landesinneren abhängen. Ich stelle daher einige mit Musketen bewaffnete Galeeren zusammen, was meiner Meinung nach eine gute Wirkung haben wird." Dies waren Vorläufer der „Zinnpanzer" des amerikanischen Sezessionskrieges ein Jahrhundert später. Nicht einmal ein gepanzertes Schiff ist etwas Neues unter der Sonne.

In den Südstaaten, von Georgia bis Virginia, war der Teil der Marine vom ersten bis zum letzten untergeordnet, wenn auch wichtig. Es erübrigt sich daher, auf Einzelheiten einzugehen, aber vor allem muss darauf hingewiesen werden, dass hier durch Fehlleitung der Bemühungen und Missbrauch der Mittel die verhängnisvolle Bewegung eingeleitet wurde, die fortan die kleine britische Armee in Nordamerika in zwei Teile spaltete, völlig aus gegenseitiger Unterstützung . Hier wurde Sir William Howes Fehler von 1777 in größerem Maßstab reproduziert und war daher fataler. Dies führte aufgrund der unvermeidlichen Logik einer falschen Position direkt zu Cornwallis' Marsch durch North Carolina nach Virginia, nach Yorktown im Jahr 1781 und zur Signaldemonstration der Seemacht vor der Chesapeake Bay, die mit einem Schlag die Unabhängigkeit der Vereinigten Staaten vollbrachte . Kein feindlicher Stratege hätte die britische Armee hoffnungsloser zerschlagen können als die britische Regierung; Kein Schicksal hätte unerbittlicher sein können als sein eigener perverser Wille. Die persönliche Entfremdung und der offizielle Streit zwischen Sir Henry Clinton und Lord Cornwallis, ihre geteilten Ratschläge und ihr unterschiedliches Vorgehen waren nur das natürliche Ergebnis und die Widerspiegelung einer im Wesentlichen widersprüchlichen und ärgerlichen Situation.

Als die Hurrikansaison 1779 voranschritt, beschloss d'Estaing, der den Befehl hatte, die Linienschiffe, mit denen er 1778 von Toulon aus gesegelt war, nach Frankreich zurückzubringen, zunächst die amerikanische Küste vor South Carolina oder Georgia anzusteuern. Als er am 31. August mit seiner gesamten Flotte an der Mündung des Savannah ankam, beschloss er, den Briten die Stadt Savannah zu entreißen. Dies wäre für letztere von großem Nutzen gewesen, wenn es ihr exzentrisches Unterfangen im Keim erstickt hätte; Doch nach dreiwöchigem Öffnen der Schützengräben scheiterte ein Angriff auf den Ort. D'Estaing segelte dann mit den Schiffen, die ihn begleiten sollten, nach Europa, die anderen kehrten in zwei Staffeln unter de Grasse und La Motte-Picquet nach Westindien zurück. Obwohl dieses Unternehmen von d'Estaing in seinem Hauptzweck erfolglos war, hatte es doch den wichtigen indirekten Effekt, dass es die Briten dazu veranlasste, Narragansett Bay aufzugeben. Als Sir Henry Clinton die Nachricht von seinem Erscheinen erhielt, hatte er das Gefühl, dass er mit seiner stark geschwächten Armee Rhode Island und New York nicht halten konnte. Er befal daher die Evakuierung des ersteren und übergab damit, um Rodneys Worte noch einmal zu verwenden, „den besten und edelsten Hafen Amerikas". Im darauffolgenden Sommer wurde es flächendeckend von den Franzosen besetzt.

Nachfolger von D'Estaing im Oberkommando in Westindien und Nordamerika wurde Konteradmiral de Guichen, [62], der im März 1780 fast zeitgleich mit Rodney auf der Station eintraf.

Fußnote 54:

Die französischen Berichte sagen drei.

Fußnote 55:

Beatson, „Military and Naval Memoirs", iv. 390.

Fußnote 56:

Da Santa Lucia in der Region der Nordostpassatwinde liegt, sind Norden und Osten im Verhältnis zum Süden und Westen immer windzugewandt.

Fußnote 57:

Nach Westen. Diese Inseln liegen im Passatwind, der im *Allgemeinen konstant* aus Nordost weht.

Fußnote 58:

Admiral Keppel gab in seiner Aussage vor dem Palliser-Gericht eine interessante Beschreibung einer ähnlichen Szene, obwohl der Autor überzeugt ist, dass er die Dinge so erzählte, wie sie schienen, und nicht so, wie sie waren – wie in Grenada . „Die Franzosen bildeten ihre Linie genau

so, wie M. Conflans es tat, als er von Admiral Hawke angegriffen wurde."
(Keppel war an dieser Aktion beteiligt.) „Es ist eine Art und Weise, die ihnen
eigen ist; und für diejenigen, die es nicht verstehen, erscheint es wie
Verwirrung. Sie ziehen Schiff für Schiff aus einer Gruppe heraus."

Fußnote 59:

Das heißt, in Richtung der vor Anker liegenden Schiffe, also im Rücken des
Feindes, wie es damals aussah.

Fußnote 60:

Byrons Bericht. Die Kursivschrift stammt vom Autor.

Fußnote 61:

Byrons Bericht.

Fußnote 62:

Ebenda. Kursivschrift des Autors.

Fußnote 63:

„Marineforschungen." London, 1830, S. 22.

Fußnote 64:

Byrons Bericht.

Fußnote 65:

Pierre A. de Suffren de Saint Tropez, ein Bailli des Malteserordens. Geboren
1726. Vor seinem zwanzigsten Lebensjahr bei zwei Marineeinsätzen
anwesend. Beteiligte sich 1756 am Angriff auf Port Mahon und 1759 an der
Aktion vor Lagos. Chef d'escadre im Jahr 1779. 1781 nach Ostindien
entsandt. Er kämpfte gegen ein britisches Geschwader in der Bucht von
Praya und führte 1782–83 eine Reihe brillanter Aktionen mit Sir Edward
Hughes durch. Vizeadmiral, 1783. In einem Duell getötet, 1788. Einer der
größten französischen Marineoffiziere. – WLC

Fußnote 66:

Troude sagt, dass ein französischer Vierundsiebziger, der beim Verlassen des
Hafens gestreift war, nicht am Gefecht beteiligt war.

Fußnote 67:

Zuerst der Name. Geboren 1714. 1780 geriet er unter Rodneys Tadel und
ging nach Hause. Im Jahr 1781 befehligte er die Generalaktion mit den
Niederländern, bekannt als Dogger Bank. Im Jahr 1782 segelte er mit der

Cato , 64, nach Ostindien . Von welchem Schiff wurde nie wieder etwas gehört?

Fußnote 68:

Sir Hyde Parker, Kt. Zweiter des Namens, Sohn des Ersten. Geboren 1739. Kapitän, 1763. Konteradmiral, 1793. Vizeadmiral, 1794. Admiral, 1799. Gestorben 1807. Nelsons Chef in Kopenhagen, 1801.

Fußnote 69:

Louis Urbain de Bouënic, Comte de Guichen. Geboren 1712. Eintritt in die Marine 1730. Kommandierte 1756 mit Erfolg die *Illustre* in Nordamerika. Zweiter Befehlshaber im Gefecht vor Ushant 1778. Dreimal kämpfte er 1780 gegen Rodney in Westindien. 1781 kämpfte er gegen Kempenfelt vor den Azoren. Gestorben, 1790. – WLC

Kapitel VII

DER SEEKRIEG IN EUROPÄISCHEN GEWÄSSERN, 1779. ALLIIERTE FLOTTEN DRINGEN IN DEN ENGLISCHEN KANAL EIN. Rodney zerstört zwei spanische Staffeln und entlastet Gibraltar

Im Juni 1779 hatte sich die maritime Lage Großbritanniens durch die Kriegserklärung Spaniens deutlich verschärft. Im selben Moment, als d'Estaing mit fünfundzwanzig Linienschiffen Byrons einundzwanzig gegenüberstand, hatte die Kanalflotte von vierzig Segelschiffen eine Schar von sechsundsechzig Schiffen gegen sich versammelt. Von dieser großen Zahl waren 36 Spanier.

Der offenen Erklärung Spaniens war ein geheimes Bündnis mit Frankreich vorausgegangen, das am 12. April unterzeichnet wurde. Das französische Ministerium befürchtete, dass die britische Regierung den vernünftigen und angemessenen Schritt unternehmen würde, die Brester Flotte von dreißig Mann mit der Kanalvierzig zu blockieren und damit eine zentrale Position gegenüber ihren Feinden einzunehmen und die Politik von Lord St. Vincent vorwegzunehmen Schiffe zur See am 4. Juni; Admiral d'Orvilliers, Keppels Gegner, hat immer noch das Kommando. Sein Befehl lautete, in der Nähe der Insel Cizarga vor der Nordwestküste Spaniens zu kreuzen, wo sich die Spanier ihm anschließen sollten. Am 11. Juni war er beim Rendezvous, aber erst am 23. Juli erschien der Großteil der spanischen Streitmacht. In dieser Zeit verbrauchten die Franzosen, die wegen der Eile ihres Aufbruchs von Anfang an nicht ausreichend ausgerüstet waren, Proviant und Wasser, ganz zu schweigen davon, dass sie das angenehme Sommerwetter verschwendeten. Auch ihre Schiffe wurden von einer Epidemie heimgesucht. Bei der Kreuzung stellte d'Orvilliers fest, dass die Spanier nicht mit dem französischen Signalsystem ausgestattet waren, obwohl laut Vertrag der französische Admiral das Oberkommando haben sollte. Die Korrektur dieses Versäumnisses führte zu weiteren Verzögerungen, doch am 11. August sichtete die vereinte Flotte Ushant und befand sich am 14. vor der Lizard. Am 16. erschien es vor Plymouth und kaperte dort am 17. das britische 64-Kanonen-Schiff *Ardent*.

Fünfunddreißig Schiffe der Kanalflotte waren am 16. Juni in See gestochen und kreuzten nun draußen unter dem Kommando von Admiral Sir Charles Hardy. Seine Station lag zehn bis zwanzig Meilen südwestlich von Scilly; Folglich war er vom Feind nicht gesehen worden, der von Ushant aus den Kanal hinauf aufgestanden war. Die Verbündeten, inzwischen fast doppelt

so viele wie die Briten, befanden sich zwischen ihnen und ihren Häfen –
zweifellos eine ernste, aber keineswegs verzweifelte Situation; Für
Segelschiffe ist es nicht so gefährlich, wie es wahrscheinlich für Dampfer sein
wird, wenn ein Feind zwischen ihnen und ihrer Kohle steht.

Die Besorgnis in England war sehr groß, besonders im Süden. Am 9. Juli
hatte eine königliche Proklamation befohlen, im Falle einer Invasion alle
Pferde und Rinder von den Küsten zu vertreiben. An der Einfahrt zum
Hafen von Plymouth waren Sperren angebracht worden, und von der
Admiralität wurde der Befehl erteilt, Schiffe an der Hafeneinfahrt zu
versenken. Viele, die über die Mittel verfügten, zogen sich ins Landesinnere
zurück, was die Panik verstärkte. Große Handelsflotten befanden sich
damals auf dem Weg nach Hause. Wenn d'Orvilliers statt an der spanischen
Küste eine Kreuzfahrt in den Zugängen zum Ärmelkanal machen würde,
könnten diese genommen werden; und eine Zeit lang war sein Aufenthaltsort
unbekannt. So kam der Jamaika-Konvoi mit mehr als zweihundert Seeleuten
wenige Tage vor dem Erscheinen der Alliierten an, und die Flotte der Inseln
unter dem Winde hatte ein ähnliches Glück. Acht auf dem Heimweg
befindliche Ostindianer hatten weniger Glück, aber als sie vor ihrer Gefahr
gewarnt wurden, flüchteten sie in den Shannon und blieben dort, bis die
Probleme vorüber waren. Der Aktienmarkt hingegen blieb stabil. Dennoch
war man zu Recht der Ansicht, dass ein Zustand wie eine weit überlegene
feindliche Flotte im Ärmelkanal nicht hätte sein dürfen. Sir John Jervis,
später Earl St. Vincent, der ein Schiff der Flotte befehligte, schrieb an seine
Schwester: „In was für einen demütigenden Zustand ist unser Land geraten!"
aber er fügte hinzu, dass er über die Idee einer Invasion lachte.

Die Franzosen hatten eine Streitmacht von fünfzigtausend Mann in Le Havre
und St. Malo stationiert und vierhundert Schiffe für ihren Transport
gesammelt. Ihre Pläne waren zwar nicht genau bekannt, aber es war genug
geschehen, was berechtigte Besorgnis erregte; Und die Krise war auf den
ersten Blick sehr ernst. Nicht ihre eigenen Vorbereitungen, sondern die
Ineffizienz ihrer Feinde bei der Beratung und Vorbereitung retteten die
britischen Inseln vor der Invasion. Welche Folgen dies gehabt hätte, ist eine
andere Frage – eine Frage der Landkriegführung. Der ursprüngliche Plan des
französischen Ministeriums bestand darin, die Isle of Wight zu erobern,
Spithead als Ankerplatz für die Flotte zu sichern und ihr Unternehmen von
diesem nahe gelegenen und einigermaßen sicheren Stützpunkt aus
voranzutreiben. In Bezug auf dieses erste Projekt schrieb d'Orvilliers: „Wir
werden den Feind bei St. Helen's 70 suchen und dann, wenn ich diese Reede
unbesetzt vorfinde oder mich selbst zur Herrschaft über sie mache, werde
ich eine Nachricht an Marschall De Vaux schicken Le Havre, und informiere
ihn über die Maßnahmen, die ich ergreifen werde, um seine Durchfahrt
sicherzustellen, wobei diese [Maßnahmen] von der Position der englischen

Hauptflotte [dèpendront des forces supèrieures des Anglais] abhängen werden. Das heißt, ich selbst werde die leiten vereinte Flotte auf dieser Seite [gegen ihren Hauptkörper], um den Feind einzudämmen, und ich werde auf der anderen Seite [als Konvoi] ein leichtes Geschwader mit einer ausreichenden Anzahl von Linienschiffen und Fregatten schicken; oder ich werde es tun Ich schlage Herrn de Cordova vor, diese letzte Station einzunehmen, damit der Durchgang der Armee frei und sicher sein kann. Ich gehe davon aus, dass ich dann entweder durch das Gefecht mit dem Feind gekämpft habe *oder durch seinen Rückzug in seine Häfen* Ich werde mir ihrer Lage und des Erfolgs der Operation sicher sein." [71] Es ist zu beachten, dass d'Orvilliers, der damals und heute als einer der besten Offiziere seiner Zeit in der französischen Marine gilt, hier die „bestehende britische Flotte" in vollem Umfang berücksichtigt. Der Hauptteil der Alliierten, fünfzig Schiffe, sollte dies unter Kontrolle halten, während eine kleinere Streitmacht – Cordova hatte das Kommando über ein spezielles „Beobachtungsgeschwader" von sechzehn Linienschiffen – die Überfahrt begleiten sollte.

Diese Projekte scheiterten alle aufgrund eines starken Ostwinds und einer Änderung der Meinung der französischen Regierung. Am 16. August wurde d'Orvilliers vor Plymouth mitgeteilt, dass nicht die Isle of Wight, sondern die Küste von Cornwall in der Nähe von Falmouth der Schauplatz der Landung sein sollte. Dies hatte zur Folge, dass der riesigen Flotte jeglicher Ankerplatz entzogen wurde – eine Ressource, die sogar für Dampfer und noch viel mehr für Segelschiffe, die an ihrer Position bleiben wollten, notwendig war. Als Ausgangspunkt für die Aufnahme und Aufrechterhaltung von Landoperationen war es absurd, einen so abgelegenen Winkel des Landes zu überfallen. D'Orvilliers stellte dies alles ordnungsgemäß dar, konnte aber nicht lange genug dort bleiben, wo er war, um eine Antwort zu erhalten. Ein östlicher Sturm kam auf, der mehrere Tage lang heftig wehte und die Alliierten aus dem Ärmelkanal trieb. Am 25. August ging die Nachricht ein, dass die britische Flotte in der Nähe von Scilly sei. Anschließend wurde ein Kriegsrat abgehalten, der beschloss, dass es angesichts der schrecklichen Zunahme von Krankheiten in der Schifffahrt und der Knappheit der Vorräte zweckmäßig sei, nicht wieder in den Kanal einzudringen, sondern den Feind aufzuspüren und zu bringen Schlacht. Dies wurde gemacht. Am 29. wurde Hardy gesichtet, als er gerade auf dem Rückweg über den Ärmelkanal war. Angesichts der Ungleichheit der Kräfte konnte er nicht anders, als die Aktion abzulehnen, und die Alliierten waren nicht in der Lage, sie zu erzwingen. Am 3. September erreichte er Spithead. D'Orvilliers erhielt bald darauf den Befehl, nach Brest zurückzukehren, und am 14. ankerte die vereinte Flotte dort.

Die Kritik, die das britische Ministerium an der Durchführung dieser Sommerkampagne übt, ist zweierlei. Erstens war es nach dem vernünftigen Standard der Zeit, der in der wahrscheinlichen Zusammenarbeit der beiden Bourbonenkönigreiche Frankreich und Spanien das Maß der für Großbritannien zulässigen Mindestseestärke ansah, noch nicht bereit. Zweitens war der Eintritt Spaniens in den Krieg schon Monate zuvor vorhergesehen worden. Für die unterlegene Macht war es daher wichtig, eine Vereinigung zu verhindern, eine innere Position einzunehmen. Die Kanalflotte hätte vor der Abreise der Franzosen vor Brest sein müssen. Nachdem sie verschwunden waren, gab es immer noch berechtigten Grund für die Behauptung der Opposition, dass sie vor der Küste Spaniens hätten verfolgt und angegriffen werden sollen. Während der sechs Wochen, die sie dort warteten, waren sie Hardys Streitkräften unterlegen. Hier muss jedoch berücksichtigt werden, dass eine repräsentative Regierung nicht in der Lage ist, den Aufschrei der Bevölkerung zu ignorieren und den Hauptansatz für ihre eigenen Häfen aufzudecken. Dies vergrößert in der Tat nur den Fehler, der begangen wurde, als man Brest nicht rechtzeitig beobachtete; denn in diesem Fall deckte eine Flotte vor Brest auch den Ärmelkanal ab.

Im Hinblick auf die Kriegsziele, in denen sie Partner geworden waren, stimmten die Ansichten Frankreichs und Spaniens nur in einem Punkt überein: nämlich in der Frage, ob es wünschenswert sei, Großbritannien zu schaden. Jeder hatte sein eigenes besonderes Ziel zum eigenen Vorteil. Dies führte zwangsläufig zu einer Divergenz der Anstrengungen; Da aber Frankreich zunächst allein in den Kampf eintrat und dann die Hilfe Spaniens ersuchte, hatten die besonderen Ziele seines Verbündeten natürlich von Anfang an einen gewissen Vorrang. Man kann sagen, dass die Hauptambitionen Frankreichs bis kurz vor Kriegsende in den Westindischen Inseln lagen; die von Spanien in Europa – um Menorca und Gibraltar zurückzugewinnen.

Auf diese Weise wurde Gibraltar zu einem führenden Faktor im Wettbewerb und beeinflusste direkt oder indirekt die wichtigsten Operationen auf der ganzen Welt durch die Menge an Kraft, die für den Angriff und die Verteidigung aufgewendet wurde. Nach dem vergeblichen Einsatz im Ärmelkanal rief Spanien 1779 seine Schiffe aus Brest zurück. „Das Projekt eines Vormarsches auf England wurde vorläufig aufgegeben. Gibraltar zu blockieren, in Amerika und Asien genügend Streitkräfte zu haben, um die Briten in Schach zu halten, und die Offensive in Westindien zu starten – so", schrieb die französische Regierung an sein Botschafter in Madrid, „war der für 1780 angenommene Feldzugsplan." Unmittelbar nach der Kriegserklärung wurde der Verkehr zwischen Gibraltar und dem spanischen Festland eingestellt. Bald darauf wurde eine Seeblockade verhängt; Fünfzehn Kreuzer waren am Eingang der Bucht stationiert, wo sie alle Schiffe, ob neutral oder britisch, die zum Felsen fuhren, beschlagnahmten und in spanische Häfen schickten. Diese Blockade wurde effektiv von Cádiz aus unterstützt, aber eine spanische Truppe bestehend aus einigen Linienschiffen und vielen kleinen Schiffen hielt sie auch direkter von Algeciras aus auf der spanischen Seite der Bucht von Gibraltar aufrecht. Das britische Mittelmeergeschwader, das damals nur aus einem 60-Kanonen-Schiff, drei Fregatten und einer Schaluppe bestand, war überhaupt nicht in der Lage, sich Ablösung zu leisten. Am Ende des Jahres 1779 kostete das Mehl in Gibraltar vierzehn Guineen pro Faß und andere Vorräte im Verhältnis dazu. Es wurde daher dringend notwendig, Nachschub aller Art bereitzustellen und die Garnison zu verstärken. Zu diesem Dienst wurde Rodney ernannt; und damit begann für ihn eine glänzende Karriere, deren Hauptschauplatz die Westindischen Inseln sein sollten.

Rodney wurde am 1. Oktober 1779 zum Kommandeur der Leeward Islands Station ernannt. Er sollte dorthin sofort von nur vier oder fünf Linienschiffen begleitet werden; Aber seine Fahrt nutzte man aus, um einem Offizier von seinem anerkannten Ruf eine große Streitmacht, bestehend aus seiner kleinen Division und einem großen Teil der Kanalflotte, unter die Führung zu stellen, um Vorräte und Verstärkungen nach Gibraltar und Menorca zu befördern. Am 29. Dezember stach die gesamte Truppe nach vielen Verzögerungen bei der Durchfahrt durch den Kanal von Plymouth aus in See: zweiundzwanzig Linienschiffe, vierzehn Fregatten und kleinere Schiffe sowie eine riesige Ansammlung von Vorratsschiffen, Proviantschiffen, Waffenschiffen und Truppen -Schiffe und Handelsschiffe, wobei letzteres der „Handel" für die Westindischen Inseln und Portugal ist.

Am 7. Januar 1780, hundert Meilen westlich von Kap Finisterre, trennten sich die westindischen Schiffe unter dem Konvoi eines Linienschiffs und drei Fregatten zu ihrem Ziel. Bei Tageslicht am 8. wurden im Nordosten zweiundzwanzig Segel gesehen , die das Geschwader offenbar in der Nacht passiert hatte. Die Verfolgung wurde sofort durchgeführt, und das Ganze war in wenigen Stunden erledigt. Sieben waren Kriegsschiffe, eines 64 und sechs Fregatten; der Rest waren Handelsschiffe, beladen mit Marinevorräten und Proviant für die spanische Flotte in Cadiz. Die Versorgungsschiffe, zwölf an der Zahl, wurden sofort zur Entlastung von Gibraltar umgeleitet, unter der Leitung der spanischen 64 Schiffe, die vor der Eroberung zu ihrem Konvoi gehört hatten und nun mit einer britischen Besatzung besetzt waren. Im weiteren Verlauf erhielten vorbeifahrende Schiffe von Zeit zu Zeit Informationen darüber, dass ein spanisches Geschwader vor Kap St. Vincent kreuzte. So vorgewarnt, wurde allen Kapitänen der Befehl gegeben, sich auf den Kampf vorzubereiten, sobald sie sich dem Kap näherten. Am 16. wurde es passiert und um 13 Uhr wurden Segel im Südosten signalisiert. Dabei handelte es sich um ein spanisches Geschwader aus elf Linienschiffen und zwei Fregatten mit 26 Kanonen. Rodney lief sofort unter einem Segeltuch auf sie zu und gab ihnen ein Zeichen, dass die Linie nebeneinander lag. [72] Als er jedoch sah, dass der Feind versuchte, eine Kampflinie vor ihm auf dem Steuerbordbug zu bilden, der bei westlichem Wind nach Süden in Richtung Cádiz, hundert Meilen südöstlich, wehte, änderte er den Befehl auf eine „General Chase", bei der die Schiffe angreifen, sobald sie auftauchen; „nach Lee", um zwischen dem Feind und seinem Hafen zu gelangen, und „in Rotation", womit wahrscheinlich gemeint war, dass das führende britische Schiff das hinterste der Spanier angreifen sollte und dass ihre Anhänger es in Lee passieren sollten, sukzessive Angriffe vom Rücken des Feindes auf den Lieferwagen zu.

Um 16 Uhr erfolgte das Signal zum Kampf, und wenige Minuten später traten die vier vordersten Verfolger in Aktion. Um 4.40 Uhr explodierte eines der spanischen Schiffe, die *Santo Domingo*, 80, mit allen an Bord, und um 6 Uhr schlug ein anderes ein. Zu dieser Stunde, es war Januar, hatte die Dunkelheit eingesetzt. Daher folgte eine Nachtaktion, die bis 2 Uhr morgens dauerte, als die vordersten Feinde kapitulierten und jegliches Feuer aufhörte. Von den elf feindlichen Linienschiffen konnten nur vier entkommen. Außer dem einen, der in die Luft gesprengt wurde, wurden sechs erbeutet. Dies waren die *Fénix*, 80, Flagge des spanischen Admirals, Don Juan de Langara, die *Monarca*, 70, die *Princesa*, 70, die *Diligente*, 70, die *San Julian*, 70, und die *San Eugenio*, 70. Die beiden Letzteren fuhren an Land und gingen verloren. [73] Die restlichen vier wurden nach Gibraltar gebracht und schließlich der Marine zugeteilt. Alle behielten ihre alten Namen, mit Ausnahme der *Fénix*, *die in Gibraltar* umbenannt wurde . „Das Wetter in der Nacht", so Rodneys Bericht, „war zeitweise sehr stürmisch, mit großer See. Am nächsten Tag blieb das Wetter sehr schlecht, als die *Royal George*, 100, *Prince George*, 90, *Sandwich*, 90 (Rodney's Flaggschiff) und mehrere andere Schiffe befanden sich in großer Gefahr und mussten auslaufen, um den Untiefen von San Lucar auszuweichen, und gelangten erst am nächsten Morgen in tiefes Wasser.

Es war diese Gefahr von einer Leeküste, die absichtlich, aber schnell eingegangen wurde, die den Unterschied zu Rodneys Aktion ausmachte. Das feindliche Geschwader, bestehend aus nur elf Linienschiffen, war nur halb so stark wie die Briten und wurde überrascht; Das ist freilich keine Entschuldigung für eine Flotte von Kriegsschiffen in Kriegszeiten. Überrascht ergriffen die Spanier zu spät die Flucht. Es war Rodneys Verdienst, und angesichts der Wetter- und Navigationsbedingungen kein geringes, dass es ihnen nicht gestattet wurde, ihren Fehler wiedergutzumachen. Sein Handeln ließ weder an Entschlossenheit noch an Bereitschaft zu wünschen übrig. Es ist wahr, dass Rodney die Angelegenheit mit seinem Flaggkapitän Walter Young besprochen hat und Gerüchten zufolge letzterem die Entscheidung zugeschrieben wurde; aber diese Art der Beeinträchtigung kommt zu häufig vor, als dass sie die Meinung beeinflussen könnte. Sir Gilbert Blane, Arzt der Flotte, berichtet wie folgt: „Als es kurz vor Sonnenuntergang war, stellte sich die Frage, ob die Jagd fortgesetzt werden sollte. Nach einer Diskussion zwischen dem Admiral und dem Kapitän, bei der ich anwesend war, fragte der Admiral Da man von der Gicht betroffen war, wurde beschlossen, den gleichen Kurs beizubehalten und das Signal zu geben, sich nach Lee zu begeben. Rodney war damals fast zweiundsechzig und ein ständiger Märtyrer der Gicht an Füßen und Händen.

Die beiden Erfolge verliehen übrigens dem Empfang des Admirals durch die Garnison, die damals dringend einer guten Nachricht bedarf, einen leicht triumphalen Charakter. Die Ankunft der dringend benötigten Vorräte aus der Heimat war an sich schon ein Grund zur Freude; aber noch inspirierender war es, fünf feindliche Linienschiffe im Gefolge der befreundeten Flotte folgen zu sehen, eines davon unter der Flagge eines Oberbefehlshabers, und zu hören, dass außer diesen noch drei weitere versenkt worden waren oder zerstört. Noch größer war der Jubel in England, insbesondere bei der Admiralität, die unter der berechtigten Empörung des Volkes über die mangelnde Vorbereitung der Marine litt. „Sie haben mehr Linienschiffe erbeutet“, schrieb der Erste Lord an Rodney, „als in irgendeinem der beiden letzten Kriege zuvor in irgendeiner Aktion erbeutet worden waren.“

Als ein Element des Triumphs sollte auch daran erinnert werden, dass dieser Vorteil gegenüber einer exponierten Abteilung sozusagen in den Zähnen einer Hauptflotte, die Rodneys eigener überlegen war, entrissen worden war; denn damals lagen zwanzig spanische und vier französische Linienschiffe unter Admiral de Cordova in der Bucht von Cadiz. Während der achtzehn Tage, in denen die Briten in und in der Nähe der Meerenge blieben, unternahm Cordova keinen Versuch, sich für die Katastrophe zu rächen oder die Vorteile der Übermacht auszunutzen. Die Untätigkeit war wahrscheinlich auf den schlechten Zustand der spanischen Schiffe in Bezug auf Effizienz und Ausrüstung zurückzuführen, und vor allem darauf, dass sie keine Kupferböden hatten. Dieses Element der Unterlegenheit der spanischen Marine sollte als Faktor im allgemeinen Krieg berücksichtigt werden, obwohl die spanischen Flotten nicht oft in die Schlacht einzogen. Ein französischer Kommodore, damals bei der spanischen Flotte in Ferrol, schrieb wie folgt: „Ihre Schiffe segeln alle so schlecht, dass sie einen Feind weder überholen noch entkommen können. Die Glorieux ist ein schlechter Segler in der französischen Marine, *aber* besser als die.“ der Beste unter den Spaniern.“ Er fügt hinzu: „Die Schiffe von Langaras Geschwader wurden bei enormen

Entfernungen voneinander überrascht. Daher segeln sie immer, und ihre Nachlässigkeit und Sicherheit in diesem Punkt sind unglaublich."

Als wir uns Gibraltar näherten, führten das anhaltende schlechte Wetter und die starke Oststroömung der Meerenge viele von Rodneys Schiffen und Konvois nach Lee, auf die Rückseite des Felsens, und erst am 26. ankerte das Flaggschiff selbst. Die Vorräte für Menorca wurden unter der Leitung von drei kupferbeschlagenen Linienschiffen sofort weitergeschickt. Die Praxis der Verkupferung war damals zwar vollständig übernommen, aber noch nicht auf alle Schiffe ausgeweitet worden. Als Element der Geschwindigkeit war es ein wichtiger Faktor bei einer Gelegenheit wie dieser, als die Zeit drängte, nach Westindien zu gelangen. wie es auch bei einer Verlobung war. Das Gefecht am 16. wurde von den verkupferten Linienschiffen eröffnet, die zuerst den sich zurückziehenden Feind einholten und seinen Rücken in die Schlacht brachten. In der französischen Marine drängte Suffren zu dieser Zeit einen offenbar widerwilligen Minister zur Einführung. Es scheint, dass es bei den Briten allgemeiner vorkam und die ansonsten minderwertigen Qualitäten ihrer Schiffe weitestgehend kompensierte. „Die spanischen Kriegsschiffe, die wir mitgenommen haben", schrieb Rodney an seine Frau bezüglich dieser Preise, „sind unseren weit überlegen." Man kann sich daran erinnern, dass Nelson dreizehn Jahre später dasselbe über die spanischen Schiffe sagte, die unter seine Beobachtung kamen. „Ich habe noch nie schönere Schiffe gesehen." „Ich nehme wahr, dass Sie laut nach verkupferten Schiffen schreien", schrieb der Erste Lord nach dieser Aktion an Rodney; „Und deshalb bin ich entschlossen, dir den Mund zu verstopfen. Du sollst genug Kupfer haben."

Nach der Rückkehr der Menorca-Schiffe stach Rodney am 13. Februar erneut in See und fuhr nach Westindien. Die Abteilung der Kanalflotte begleitete ihn drei Tage lang auf seinem Weg und brach dann mit der Beute nach England auf. Auf dieser Rückreise stieß es auf fünfzehn französische Versorgungsschiffe, begleitet von zwei 64ern, die zur Île de France im Indischen Ozean unterwegs waren. Eines der Kriegsschiffe, die *Protée* , und drei der Lagerschiffe wurden gekapert. Obwohl trivial, veranschaulicht der Vorfall die Auswirkungen der Operationen in Europa auf den Krieg in Indien. Als bezeichnend für das Dilemma der Regierung kann hier erwähnt werden, dass Rodney dafür getadelt wurde, dass er ein Linienschiff am Rock zurückgelassen hatte. „Es hat uns die Mühe *und das Risiko* bereitet , eine Fregatte absichtlich zu schicken, um sie sofort nach Hause zu befehlen; und wenn Sie sich Ihre ursprünglichen Anweisungen ansehen, werden Sie feststellen, dass es keinen Grund gab, vor dem wir stärker gewarnt hätten, als den, die Linie zu verlassen." -Schlachtschiff hinter dir. Diese Worte zeigen deutlich die Dringlichkeit und Gefahr der allgemeinen Situation aufgrund der unzureichenden Entwicklung der Seestreitkräfte im Vergleich zu ihren

Feinden. Solche isolierten Schiffe liefen im Mittelpunkt der Flotten in Cádiz, Ferrol und Brest, die die Routen flankierten.

Fußnote 70:

Ein Ankerplatz drei Meilen seewärts von Spithead.

Fußnote 71:

Chevalier, „Marine Française", 1778, S. 165. Kursivschrift des Autors.

Fußnote 72:

In der Linie „nebeneinander", wie das Wort schon sagt, liegen die Schiffe nicht im Kielwasser des anderen, wie in der Linie „vorne", sondern nebeneinander; das heißt, auf einer Linie senkrecht zum gesteuerten Kurs angeordnet.

Fußnote 73:

Rodneys Bericht. Chevalier sagt, dass eine von ihnen von ihrer Besatzung zurückerobert und nach Cadiz gebracht wurde.

Fußnote 74:

Jetzt das britische Mauritius.

KAPITEL VIII

RODNEY UND DE GUICHENS MARINEKAMPAGNE IN WESTINDIEN. DE GUICHEN kehrt nach Europa zurück und Rodney geht nach New York. LORD CORNWALLIS IN DEN CAROLINAS. ZWEI MARINEAKTIONEN VON COMMODORE CORNWALLIS. RODNEY kehrt nach Westindien zurück

Als Rodney am 27. März 1780 mit seinen vier Linienschiffen in Santa Lucia ankam, fand er dort eine Streitmacht von sechzehn weiteren Schiffen vor, die sich zu etwa gleichen Teilen aus Schiffen zusammensetzte, die England im Sommer 1778 mit Byron verlassen hatten, und von eine Verstärkung, die Konteradmiral Rowley im Frühjahr 1779 brachte.

Während des vorübergehenden Kommandos von Konteradmiral Hyde Parker, zwischen dem Abgang von Byron und der Ankunft von Rodney, hatte sich eine kluge Affäre zwischen einem Detachement des Geschwaders und einem der damals stationierten französischen Division unter La Motte-Picquet ereignet Fort Royal, Martinique.

Am 18. Dezember 1779, zwischen 8 und 9 Uhr morgens, gab das britische Aussichtsschiff Preston *50* zwischen Martinique und Santa Lucia das Signal für eine Flotte in Luv, bei der es sich um eine Gruppe französischer Versorgungsschiffe handelte. Sechsundzwanzig an der Zahl, unter dem Konvoi einer Fregatte. Sowohl das britische als auch das französische Geschwader waren in Unordnung, die Segel waren offen, die Schiffe auf der Krängung oder teilweise entwaffnet, die Besatzungen waren an Land, um Holz und Wasser zu holen. In beiden Fällen wurden gleichzeitig Signale für die Fahrt bestimmter Schiffe gegeben, und in beiden Fällen wurden die Befehle mit einer für die beiden Kommandanten erfreulichen Geschwindigkeit ausgeführt, die auch persönlich ausgingen. Die Briten waren jedoch mit fünf Liniensegeln und einem 50-Kanonen-Schiff als Erste draußen. Neun der Versorgungsschiffe wurden von ihnen gekapert und vier an Land gezwungen. Der französische Konteradmiral war zu diesem Zeitpunkt mit drei Linienschiffen – der *Annibal* (74), *der Vengeur* (64) und *der Réfléchi* (64) – aus Fort Royal herausgekommen und deckte, da er luvwärts lag, den Eingang des restlichen Schiffes ab der Konvoi. Da sich die beiden feindlichen Divisionen nun nahe beieinander befanden und eine gute Brise wehte, versuchten die Briten, dem Feind Paroli zu bieten. Die *Conqueror*, 74, Kapitän Walter Griffith, liegt vor und in Luv ihrer Gefährten. Als sie bei 5

Uhr in Reichweite kam, begann das Feuer zwischen ihr und dem französischen Flaggschiff *Annibal* 74 und anschließend zwischen ihr und allen drei Schiffen des Feindes. Gegen Sonnenuntergang war die *Albion , 74, der Conqueror* nahe gekommen , und die anderen Schiffe befanden sich in weiter Ferne; „Aber da sie nicht nur innerhalb der Gefahren der Untiefen der Bucht (Fort Royal), sondern auch in Reichweite der Batterien gut funktioniert hatten, rief ich sie um Viertel vor sieben per Nachtsignal ab." [75] In diesem ritterlichen Gefecht – denn es war kaum mehr, obwohl die Verletzung der Franzosen durch den Verlust des Konvois beträchtlich war – war Parker gleichermaßen erfreut über sein eigenes Geschwader und über seinen Feind. „Die Beständigkeit und Kühle, mit der der *Eroberer* bei jedem Kurs das Feuer dieser drei Schiffe aufnahm und ihr eigenes erwiderte, wobei er sein Schiff mit so viel Genauigkeit steuerte, als ob er sich in Spithead verwandelt hätte, und auf jedem Brett dem Feind immer näher kam, „Es hat mir unendlich viel Freude bereitet. Mit unaussprechlicher Besorgnis", fügte er hinzu, „hörte ich, dass Kapitän Walter Griffith von der *Conqueror* durch die letzte Breitseite getötet wurde." [76] Als er einige Tage später Gelegenheit hatte, mit dem französischen Konteradmiral eine Waffenstillstandsfahne auszutauschen, schrieb er ihm; „Das Verhalten Ihrer Exzellenz in der Angelegenheit vom 18. dieses Monats rechtfertigt voll und ganz den Ruf, den Sie bei uns genießen, und ich versichere Ihnen, dass ich nicht ohne Neid Zeuge des Könnens sein konnte, das Sie bei dieser Gelegenheit gezeigt haben. Unsere Feindschaft ist je nach Situation flüchtig auf unsere Meister; aber Ihr Verdienst hat in meinem Herzen die größte Bewunderung für Sie selbst eingeprägt." Dies war der Offizier, der zu seiner Zeit allgemein als „Vinegar" Parker bekannt war; aber diese Buchstaben zeigen, dass der Beiname eher zur Schale als zum Kern passte.

Kurz nachdem de Guichen [77] im März 1780 das Kommando übernommen hatte, vereinbarte er mit dem Marquis de Bouillé, dem Gouverneur von Martinique, einen gemeinsamen Angriff auf eine der britischen Westindien-Inseln. Zu diesem Zweck wurden dreitausend Soldaten in die Flotte eingeschifft, die in der Nacht des 13. April 1780 auslief und zunächst einen Konvoi nach Santo Domingo begleiten sollte, bis dieser sicher außerhalb der Reichweite der Briten war. Rodney, der sofort über den Abzug der Franzosen informiert wurde, stach mit allen seinen Schiffen, zwanzig der Linienschiffe, von denen zwei über 90 Kanonen verfügten, zur Verfolgungsjagd in See und geriet am 16. in Sichtweite des Feindes auf der Leeseite (westlich). von Martinique, kämpfte gegen die Nordost-Passatwinde und beabsichtigte, durch den Kanal zwischen dieser Insel und Dominica zu fahren. „Es folgte eine allgemeine Verfolgungsjagd nach Nordwesten, und um fünf Uhr abends stellten wir deutlich fest, dass sie aus 23 Liniensegeln und einem 50-Kanonen-Schiff bestanden." [78]

Als es dunkel wurde, stellte Rodney seine Schlachtlinie auf und stand still im Nordwesten, also auf Steuerbordseite. und er achtete darauf, den Feind in Luv zu halten, den seine Fregatten während der Nacht aufmerksam beobachteten. „Ihre Manöver", schrieb er, „zeigten den Wunsch, einer Schlacht aus dem Weg zu gehen", und er achtete daher sorgfältig darauf, ihnen entgegenzuwirken. Bei Tageslicht des 17. April sah man sie auf Backbordbug vier oder fünf Meilen leewärts, also westlich, eine Schlachtlinie bilden. Der Wind weht aus Ost oder Ost-Nord, die Franzosen wehen nach Südosten (Abb. 1, aa). Der britische Befehl wurde nun durch ein Signal aus den Unregelmäßigkeiten der Dunkelheit korrigiert, indem die Schiffe angewiesen wurden, zwei Kabellängen voneinander entfernt zu halten und wie zuvor nach Norden und Westen zu steuern. Um 7 Uhr morgens schloss der Admiral die Intervalle auf ein Kabel (aa), da er diese Linie als zu lang ansah. Die beiden Flotten bewegten sich also auf fast parallelen Linien, aber in entgegengesetzter Richtung, was dazu führte, dass die gesamte Streitmacht von Rodney, dessen Linie besser und kompakter war als die des Feindes, in dessen Rücken gelangte, auf den er sich konzentrieren wollte. Um 8 Uhr morgens gab er ein allgemeines Signal, dass dies sein Ziel sei; Um es auszuführen, gab er den Schiffen um 8.30 Uhr ein Zeichen, eine Linie nebeneinander zu bilden, wobei sie sich von Süden nach Osten und von Norden nach Westen bewegten, und stellte sich sofort dem Feind entgegen (Abb. 1, bb). Um die Briten sichtbar zu machen, ließ de Guichen seine Flotte auf Steuerbordbug (bb) zusammenlaufen. Der französische Hinterland wurde so zum Transporter, und ihr früherer Transporter, der zu weit gestreckt war, als dass er dem bedrohten Hinterland sofort Hilfe leisten konnte, steuerte nun darauf zu, ihn zu unterstützen.

Rodney, der sich in seinem ersten Sprung zurückgehalten hatte, wurde sofort auf dem Backbordbug in den Wind gezogen (Abb. 1, *cc*), wiederum im Gegensatz zu den Franzosen, die so wieder an ihrer Linie standen, für ihr neues Heck. Die Intervalle wurden nochmals auf zwei Kabel ausgeweitet. Die Flotten fuhren also erneut auf parallelen Linien vorbei, wobei jede ihre Reihenfolge umgekehrt hatte; aber die Briten behielten immer noch den Vorteil, dass sie auf jedem Kurs und in jedem Intervall viel kompakter waren als die Franzosen, deren Linie sich nach Rodneys Schätzung über eine Länge von vier Meilen erstreckte. [80] Dem aufmerksamen Leser wird die Vorsicht der beiden Kämpfer deutlich, die beide in der Schule des 18. Jahrhunderts mit ihrer Ehrfurcht vor der Schlachtlinie ausgebildet wurden. Obwohl Rodney sich durch dieses Puppenstadium zur späteren Kraft kämpfte und ernsthaft auf einen tödlichen Schlag aus war, war er immer noch durch die Traditionen des wachsamen Fechtens eingeschränkt. Seine Vorsicht war auch nicht übertrieben; Die Umstände rechtfertigten noch nicht die offensichtliche Rücksichtslosigkeit von Nelsons Taktik. „Die unterschiedlichen Bewegungen des Feindes", schrieb er, „verpflichteten mich, sehr aufmerksam zu sein und jede sich bietende Gelegenheit zu nutzen, um sie vorteilhaft anzugreifen."

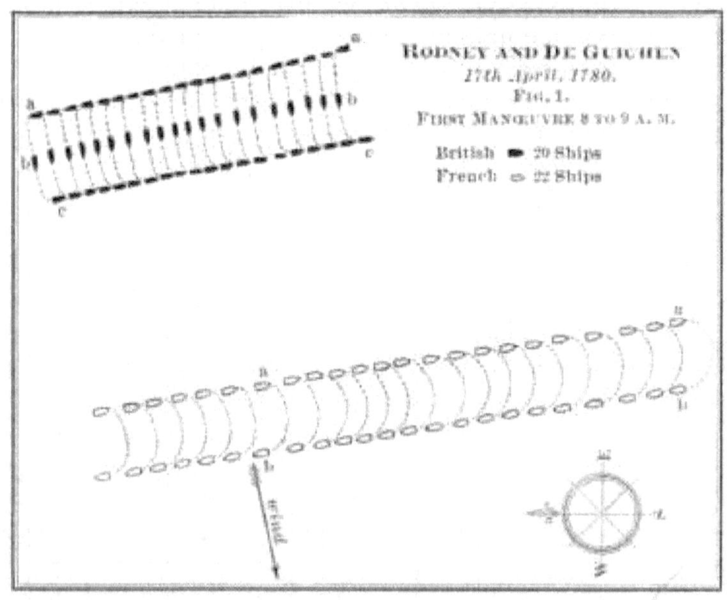

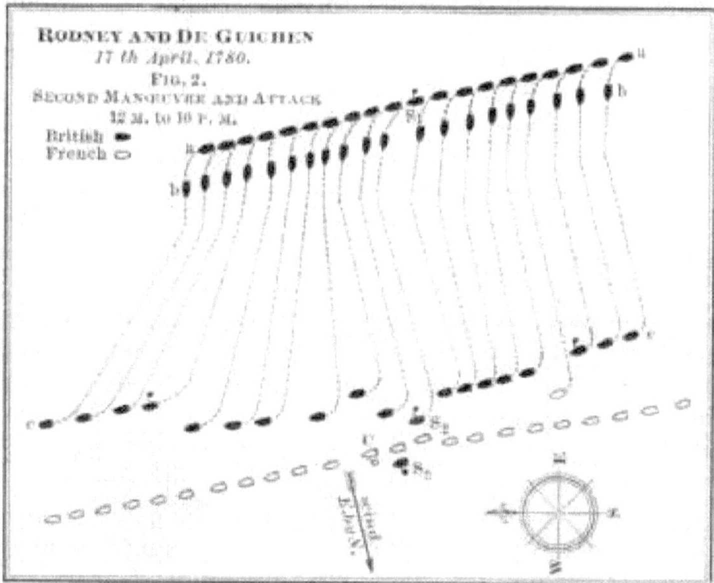

Rodney und De Guichen, 17. April 1780, Abbildungen 1 und 2

Die beiden Flotten blieben weiterhin auf entgegengesetzten Parallelkursen – die Franzosen von Norden nach Westen, die Briten von Süden nach Osten

–, bis sich das Flaggschiff *Sandwich* , 90, (Abb. 2, S^1) neben der *Couronne* , 80, (C) befand. das Flaggschiff von de Guichen. Dann, um 10.10 Uhr, wurde das Signal gegeben, sich zusammenzuschließen und auf dem gleichen Kurs wie der Feind zu formieren. Aufgrund einiger Verzögerungen bei der Ausführung musste dies wiederholt und durch die Wimpel der *Stirling Castle weiter verstärkt werden* , die als hinteres Schiff die Entwicklung beginnen sollte. Um halb elf befand sich die Flotte offenbar in der Nähe (Abb. 2, aa), denn dann wurde der Befehl zur Korrektur der Leitung erteilt, noch an zwei Kabeln. Um 11 Uhr morgens gab der Admiral das Signal, sich auf den Kampf vorzubereiten, „um die gesamte Flotte davon zu überzeugen, dass ich entschlossen war, den Feind zu einem Gefecht zu führen",81 und darauf folgte kurz darauf der Befehl, den Kurs nach Backbord (bb) zu-ändern der Feind. 82-Warum er meinte, dass irgendjemand aus der Flotte eine solche Zusicherung hätte benötigen sollen, lässt sich nicht mit Sicherheit sagen. Möglicherweise hatte er, obwohl er erst vor Kurzem beigetreten war, bereits den bösen Willen oder die Nachlässigkeit bemerkt, über die er sich später beklagte; möglicherweise befürchtete er, dass die Vorsicht seiner Taktiken die Menschen zu der Annahme verleiten könnte, dass er nicht die Absicht hatte, über die lauwarme und unentschlossene Handlungsweise knapper, aber vergangener Tage hinauszugehen, was Suffren dazu veranlasst hatte, Taktiken als einen bloßen Schleier zu stigmatisieren, hinter dem sich die Schüchternheit verbirgt verstecke seine Blöße.

Um 11.50 Uhr wurde das entscheidende Signal gegeben: „Jedes Schiff soll sich niederdrücken und auf *sein Gegenstück in der feindlichen Linie* zusteuern, gemäß Artikel 21 der Zusätzlichen Kampfanweisungen." Fünf Minuten später, als die Schiffe vermutlich ihren Kurs auf den Feind geändert hatten, wurde das Signal zum Kampf gegeben, gefolgt von der Nachricht, dass der Admiral die Absicht habe, eng anzugreifen; Er erwartete natürlich, dass jedes Schiff dem Beispiel folgen würde, das er geben wollte. Der Kapitän des Schiffes, das in der Formation (aa) der Anführer gewesen war und von dessen Handeln das Handeln derjenigen abhing, die sich in seiner Nähe befanden, verstand Rodneys Signal leider so, dass er den Anführer des Feindes angreifen sollte, nicht das ihm gegenüberliegende Schiff Moment des Abdriftens. Dieses Schiff wich daher deutlich vom Kurs des Admirals ab und zog viele der Vans hinter sich her. Wenige Minuten vor 13 Uhr begann eines der vordersten Schiffe, auf große Entfernung anzugreifen; aber erst einige Zeit nach 13 Uhr geriet die *Sandwich* , nachdem sie mehrere Breitseiten erhalten hatte, in Nahkampf (S^2) mit dem zweiten Schiff achteraus vom französischen Admiral, der *Actionnaire* , 64. Letztere wurde bald abgeschlagen die Linie durch die Überlegenheit der Batterie *der Sandwich* , und das gleiche Schicksal ereilte das Schiff hinter ihr, wahrscheinlich die *Intrépide* , 74, das herankam, um die Lücke zu schließen. Gegen 14.30 Uhr wurde festgestellt, dass sich die „ *Sandwich* " entweder durch ihre eigenen Bemühungen, sich zu nähern, oder durch das Fernhalten ihrer unmittelbaren Gegner , in Lee (S^3) der feindlichen Linie befand; Die *Couronne* (C) befindet sich auf ihrem Wetterbogen. Rodney machte den Kapitän des Schiffes, Walter Young, der sich damals in der Lee-Gangway befand, auf die Tatsache aufmerksam. Als Young hinüberging, um sich selbst umzusehen, sah er, dass es so war und dass die *Yarmouth* , 64, nach Luv gezogen war, wo sie mit ihren Haupt- und Besanmarssegeln nach hinten lag. Dann wurden ihr und der *Cornwall* 74 Signale gegeben, zu einem engeren Kampf zu kommen, da sie sich beide am Wetterbug des Flaggschiffs befanden.

De Guichen, der diesen Sachverhalt damals oder etwas später erkannte, führte ihn auf die bewusste Absicht des britischen Admirals zurück, seine Linie zu durchbrechen. Es scheint nicht, dass Rodney dies beabsichtigt hatte. Seine taktische Idee bestand darin, seine gesamte Flotte auf das Hinterland und die Mitte Frankreichs zu konzentrieren, aber es gibt keinen Hinweis darauf, dass er nun darauf abzielte, die Linie zu durchbrechen. De Guichen gab jedoch mit dieser Auslegung das Signal, sich von der britischen Linie fernzuhalten. Dies hätte auf jeden Fall zur Folge gehabt, dass seine Flotte etwas nach Lee gerückt wäre; Aber da die Schiffe mehr oder weniger verkrüppelt waren und dadurch mehr Manövrierraum benötigten und die Linie auf ihnen neu gebildet werden musste, war die Tendenz übertrieben. Die Bewegung, die die Franzosen Wearing Together nannten, wurde von Rodney daher anders interpretiert. „Die Aktion in der Mitte dauerte bis 16.15 Uhr, als M. de Guichen in der *Couronne* , der *Triomphant* und der *Fendant* , nachdem sie anderthalb Stunden lang gegen die *Sandwich gekämpft hatten, davonfuhr. Die Überlegenheit des Feuers der Sandwich* , und das tapfere Verhalten der Offiziere und Männer ermöglichte es ihr, einen so ungleichen Kampf auszuhalten; obwohl sie vor ihrem Angriff drei Schiffe aus ihrer Schlachtlinie geschlagen hatte, diese vollständig durchbrochen hatte und sich in Lee des französischen Admirals befand ." Möglicherweise könnten die französischen Berichte, wenn sie nicht so dürftig wären, diese Leistungsfähigkeit des Flaggschiffs bestreiten; aber es besteht kein Zweifel daran, dass Rodney ein Beispiel gegeben hatte, das, wenn es von allen befolgt worden wäre, dieses Engagement unvergesslich, wenn nicht sogar entscheidend gemacht hätte. Er berichtete, dass die Kapitäne bis auf wenige Ausnahmen ihre Schiffe falsch platziert hätten (cc). Die *Sandwich* hatte achtzig Schuss in ihrem Rumpf, hatte ihren Fockmast und ihre Großrahe verloren und hatte 3288 Schuss abgefeuert, durchschnittlich 73 auf jedes im Einsatz befindliche Geschütz der Breitseite. Drei ihrer Treffer lagen unterhalb der Wasserlinie, so dass sie in den nächsten vierundzwanzig Stunden nur mit Mühe über Wasser gehalten werden konnte. Mit dem Aufmarsch der Franzosen endete die Schlacht.

Rodney betrachtete diese Aktion vom 17. April 1780 angesichts des Vorteils, den ihm der Feind bot, dessen Befehl zu sehr ausgeweitet wurde, und seines eigenen Angriffsplans immer als die große Chance seines Lebens; und sein Zorn war erbittert gegen diejenigen, deren Fehlverhalten seiner Meinung nach zunichte gemacht worden war. „Der französische Admiral, der mir als tapferer und tapferer Offizier erschien, hatte die Ehre, während der gesamten Aktion edel unterstützt zu werden. Es ist mit unaussprechlicher Besorgnis, gemischt mit Empörung, dass die Pflicht, die ich meinem Souverän und meinem Land schulde, erfüllt." Ich möchte Ihre Lordschaften darüber informieren, dass die britische Flagge während des Gefechts zwischen der französischen Flotte am 17. und Seiner Majestät nicht ordnungsgemäß gestützt wurde. Da die Marine damals in Fraktionen gespalten war, die sich gegenseitig oder die Admiralität an die Kehle legten, hielt es diese für diskreter, diesen Absatz zu unterdrücken und nur das negative Stigma der Lobrede auf den französischen Offizieren erscheinen zu lassen. ohne Begleitung von jemandem allein. Rodney verbarg jedoch in öffentlichen und privaten Briefen seine Gefühle nicht; und der Tadel gelangte zu den Ohren der Betroffenen. Anschließend, drei Monate nach der Aktion, bezeugte er in einem öffentlichen Brief das hervorragende Verhalten von fünf Kapitänen: Walter Young vom Flaggschiff, George Bowyer von der *Albion* , John Douglas von der *Terrible* und John Houlton von der *Montagu* und AJP Molloy [83] des *Trident* . „Ihnen habe ich unter meiner Hand Zertifikate gegeben", „kostenlos und unaufgefordert." Darüber hinaus würde ihn „keine Rücksichtnahme im Leben dazu bewegen", dorthin zu gehen; und die beiden jüngeren Flaggoffiziere wurden implizit mit den Worten verurteilt: „Die Unaufmerksamkeit gegenüber Signalen, sowohl in den vordersten als auch in den hinteren Divisionen, ist der Verlust dieser glorreichen (vielleicht nie wiederzuerlangenden) Gelegenheit, den Seekampf zu beenden." in diesen Meeren." Diese Junioradmirale waren Hyde Parker und Rowley; Letzterer war derselbe, der sich bei Byrons Verlobung nicht nur so galant, sondern auch mit solch ungewöhnlicher Initiative verhalten hatte. Ein einzigartiger Vorfall in diesem Fall führte ihn zu einer ähnlichen Unabhängigkeit im Handeln, was Rodney missfiel. Der *Montagu* seiner Division verlor beim Schließen der französischen Linie das Ruder und konnte nur auf dem falschen (Backbord-)Bug zum Einsatz gebracht werden. Unmittelbar darauf brach auch ein Teil der französischen Nachhut zusammen, und Rowley folgte ihnen aus eigenem Antrieb. Als er von Rodney zur Rechenschaft gezogen wurde, legte er die Fakten dar und rechtfertigte die Tat mit der Anweisung, dass „der größte Eindruck im Rücken des Feindes gemacht werden sollte". Beide Parteien erholten sich bald.

Hyde Parker ging einige Wochen später wütend nach Hause. Die Bescheinigungen für Bowyer und Douglas, sicherlich und wahrscheinlich auch für Molloy, die gesamte Abteilung von Parker, enthielten die stechenden Worte, dass diese Offiziere es „gut meinten und ihre Pflicht getan hätten, wenn es ihnen gestattet worden wäre". Es wird angegeben, dass ihre

Schiffe, die das Ende der Van-Division bildeten, nach Rodneys Beispiel zum Nahkampf abstiegen, als Parker ihnen ein Signal gab, die Linie zu halten. Wenn dies zutrifft, da Parkers Mut über jeden Zweifel erhaben war, handelte es sich lediglich um eine Wiederkehr des alten Aberglaubens der Linie, der durch ein Missverständnis von Rodneys späteren Signalen noch verstärkt wurde. Diese müssen besprochen werden, denn der ganze Vorfall ist Teil der Geschichte der britischen Marine, weitaus wichtiger als so mancher unentschlossener, aber blutiger Zusammenstoß.

Einer der ausdrücklicher beschuldigten Kapitäne, Carkett von der *Stirling Castle*, das zu dem Zeitpunkt, als das Signal zur Kursänderung in Richtung des Feindes gegeben wurde, das führende Schiff gewesen war, schrieb an Rodney, dass er verstanden habe, dass sein Name ungünstig erwähnt worden sei Natürlich im öffentlichen Brief. Rodneys Antwort macht den strittigen Punkt, seinen eigenen Plan, die Ideen, die ihm bei seinen aufeinanderfolgenden Signalen durch den Kopf gingen, die Missverständnisse der Junioren und das daraus resultierende Fiasko vollkommen deutlich. Es muss jedoch gesagt werden, dass unter Berücksichtigung der Tatsachen, wie sie mit Sicherheit eingetreten zu sein scheinen, kein Missverständnis, keine technische verbale Behauptung eine so große militärische Dummheit wie die, über die er sich beklagte, rechtfertigen kann. Es gibt Fälle, in denen nicht nur buchstäblicher Ungehorsam zulässig ist, sondern buchstäblicher Gehorsam, der den offensichtlichen Umständen zuwiderläuft, zu einem Verbrechen wird.

Um 8 Uhr morgens hatte Rodney ein allgemeines Signal gegeben, dass er den Rücken des Feindes angreifen wollte. Nachdem dies verstanden und beantwortet worden war, wurde es heruntergezogen; Alle Junioren waren mit einem allgemeinen Ziel vertraut, zu dem die folgenden Manöver führen sollten. Wie er seine Absicht ausführen wollte, wurde durch die aufeinanderfolgende Vorgehensweise auf diesem Kurs deutlich: Steuerbord; Als die Zeit gekommen war, stellte sich die Flotte in einer Reihe nebeneinander auf und stellte den französischen Rücken. Dieser Versuch, der damals durch de Guichens Tragen vereitelt wurde, wurde zwei Stunden später erneuert; Nur anstelle des Signals, eine Linie nebeneinander zu bilden, wurde ein Signal gegeben, den Kurs nach Backbord zu ändern, also auf den Feind zu. Da dies unmittelbar darauf folgte, um sich auf den Kampf vorzubereiten, deutete es fast ohne jeden Zweifel darauf hin, dass Rodney aus Gründen des Augenblicks zunächst in schräger Richtung nach unten laufen wollte – nicht wie zuvor in einer Linie nebeneinander, da die Schiffe Kurs nahmen und Intervall vom Flaggschiff. Später, um 11.50 Uhr, wurde erneut das Signal gegeben, „in Übereinstimmung mit dem 21. Artikel der Zusätzlichen Kampfanweisungen, dass jedes Schiff auf sein Gegenstück in der feindlichen Linie zusteuern solle"; und hier begann der Ärger. Rodney meinte das gegenüberliegende Schiff, als das Signal heruntergezogen wurde. Er hatte schräg gelenkt, bis er so weit wie möglich die Position erreicht hatte, die er wollte, wahrscheinlich bis auf große Distanz; Dann war es wünschenswert, das verbleibende Gebiet so schnell und geordnet wie möglich abzudecken, wobei zu diesem Zweck das damals auf der Seite befindliche feindliche Schiff jeder seiner Flotten einen geeigneten Richtungspunkt gab. Er war davon überzeugt, dass seine angekündigte Absicht, den Rücken des Feindes anzugreifen, ohne dass er sich geändert hatte, weiterhin zwingend erforderlich war; und weiter, dass das Signal für einen Abstand von zwei Kabellängen alle Schiffe steuern und sie an ihn und seine Bewegungen in der Mitte binden sollte. Carkett interpretierte „entgegengesetzt" so, dass es in numerischer Reihenfolge das Gegenteil bedeutete, britisches Van-Schiff gegen französisches Van-Schiff, wo auch immer sich letzteres befand. Rodney gibt in seinem Brief an Carkett an, dass der französische Transporter damals zwei Meilen entfernt war. „Sie führten zum Van-Schiff, obwohl Sie auf meine Signale geantwortet hatten, die mir signalisierten, dass es meine Absicht war, den Rücken des Feindes anzugreifen; dieses Signal hatte ich nie geändert ... Ihre Führung in der Art und Weise, wie Sie es getan haben, hat andere dazu veranlasst, so schlecht zu folgen ein Beispiel; und dabei vergaß man, dass das Signal für die Linie nur zwei Kabellängen voneinander entfernt war, und führte die Van-Division von Ihnen auf mehr als zwei Meilen Entfernung von der Mitteldivision, die dadurch nicht richtig unterstützt wurde ." [84]

Carkett war der älteste Kapitän der Flotte, sein Amtsantritt datierte am 12. März 1758. Inwieweit war seine Auslegung der Kampfanweisungen entschuldbar, die auf der albernen Vorstellung beruhte, die höchste Pflicht eines Oberbefehlshabers sei Der Befehl des Chefs bestand darin, Schiff gegen Schiff zu konfrontieren, und die Tatsache, dass eine Flottenaktion nur eine Ansammlung von Seeduellen war, ist nicht sehr relevant, wenn auch historisch interessant. In der Vergangenheit der britischen Marine gab es sicherlich etwas, das das Vergehen eines Mannes milderte, der es im mittleren Lebensalter wohl gut gehabt haben musste. Aber seit die Kampfanweisungen zum ersten Mal erlassen worden waren, gab es Kriegsgerichte, die ebenfalls aufschlussreich waren, gegen Mathews, Lestock, Byng, Keppel und Palliser, die sich alle mehr oder weniger auf die Zwänge der Schlachtlinie und die ... konzentrierten Pflicht, die eingesetzten Schiffe zu unterstützen – vor allem ein engagierter Oberbefehlshaber. Rodney hat vielleicht die Bedeutung der Kampfanweisungen für einen langweiligen Mann unterschätzt; aber er konnte zu Recht behaupten, dass seine früheren Signale und die vorgeschriebene Entfernung zumindest einen Befehlskonflikt, einen Zweifel geschaffen hätten, für den es nur eine Lösung hätte geben sollen, nämlich:

die angegriffenen Schiffe zu unterstützen und zu schließen auf den Feind herab, so nah wie möglich am Oberbefehlshaber. Und in Momenten tatsächlicher Ratlosigkeit wird dies immer die Wahrheit sein. Es ist, als würde man auf den Lärm von Kanonen zumarschieren, oder, um Nelsons Worte zu verwenden: „*Wenn* Signale nicht verstanden werden können, kann kein Kapitän etwas falsch machen, wenn er sein Schiff neben das eines Feindes stellt." Allerdings muss auch das „In Case" im Hinterkopf behalten werden; und dass es Nelson war, der es sagte. Äußerungen von heute, wie Äußerungen aller Zeiten, zeigen, wie wenige Männer es gibt, die beide Seiten einer Wahrheit fest vertreten können, ohne Übertreibung oder Mängel. Es gibt richterliche Unparteilichkeit und auch positive Verurteilungen; aber ihre Kombination ist selten. Ein zweiseitiger Mensch neigt auch dazu, doppeldeutig zu sein.

Der Verlust an Männern in dieser scharfen Begegnung betrug: Briten, getötet, 120, verwundet, 354; Franzosen, getötet, 222, verwundet, 537. [85] Dies ergibt drei französische Treffer für jeweils zwei Briten, woraus und aus dem viel größeren Schaden, den letztere in der Luft erlitten haben, geschlossen werden kann, dass beide ihrer üblichen Gewohnheit des Zielens folgten, dem Die Briten am Rumpf, die Franzosen an den Holmen. Zu letzterem gehörte auch die Leelinie, die die Franzosen hatten. Die Briten als angreifende Partei erlitten bei ihrem Vorstoß ebenfalls heftiges Feuer.

Rodney reparierte Schäden auf See und setzte die Verfolgung fort, wobei er darauf achtete, zwischen Martinique und den Franzosen zu bleiben. Letzterer ging nach Guadeloupe, erkundete sie dort unter den Batterien und bezog dann seine Station vor Fort Royal. „Die einzige Chance, sie zum Handeln zu bewegen", schrieb er am 26. April an die Admiralität, „besteht darin, vor ihnen den Hafen zu verlassen, wo sich die Flotte jetzt befindet, in täglicher Erwartung ihrer Ankunft. " Die Franzosen behaupten, er sei ihnen aus dem Weg gegangen, aber da sie behaupten, dass sie am 17. am besten abgeschnitten hätten, und dennoch zugeben, dass er vor Guadeloupe aufgetaucht sei, ist die Behauptung nicht haltbar. Rodney zeigte hier absolute Zielstrebigkeit. De Guichens Befehl lautete, „das Meer so weit zu halten, wie es die von England auf den Windward Islands unterhaltene Streitmacht zuließ, ohne die ihm anvertraute Flotte zu sehr zu gefährden." [86] Bei solchen Anweisungen schreckte er natürlich und konsequent vor einem entscheidenden Engagement zurück. Nachdem er seine Verwundeten gelandet und in Guadeloupe wieder ausgerüstet hatte, stach er erneut in See, mit der Absicht, nach Santa Lucia weiterzufahren und gegen diese Insel das Projekt fortzusetzen, das sowohl er als auch De Bouillé ständig verfolgten. Letzterer blieb mit seinen Truppen bei der Flotte.

Rodney hatte sich inzwischen gezwungen gefühlt, vorübergehend nach Santa Lucia zurückzukehren. „Die Flotte blieb vor Fort Royal bestehen, bis der

Zustand vieler Schiffe unter meinem Kommando und die Leeströmungen es notwendig machten, in der Choque Bay (Anse du Choc), St. Lucie, zu ankern, um die Verwundeten und Verwundeten unterzubringen Kranke Männer an Land, und um die Flotte zu tränken und auszurüsten, wobei Fregatten sowohl auf der Lee- als auch auf der Luvseite jeder Insel abgesetzt wurden, um Informationen über die Bewegungen des Feindes zu erhalten und rechtzeitig von ihrer Annäherung an Martinique, der einzigen, Kenntnis zu erlangen Ort, an dem sie sich in diesen Meeren umrüsten könnten. In diesem letzten Satz kommt die strategische Idee des britischen Admirals zum Ausdruck: Die Franzosen müssen nach Martinique zurückkehren.

Die Wachsamkeit seiner Fregatten führte dazu, dass, als die Ausguckposten von de Guichen, der am 7. Mai an der Luvseite von Martinique vorbeikam, am 9. Mai Gros Ilet in Sichtweite kamen, die Briten einfach unterwegs waren um dem Feind zu begegnen. Während der fünf folgenden Tage befanden sich beide Flotten in ständigen Bewegungen, über deren Charakter die Autoren jeder Nation unterschiedliche Konstruktionen legten. Beide sind sich jedoch einig, dass die Franzosen die ganze Zeit über in Luv bleiben sollten, mit Ausnahme einer kurzen Stunde am 15., als ein flüchtiger Windwechsel den Briten diesen Vorteil verschaffte, ihn aber bald wieder verlor. Sie nutzten es sofort, um Maßnahmen zu erzwingen. Da die Luvposition die Angriffskraft in sich birgt und die Franzosen 23 gegenüber den Briten 20 waren, ist es wahrscheinlich keine überzogene Schlussfolgerung, zu sagen, dass die letzteren in Luv jagten und die ersteren dem Vorgehen auswichen, vielleicht sogar zugunsten , aus diesem Hintergedanken, der Eroberung von Santa Lucia, zu der sie gesegelt waren. Rodney gibt in seinem Brief an, dass sich die beiden Flotten, als sie sich am 20. Mai trennten, vierzig Meilen luvwärts (ostwärts) von Martinique befanden, in dessen Sichtweite sie am 10. gewesen waren.

In diesen Tagen segelte de Guichen, dessen Flotte laut Rodney besser und sicherlich gut genug segelte, um den Vorteil des Windes zu bewahren, mehr als einmal, meist am Nachmittag, wenn der Wind am beständigsten war, bis in entfernte Reichweite der Briten. Auf diese Bewegung stützen die Franzosen die Aussage, dass der britische Admiral einer Begegnung aus dem Weg ging; Es lässt sich ebenso gut interpretieren, dass er Munition nicht wegwerfen würde, bis er sich einer wirksamen Entfernung sicher wäre. Beide Admirale zeigten viel Geschick und Meisterschaft in ihrem Beruf, außerdem große Vorsicht und schnelles Auge; Aber es ist völlig unhaltbar zu behaupten, dass eine Flotte, die fünf Tage lang bei Passatwinden die Wetteranzeige hatte, nicht in der Lage war, ihren Feind zum Handeln zu bewegen, besonders wenn zugegeben wird, dass dieser in dem Moment schloss, in dem der Wind es ihm erlaubte tun Sie dies.

Am Nachmittag des 15. Mai, ungefähr zur üblichen Stunde, „segelte Rodney sehr stark gegen den Wind". Die Franzosen kamen ihm etwas näher als an den Tagen zuvor , da sie vermuteten, dass er versuchte, auszusteigen, was er von ihnen beabsichtigt hatte . Ihr Van-Schiff war in großer Entfernung in die Nähe der Mitte der Briten gelangt, die sich auf Backbord-Bug im Südosten befanden, mit Ostwind (aa, aa). Hier drehte der Wind plötzlich auf Südsüdosten (Wind b). Die Köpfe aller Schiffe beider Flotten wurden somit auf Backbordschlag nach Südwesten (s, s) abgeschlagen, aber die Verschiebung beließ das britische Heck, das auf diesem Schlag die Flotte anführte, luvseitig des französischen Vorschiffs . Rodneys Signal flog sofort, nacheinander zu wenden und den Wind des Feindes aufzuhalten; Letzterer, der den Vorteil nicht aufgeben wollte, segelte komplett (w), zog auf Steuerbordbug gegen den Wind und, um Rodneys Worte zu verwenden, „flüchtete mit einer Schar Segel" (a', a').

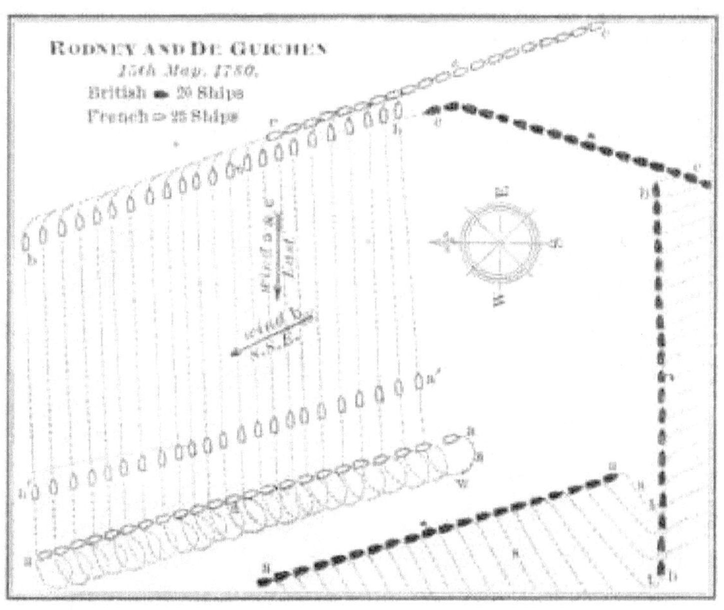

Rodney und De Guichen, 15. Mai 1780

Die britische Flotte kreuzte nacheinander hinter ihren Anführern her (t, t). Das unmittelbare Ergebnis war, dass beide nun auf dem Steuerbordschlag standen, also nach Osten, wobei die Briten einen leichten Vorteil gegenüber dem Wind hatten, aber weit achtern Strahl der Franzosen (bb, bb). Hätte der Wind gehalten, wäre das Ergebnis eine Prüfung der Geschwindigkeit und des Wetters gewesen. „Die Flotte Seiner Majestät", schrieb Rodney, „hatte durch dieses Manöver den Wind gewonnen und hätte den Feind zum Kampf gezwungen, wenn sie nicht sofort sechs Punkte (zurück nach Osten, ihre frühere Richtung) geändert hätte, als sie sich dem Feind näherte, und ermöglichte es ihnen, diesen Vorteil zurückzugewinnen. Als sich der Wind dadurch erneut drehte, heftete de Guichen seine Schiffe zusammen und stellte sich vor den Bug des vorrückenden Feindes (cc, cc). Der britische Anführer traf die französische Linie hinter der Mitte und rannte weiter nach Lee, wobei der britische Van eine enge Kanonade mit dem Rücken des Feindes abfeuerte. Ein solches Gefecht, bei dem zwei Linien auf entgegengesetztem Kurs vorbeiziehen, ist normalerweise unentschlossen, selbst wenn die gesamten Flotten im Gefecht sind, wie in Ushant; Wo aber, wie in diesem Fall, der Eingriff nur teilweise erfolgt, ist das Ergebnis natürlich geringer. Nachdem die französische Vorhut und das Zentrum die Spitze des Feindes passiert hatten, entfernten sie sich an dieser Stelle immer weiter von der Spur der entgegenkommenden britischen Schiffe, die von der Mitte nach hinten nicht feuerten. „Da der Feind unter einem Druck von Segeln stand, konnte niemand außer der Vorhut unserer Flotte zu irgendeinem Teil des Kampfes herankommen, ohne das Pulver und die Schüsse Seiner Majestät zu verschwenden, wobei der Feind sein Pulver und seine Munition mutwillig in einer solchen Entfernung verschwendete, dass es keine Wirkung hatte. " Auch hier nutzten die Franzosen offensichtlich die Chance, den entfernten Feind in seinen Spieren außer Gefecht zu setzen. Der britische Verlust bei der Aktion vom 15. Mai betrug 21 Tote und 100 Verwundete.

Comte de Guichen   George Brydges, Lord Rodney

Die Flotten setzten ihre jeweiligen Bewegungen fort und verhielten sich jeweils wie zuvor, bis am 19. eine weitere Begegnung stattfand, die genau den gleichen Charakter hatte wie die letzte, allerdings ohne die gleichen vorbereitenden Manöver. Bei dieser Gelegenheit verloren die Briten, die zwischenzeitlich durch ein 74- und ein 50-Kanonen-Schiff verstärkt worden waren, 47 Tote und 113 Verwundete. Das Ergebnis war taktisch betrachtet ebenso unentschlossen; aber beide hatten zu diesem Zeitpunkt ihr Durchhaltevermögen erschöpft. Die Franzosen, die seit dem 13. April von Martinique abwesend waren, verfügten jetzt nur noch über sechs Tage Proviant. [88] Rodney fand die *Conqueror, Cornwall* und *Boyne* so zerschmettert, dass er sie vor dem Wind nach Santa Lucia schickte, während er selbst mit dem Rest der Flotte für Barbados stand, wo er am 22. ankam. Die Franzosen ankerten am selben Tag in Fort Royal. „Die Engländer", sagt Chevalier, „standen nach der Aktion vom 19. auf dem Steuerbordbug südwärts und waren am nächsten Tag nicht mehr zu sehen." „Der Feind", berichtete Rodney, „stand mit allen möglichen Segeln nach Norden und war am 21. April außer Sichtweite. Der Zustand der Schiffe Seiner Majestät war so, dass eine längere Verfolgung nicht möglich war."

Durch ihre Geschicklichkeit und Wachsamkeit hatte jeder Admiral die Ziele des anderen vereitelt. Rodney hatte durch eine ausgeprägte, wenn auch vorsichtige, offensive Anstrengung das „Hintergedanken" der Franzosen, von dem er eindeutig wusste, dass es sich um Santa Lucia handelte, absolut verhindert. De Guichen war es gelungen, entscheidende Maßnahmen zu vermeiden, und er hatte einige der britischen Schiffe vorübergehend so lahmgelegt, dass die Flotte auf ihre Reparaturen warten musste, bevor sie wieder auf See ging. Der taktische Gewinn lag bei ihm, der strategische Sieg lag bei seinem Gegner; Dass aber auch seine Schiffe stark misshandelt worden waren, zeigt die Tatsache, dass ein halbes Dutzend drei Wochen später nicht in See stechen konnte. Der französische Admiral brach unter der Belastung zusammen, zu der noch die Trauer über den Verlust seines Sohnes kam, der bei den jüngsten Gefechten getötet worden war. Er bat um seinen Rückruf. „Das Kommando über eine so große Flotte", schrieb er, „übersteigt in jeder Hinsicht meine Fähigkeiten bei weitem. Meine Gesundheit kann eine solche ständige Müdigkeit und Angst nicht ertragen." Sicherlich scheint dies ein stillschweigendes Zeugnis von Rodneys Können, Beharrlichkeit und Angriffsziel zu sein. Dieser schrieb an seine Frau: „Vierzehn Tage und Nächte lang waren die Flotten so nahe beieinander, dass weder Offiziere noch Mannschaften schliefen. Nur die Güte des Wetters und des Klimas hätte es uns ermöglicht, eine so ständige Müdigkeit zu ertragen." . Wäre es in Europa gewesen, müsste die Hälfte der Menschen darunter versunken sein. Für mich hat es gut getan."

Rodney erklärte auch in seinen Briefen nach Hause, dass das Vorgehen seiner Untergebenen in den letzten Angelegenheiten effizient gewesen sei; aber er gab ihnen wenig Anerkennung dafür. „Da ich allen meinen Kapitänen usw. öffentlich mitgeteilt hatte, dass ich bedingungslosen Gehorsam gegenüber jedem gegebenen Signal erwarte, unter der sicheren Strafe, sofort abgelöst zu werden, hatte dies eine bewundernswerte Wirkung; davon waren sie alle nach ihrem späten Groschen überzeugt Verhalten, dass sie von meiner Hand nichts anderes zu erwarten hatten als sofortige Bestrafung für diejenigen, die ihre Pflicht vernachlässigten. Mein Blick auf sie hatte mehr Angst als das Feuer des Feindes, und sie wussten, dass es tödlich sein würde. Es wurde keine Rücksicht auf den Rang eines Admirals gelegt und Kapitäne wurden, wenn sie ihre Station verließen, sofort durch Signale oder Nachrichten, die von Fregatten gesendet wurden, gerügt; und gegen ihren Willen lehrte ich sie, das zu sein, was sie noch nie zuvor waren : *Offiziere* . Rodney sagte seinen Offizieren auch, dass er seine Flagge bei Bedarf auf eine Fregatte versetzen würde, um sie besser beobachten zu können. Es ist keineswegs zwingend, diese groben Verleumdungen als bezeichnend für etwas Schlimmeres als das in der gesamten Marine vorherrschende Misstrauen zu akzeptieren, das letztlich auf eine korrupte Verwaltung der Admiralität zurückzuführen ist. Letztere war wie die Regierung von 1756 anfällig für Kritik aufgrund politischer Missstände; Jeder fürchtete, dass die Schuld auf ihn abgewälzt werden würde, wie zuvor auf Byng, der es verdient hatte; Und nicht nur das, diese Schuld würde auch in den Ruin getrieben werden, wie in seinem Fall. Die Marine war von Misstrauen erfüllt, das beinahe in Panik verfiel. In diesem Zustand der Besorgnis und des Zweifels ruht die Tradition der Schlachtlinie, die auf Männern beruht, die nicht aufhörten, Fakten zu studieren oder Eindrücke zu analysieren, und die gesehen hatten, wie Offiziere wegen Fehlern in der Beurteilung oder im Handeln getadelt, entlassen und erschossen wurden, natürlicherweise zu Zögern und Missverständnissen. Eine Schlachtordnung ist eine gute Sache, notwendig, um gegenseitige Unterstützung sicherzustellen und einen Plan zu entwickeln. Der Fehler des Jahrhunderts, der damals noch nicht aufgedeckt wurde, bestand darin, ihn eher im Buchstaben als im Geiste zu betrachten; den Befehl eher als Zweck denn als Mittel zu betrachten; und darin nicht nur nach Effizienz zu streben, die eine breite Konstruktion der Positionen zulässt, sondern auch nach Präzision, die so eng ist wie ein Handschellenband. Rodney selbst, obwohl er Tory war, bemängelte die Regierung. Bei aller Strenge und Hochmut verlor er die Gerechtigkeit nicht aus den Augen, wie ein Satz in seinem Brief an Carkett zeigt. „Hätte ich mir vorstellen können, dass Ihr Verhalten und Ihre Unaufmerksamkeit gegenüber Signalen auf etwas anderem als einem Urteilsfehler beruhten, ich hatte Sie sicherlich abgelöst, aber Gott bewahre, dass ich dies nur aufgrund eines Urteilsfehlers tun sollte" – wiederum eine Illusion, die für Byng nicht unklar ist Schicksal.

Auf Barbados erhielt Rodney bestimmte Informationen, dass ein spanisches Geschwader aus zwölf Linienschiffen mit einem großen Konvoi von zehntausend Soldaten am 28. April von Cadiz aus nach Westindien aufgebrochen war. Das Schiff, das die Nachricht überbrachte, war ihnen unterwegs begegnet. Rodney breitete eine Reihe von Fregatten „luvwärts, von Barbados nach Barbuda" aus, um rechtzeitig Warnung zu erhalten, und nachdem die Flotte am 7. Juni in See gestochen war, um östlich von Martinique zu kreuzen, um den Feind abzufangen. Letzterer war am 5. von einer Fregatte fünfzig Meilen östlich der Insel entdeckt worden, die auf sie zusteuerte; Doch als der spanische Admiral sah, dass er gemeldet werden würde, änderte er seinen Kurs und passierte nördlich von Guadeloupe. Am 9. schloss sich ihm in dieser Gegend de Guichen an, der nur fünfzehn Segel mitbringen konnte – eine Tatsache, die zeigt, dass er in den letzten Gefechten genauso schwer gelitten hatte wie Rodney, der siebzehn seiner bei sich hatte zwanzig.

Nachdem sie den Briten entkommen waren, ankerten die Alliierten in Fort Royal. aber der spanische Admiral weigerte sich absolut, sich an einem Unternehmen gegen die Flotte oder Besitztümer des Feindes zu beteiligen. Darüber hinaus bestand er darauf, dass man ihn nach Lee begleitete. Das spanische Geschwader wurde aufgrund der unhygienischen Bedingungen auf den Schiffen und der Unsauberkeit der Besatzungen von einer Epidemie heimgesucht, und die Krankheit wurde auf ihre Verbündeten übertragen. De Guichen hatte bereits den Befehl, die Windward Islands zu verlassen, als der Winter nahte. Er beschloss nun, diese Zeit vorwegzunehmen, und segelte am 5. Juli mit den Spaniern von Fort Royal aus. Nachdem er letzteren bis zum östlichen Ende Kubas begleitet hatte, ging er nach Cap François in Haiti, damals ein wichtiger französischer Bahnhof. Die Spanier fuhren weiter nach Havanna.

Am Cap François erhielt de Guichen dringende Bitten des französischen Ministers an die Vereinigten Staaten und von Lafayette, seine Flotte auf den Kontinent zu bringen, wo das scharfsichtige Genie Washingtons bereits erkannt hatte, dass der Ausgang des Kampfes von der Lage abhing Marinen. Der französische Admiral weigerte sich, entgegen seinen Anweisungen zu gehorchen, und segelte am 16. August mit neunzehn Liniensegeln nach Europa, wobei zehn am Cap François zurückblieben. Versiegelte Befehle, die auf See geöffnet wurden, wiesen ihn an, nach Cádiz weiterzufahren, wo er am 24. Oktober vor Anker ging. Seine Ankunft erhöhte die dort versammelte alliierte Streitmacht auf einundfünfzig Liniensegel, zusätzlich zu den fünfundneunzig Zucker- und Kaffeeschiffen, die er aus Haiti als Konvoi gebracht hatte. Es ist bezeichnend für die Schwäche Großbritanniens im Mittelmeer zu dieser Zeit, dass diese äußerst wertvollen Handelsschiffe nach Toulon statt zu den bequemeren Atlantikhäfen geschickt wurden und nur fünf Linienschiffe sie an Gibraltar vorbei begleiteten. Die französische Regierung hatte Angst, sie Brest anzuvertrauen, selbst mit de Guichens neunzehn Segeln.

Die alliierten Operationen auf den Windward-Inseln für die Saison 1780 hatten somit ergebnislos geendet, ungeachtet der unbestreitbaren Unterlegenheit der Briten gegenüber den Franzosen allein, worüber Rodney sich heftig beklagte. Es widersprach jedoch den Absichten der Admiralität, dass dies geschah. Vizeadmiral Marriot Arbuthnot in New York hatte den Befehl erhalten, Schiffe nach Rodney zu entsenden; Aber das Schiff, das sie transportierte, wurde vom Wetter auf die Bahamas getrieben, und ihr Kapitän versäumte es, Arbuthnot über seinen Aufenthaltsort oder seine Sendungen zu informieren. Eine Abteilung von fünf Linienschiffen unter Commodore the Hon. Robert Boyle Walsingham wurde drei Monate lang windgefesselt in England festgehalten. Sie traten daher erst am 12. Juli bei. Die von Rodney sofort getroffenen Dispositionen bieten ein sehr gutes Beispiel für die Art von Pflichten, die ein britischer Admiral damals zu erfüllen hatte. Er teilte mit, dass fünf Linienschiffe zum Schutz der Windward Islands bei Hotham in Santa Lucia bleiben sollten. Am 17. stach er mit einem großen Handelskonvoi mit der Flotte nach St. Kitts in See, wo der „Handel" der Inseln unter dem Winde für England gesammelt wurde. Unterwegs erhielt er genaue Informationen über die Route und Stärke der französisch-spanischen Flotte unter de Guichen, über die Krankheit an Bord und über die Meinungsverschiedenheiten zwischen den Alliierten. Von St. Kitts aus wurde die „Juli"-Trade mit zwei Linienschiffen nach Hause geschickt. Drei weitere, schrieb er an die Admiralität, würden die Septemberflotte begleiten, „und der Rest der Schiffe auf dieser Station, die dringend repariert werden müssen und keinen Kupferboden haben, sollen mit ihnen oder mit dem Konvoi, den sie haben, weiterfahren." Die Lordschaften haben erfreut angeordnet, dass sie im nächsten Oktober von dort aus abfahren sollen. Wenn diese vor dem Winter eintrafen, argumentierte er, stünden sie bis zum Frühjahr als Verstärkung für die Kanalflotte zur Verfügung und würden es der Admiralität ermöglichen, ihm eine entsprechende Anzahl für die Winterarbeiten auf seiner Station zu schicken.

Da de Guichen die gesamte französische Handelsflotte von Martinique nach Cap François gebracht hatte und der Höhepunkt der Hurrikansaison nahe war, schlussfolgerte Rodney, dass nur eine kleine französische Streitmacht in Haiti verbleiben würde und dass Jamaika folglich nicht alle Briten benötigen würde Flotte, um sie vor einem möglichen Angriff zu schützen. Er schickte daher zehn Linienschiffe dorthin und teilte Vizeadmiral Sir Peter Parker mit, dass sie nicht nur die Insel verteidigen sollten, sondern ihm auch ermöglichen sollten, ihr großes Handelsschiff in angemessener Sicherheit nach Hause zu schicken.

Da diese Dinge bis zum 31. Juli erledigt waren, argumentierte Rodney, dass die Alliierten praktisch alle Unternehmungen in den Westindischen Inseln für dieses Jahr aufgegeben hatten und dass jeden Moment ein Hurrikan die Flotte an ihren Ankern überholen und sie möglicherweise an die Leeküste bringen könnte. ging zur See, um mit der Flotte vor Barbuda zu kreuzen. Sein Geist neigte jedoch bereits dazu, sich auf den Kontinent zu begeben, wohin er, richtig, aber irrtümlich, folgerte, dass der größte Teil von de Guichens Flotte dorthin gehen würde, weil es so sein sollte. Seine Absicht wurde durch die Information eines amerikanischen Schiffes bestätigt, dass ein französisches Geschwader aus sieben Linienschiffen, das sechstausend Soldaten als Konvoi transportierte, am 12. Juli in der Narragansett Bay vor Anker gegangen war. Er machte sich sofort auf den Weg zur Küste von South Carolina, wo er in Charleston mit der Armee kommunizierte, und ankerte von dort aus unerwartet am 14. September mit vierzehn Linienschiffen in Sandy Hook, um „die Südküste Amerikas zu durchstreifen". und bei Freunden und Feinden gleichermaßen unwillkommen.

Vizeadmiral Arbuthnot, der jünger als Rodney war, zeigte deutlich und widerspenstig seinen Zorn über diesen Eingriff in sein Kommando, der seine Autorität verdrängte und das Preisgeld einer lukrativen Station aufteilte. Dies war jedoch ein Detail. Für Washington war Rodneys Ankunft ein Todesstoß für die Hoffnungen, die durch die Ankunft der französischen Division in Newport geweckt wurden und von denen er erwartet hatte, dass sie durch de Guichen verstärkt würden. Tatsächlich machte der Weggang des letzteren Rodneys Erscheinen am Tatort unerheblich; aber das wusste Washington damals nicht. So wie es war, bildete Rodneys Streitmacht zusammen mit der von Arbuthnot eine Flotte von über zwanzig Liniensegeln, vor der, wenn sie energisch eingesetzt wurde, kaum ein Zweifel daran besteht, dass das französische Geschwader in Newport gefallen sein musste. Aber Rodney war zweiundsechzig Jahre alt und litt an Gicht, obwohl er in den Westindischen Inseln große Energie und ungewöhnliche Entschlossenheit gezeigt hatte, seine eigene Station zu verlassen, um einen entfernteren Dienst zu übernehmen. „Der plötzliche Klimawandel macht es für mich notwendig, für kurze Zeit an Land zu gehen", schrieb er; und obwohl er hinzufügte, dass seine Krankheit „nicht derart war, dass sie den Dienst Seiner Majestät auch nur um einen Moment verzögern würde", verlor er wahrscheinlich eine Chance in Rhode Island. Er hat die Sache zwar nicht übersehen; aber er entschied sich aufgrund der Informationen von Arbuthnot und Sir Henry Clinton und inspizierte das Gelände nicht selbst. Aus seinem Besuch ergab sich nichts Bedeutendes; und am 16. November segelte er erneut nach Westindien und nahm nur neun Liniensegel mit.

Die Ankunft von de Ternays sieben Schiffen in Newport wurde durch eine britische Verstärkung von sechs Linienschiffen unter Konteradmiral Thomas Graves, die am 13. Juli – nur einen Tag später – in New York einliefen, mehr als ausgeglichen. Arbuthnots Streitmacht wurde somit auf zehn der Liniengeschütze erhöht, von denen eines aus 98 Geschützen bestand. Nachdem Rodney gekommen und gegangen war, wurde die französische Division von Kreuzern beobachtet, die in Gardiner's Bay ruhten – einem geräumigen Ankerplatz am östlichen Ende von Long Island, zwischen dreißig und vierzig Meilen von Rhode Island entfernt. Als eine Bewegung des Feindes festgestellt wurde, versammelte sich das Geschwader dort, aber im weiteren Verlauf des Jahres geschah nichts von Bedeutung.

Das Jahr 1780 war für die Amerikaner ein Jahr großer Entmutigung gewesen, aber der Schaden war eher oberflächlich als real, sofern nicht die Zeit ihr Durchhaltevermögen auf die Probe stellte. Die Erfolge der Briten in den Südstaaten waren zwar unbestreitbar und scheinbar beträchtlich, verwickelten sie jedoch immer stärker in eine ruinöse exzentrische Bewegung. Sie müssen hier nur als Schritte im Prozess zusammengefasst werden, der zur Katastrophe von Yorktown führte – einer Katastrophe, die, wie Washington sagte, eher ein Beispiel für Seemacht als für Militärmacht war.

Das Scheitern von d'Estaings Angriff auf Savannah im Herbst 1779/89 ^{hatte} dazu geführt, dass dieser Ort im Besitz der Briten als Basis für weitere Vorstöße in South Carolina und Georgia blieb; anhaltender Erfolg, der von der Zahl der Royalisten in diesen Staaten erwartet wurde. Als die Abfahrt der französischen Flotte festgestellt wurde, stach Sir Henry Clinton im Dezember 1779 von New York aus in Richtung Savannah River in See, eskortiert von Vizeadmiral Arbuthnot. Die Einzelheiten der Operationen, die gemächlich und methodisch waren, werden hier nicht angegeben; denn obwohl die Marine aktiv an ihnen beteiligt war, können sie kaum als von großer Bedeutung angesehen werden. Am 12. Mai 1780 kapitulierte die Stadt Charleston, wobei zwischen sechs- und siebentausend Gefangene gemacht wurden . Anschließend kehrte Clinton nach New York zurück und überließ Lord Cornwallis das Kommando im Süden. Letzterer schlug vor, in den heißen Monaten Ruhe zu bewahren; aber die Aktivität der amerikanischen Partisanentruppen verhinderte dies, und im Juli zwang ihn das Herannahen einer kleinen, aber relativ gewaltigen Streitmacht unter General Gates, ins Feld zu gehen. Am 16. August trafen die beiden kleinen Armeen bei Camden aufeinander, und die Amerikaner, die viel zahlreicher, aber größtenteils irregulär waren, wurden entscheidend geschlagen. Diese Nachricht erreichte General Washington im Norden fast im selben Moment, als der Verrat von Benedict Arnold bekannt wurde. Obwohl die Ziele seines Verrats vereitelt wurden, blieben die traurigen Worte: „Wem können wir jetzt vertrauen?" treu. zeigen die tiefe Düsternis, die für einen Moment den ständigen Geist des amerikanischen Oberbefehlshabers überschattete. Genau zu dieser Zeit kam auch Rodney in New York an.

Cornwallis war mit seinem späten Erfolg nicht zufrieden und beschloss, nach North Carolina vorzudringen. Dadurch trennte er sich von seinem Marinestützpunkt in Charleston, mit dem er auf dem Landweg nicht kommunizieren konnte, und konnte nur in der Chesapeake Bay wirksame Verbindung zum Meer wiederherstellen. Diese Schlussfolgerung war zunächst nicht ersichtlich. In North Carolina erhielt der britische General von der Bevölkerung nicht die substanzielle Unterstützung, die er erwartet hatte, und befand sich stattdessen in einem sehr schwierigen und wilden Land, dem General Greene gegenüberstand, der zweitgrößte aller amerikanischen Führer. Bedrängt und ratlos sah er sich gezwungen, den Versand von Vorräten auf dem Seeweg nach Wilmington, North Carolina, einem abgelegenen und minderwertigen Hafen, anzuordnen, zu dem er abwandte und am 7. April 1781 erschöpft ankam Die Frage nach seinem künftigen Kurs blieb ungeklärt. Es stand in seiner Macht, auf dem Seeweg nach Charleston zurückzukehren, aber dies zu tun wäre ein offenes Eingeständnis des Scheiterns – dass er nicht auf dem Landweg durch das Land, über das er gekommen war, zurückkehren konnte – ungefähr das gleiche Dilemma wie das von Howe und Clinton in Philadelphia. Um ihn in seiner Not durch ein Ablenkungsmanöver zu unterstützen, hatte Sir Henry Clinton zwei aufeinanderfolgende Abteilungen geschickt, um das Tal des James River in Virginia zu verwüsten. Diese befanden sich noch immer unter dem Kommando von General Phillips; und Cornwallis konnte unter diesen Umständen viele Gründe dafür erkennen, dass genau dort der Schauplatz für die britischen Operationen war. Am 25. April 1781 verließ er Wilmington und schloss sich einen Monat später der Division in Petersburg, Virginia, an, die damals von Benedict Arnold kommandiert wurde. Phillips ist gestorben. Da wir nun mit seinem Schicksal vertraut sind, müssen wir ihn für den Moment verlassen.

Um die Flottentransaktionen von 1780 zu vervollständigen, ist es notwendig, kurz zwei Vorfälle zu erwähnen, die an sich trivial, aber bedeutsam sind, nicht nur im Zusammenhang mit den größeren Bewegungen des Feldzugs, sondern auch als Hinweis auf die Marinepolitik der Staaten, die sich im Krieg befanden . Obwohl es keinen anderweitigen Zusammenhang gibt, besteht zwischen den beiden ein gewisses gemeinsames Interesse, da bei beiden Gelegenheiten derselbe britische Offizier das Kommando führte.

Lion bei Byrons Einsatz vor Grenada im Juli 1779 solche Verletzungen erlitt, dass sein Kommandant, Kapitän Cornwallis, gezwungen war, vor den Passatwinden nach Jamaika zu laufen, um es zu retten sie aus der Gefangennahme. Seitdem war sie dort als Mitglied des Geschwaders von Vizeadmiral Sir Peter Parker geblieben. Im März 1780 unternahm sie, immer noch unter dem Kommando von Cornwallis, eine gewöhnliche Dienstkreuzfahrt vor der Nordseite von Haiti, begleitet von der *Bristol* (50) und der *Janus* (44). Am 20. März vor Monte Christi Im Osten wurden 100.000 Segelschiffe gesichtet, bei denen es sich um einen französischen Konvoi auf dem Weg von Martinique nach Cap François handelte, der von La Motte-Picquets Geschwader bestehend aus zwei 74ern, einem 64er, einem 50er und einer Fregatte geschützt wurde. Den französischen Handelsschiffen wurde befohlen, in Scharen zu ihrem Hafen zu segeln, während die Kriegsschiffe nach Nordwesten jagten. Das Flaggschiff von La Motte-Picquet, die *Annibal* , 74, geriet um 17 Uhr in Reichweite, als in der Ferne eine Kanonade begann, die bis nach Mitternacht andauerte und am nächsten Morgen wieder aufgenommen wurde. Darunter litt am meisten die *Janus* , die ihren Besantopmast und ihren Vorbrammast verlor. Als es fast ruhig wurde, stiegen die *Bristol* und *die Lion aus ihren Booten und wurden von ihnen zu ihrer Unterstützung geschleppt.* Die beiden anderen französischen Linienschiffe standen am Vormittag des 21. auf, so dass man das Gefecht an diesem Nachmittag, wenn auch oberflächlich, als allgemein bezeichnen konnte.

Die beiden gegnerischen Kommodoren sind unterschiedlicher Meinung hinsichtlich der Macht der Franzosen, die Angelegenheit entscheidender zu machen. Einige der Äußerungen von La Motte-Picquet scheinen zu zeigen, dass er sich der Verantwortung seiner Position bewusst war. „Die *Janus* , die kleiner und leichter zu bedienen war, lag auf unserem Achterdeck und unter unserem Heck, wo sie beträchtlichen Schaden anrichtete. Eine leichte Brise, die aufkam, ermöglichte es uns (der *Annibal*), auf unsere eigenen Schiffe zuzugehen, die alles Mögliche taten, um zu kommen." auf und bedecke uns, ohne die wir hätten *umzingelt werden sollen* . Es ist leicht, in einem solchen Ausdruck die Widerspiegelung der Befehle des französischen Kabinetts zu erkennen, die Schiffe zu sparen. Dies zeigte sich noch deutlicher am Verhalten von La Motte-Picquet am nächsten Tag. Am Morgen des 22. „waren wir bei Tageslicht innerhalb von anderthalb Kanonenschüssen, eine frische Brise aus Ost-Nordost, und ich rechnete damit, das britische Geschwader in einer Stunde einzuholen, als wir vier Schiffe auf der Jagd sahen." von uns. Um 6.30 Uhr morgens wurden drei als Kriegsschiffe gesehen. Diese Überlegenheit der Streitkräfte zwang mich, damit aufzuhören und das Zeichen zu geben, unseren Wind nach Cap François zu holen. Diese drei Neuankömmlinge waren die *Ruby* (64) und zwei Fregatten, die *Pomona* (28) und *die Niger* (32). Der Kräftevergleich wäre daher: Französisch, zwei 74er, eine 64er, eine 50er und eine Fregatte. im Gegensatz dazu, Briten, zwei 64er, eine 50er und drei Fregatten. Offensichtlich wartete La Motte-Picquet nicht darauf, die Größe der herannahenden Schiffe festzustellen. Sein Mut war unbestritten und er gehörte, wie Hyde Parker gesagt hatte, zu den angesehensten französischen Offizieren; aber wie seine Kameraden wurde er von der fehlerhaften Theorie seiner Regierung dominiert.

Der Kapitän der *Janus* starb während der Begegnung eines natürlichen Todes. Es mag interessant sein zu bemerken, dass das Schiff Nelson übergeben wurde, der zu diesem Zweck von der Expedition nach San Juan, Nicaragua, einer der kleineren Operationen des Krieges, zurückgerufen wurde. Sein Gesundheitszustand verhinderte jedoch, dass dieser Befehl mehr als nominell war, und nicht lange danach kehrte er mit Cornwallis im *Lion nach England zurück* .

Drei Monate später wurde Cornwallis von Parker geschickt, um eine Gruppe Handelsschiffe nach England bis in die Nähe von Bermuda zu begleiten. Nachdem diese Pflicht erfüllt war, kehrte er zu seiner Station zurück und hatte zwei 74er, zwei 64er und eine 50er bei sich, als am Morgen des 20. Juni eine Reihe von Segeln von Nordosten nach Osten gesehen wurden (a); Das britische Geschwader (AA) steuerte dann nach Osten, wobei der Wind südsüdöstlich wehte. Bei den Fremden handelte es sich um eine Gruppe französischer Transportschiffe, die sechstausend Soldaten für Rhode Island transportierten und von einer Division aus sieben Linienschiffen – einem 80er, zwei 74er und vier 64er – unter dem Kommando von Commodore de Ternay transportiert wurden. Zwei der Kriegsschiffe befanden sich bei dem Konvoi, die anderen fünf befanden sich genau in Luv. Diese stellten sich daher vor dem Bug der Briten auf, um sich wieder mit ihren Gefährten zu vereinen, und dann richteten sie alle ihren Wind nach Südwesten und stellten sich in Kolonne (bb) dem Feind entgegen. Cornwallis seinerseits hatte (b) weitergemacht, um die ihm entgegenstehende Streitmacht auszukundschaften; aber eines seiner Schiffe, die *Ruby* , 64, lag so weit in Lee (b'), dass die Franzosen, indem sie sich in der Nähe des Windes hielten, zwischen ihr und ihrem Geschwader hindurchpassen konnten (b, b, b'). Sie drehte daher um (t) und steuerte nach Südwesten, auf Backbordseite (c'), dicht am Wind. Die Franzosen, die bereits auf dem gleichen Weg waren, wurden so in ihr Wetterquartier zur Verfolgung gebracht. Cornwallis trug dann seine Division (w), bildete eine Kampflinie auf dem gleichen Kurs wie die anderen (c) und rückte in Richtung *Ruby vor* . Wenn die Franzosen nun ihren Wind behielten, musste entweder die *Ruby* (c') abgeschnitten werden, oder Cornwallis musste, um sie zu retten, die großen Chancen gegen ihn bekämpfen. De Ternay behielt jedoch seinen Wind nicht, sondern hielt durch und gab Boden nach (cc). „Der Feind“, schrieb Cornwallis, „wich immer weiter zurück und bildete eine Linie, wenn auch in Schussweite. Als ich um 17.30 Uhr sah, dass wir die französischen Schiffe so weit nach Lee gedrängt hatten, dass die Ruby auf unserem Lee-Bug zu uns stoßen konnte, machte ich mich auf den Weg . " das Signal zum Wenden. Als das britische Geschwader sich wieder nach Osten stellen wollte (d), hissten die Franzosen, die nun in West-Südwest-Richtung (cc) unterwegs waren, ihre Fahnen und eröffneten im Vorbeigehen das Feuer. Die *Ruby* hielt weiter, bis sie das Kielwasser der britischen Kolonne (d') erreichte und dann auch wendete.

Dann kreuzten auch die Franzosen nacheinander (d), und die beiden
Kolonnen standen eine Zeit lang in parallelen Reihen und tauschten Schüsse
aus großer Entfernung aus, die Briten in Luv. Cornwallis lehnte zu Recht ein
weiteres Gefecht mit einer so überlegenen Streitmacht ab. Er hatte bereits
viel zur Rettung eines so stark exponierten Schiffes beigetragen.

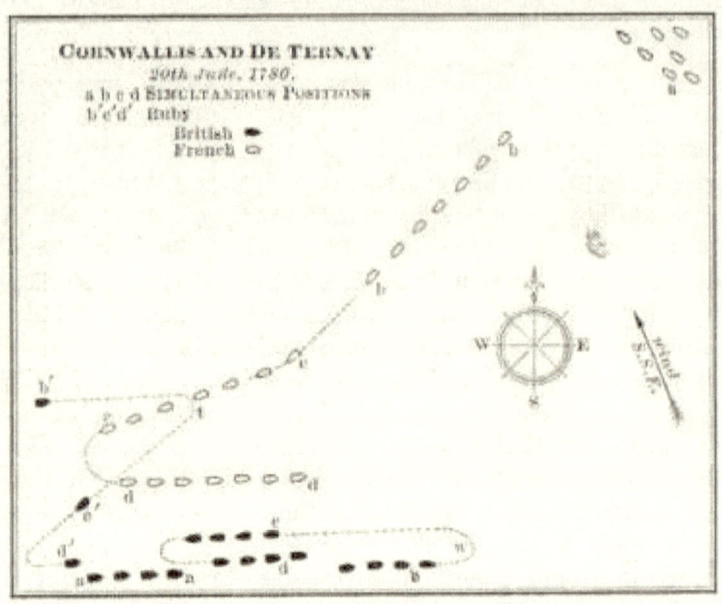

Cornwallis und De Ternay, 20. Juni 1780

Der oben stehende Bericht ist der des britischen Kommandanten,
unterscheidet sich jedoch im Wesentlichen nicht von dem der Franzosen,
deren Kapitäne über das vorsichtige Vorgehen ihres Chefs sehr erzürnt
waren. Ein französischer *Kommissar* des Geschwaders, der später sein
Tagebuch veröffentlichte, erzählt, dass de Ternay einige Tage später den
Kapitän eines der Schiffe fragte, welchen englischen Admiral sie seiner
Meinung nach angeworben hätten, und die Antwort erhielt: „Wir haben
unsere Chance verpasst." herausfinden." Er gibt auch viele Einzelheiten der
Gespräche, die auf den Schiffen stattfanden, an, die nicht wiederholt werden
müssen. Chevalier weist jedoch zu Recht darauf hin, dass de Ternay
bedenken musste, dass bei der Annäherung an Narragansett Bay auf eine
gleichwertige oder sogar überlegene Streitmacht stoßen könnte, und dass er
nicht riskieren sollte, sein Geschwader für einen solchen Fall zu schwächen.
Der Angriff auf sechstausend Soldaten war unter den damaligen
Bedingungen keine leichte Verantwortung und muss jetzt zumindest
beiläufige Kritik zum Schweigen bringen. Kommentare zu seiner Aktion
gehören nicht zur britischen Marinegeschichte, der die Festigkeit und

Seemannschaft von Kapitän Cornwallis einen bleibenden Ruhm verlieh. Es sei darauf hingewiesen, dass sich derselbe Offizier, damals Vizeadmiral, fünfzehn Jahre später, in der Französischen Revolution, erneut durch seine Haltung gegenüber großen Widrigkeiten auszeichnete und fünf Schiffe sicher aus den Klauen eines Dutzends befreite. Es zeigt, dass Glück in vielen Fällen die Persönlichkeit eines Mannes zu charakterisieren scheint, ähnlich wie das Temperament. Cornwallis, den Seeleuten seiner Zeit als „Billy Blue" bekannt, errang nie einen Sieg und hatte auch keine Chance, einen zu gewinnen. Aber als Kommandeur sowohl von Schiffen als auch von Divisionen zeichnete er sich immer wieder dadurch aus, dass er erfolgreich mit Widrigkeiten umging, die er nicht überwinden konnte.

Das Jahr 1780 verlief auch in europäischen Gewässern ereignislos, nachdem Rodney im Januar Gibraltar abgelöst hatte. Die Abteilung der Kanalflotte, die ihn auf dieser Mission begleitete, kehrte sicher nach England zurück. Die „Große Flotte", wie sie gelegentlich noch genannt wurde, kreuzte vom 8. Juni bis 18. August auf See, eine imposante Streitmacht von einunddreißig Linienschiffen, darunter elf Dreidecker mit 90 Kanonen und mehr. Admiral Francis Geary war damals Oberbefehlshaber, aber da sich sein Gesundheitszustand verschlechterte und Barrington sich weigerte, die Position einzunehmen, übernahm Vizeadmiral George Darby aus angeblichem Misstrauen gegenüber sich selbst und tatsächlichem Misstrauen gegenüber der Admiralität die Position und behielt sie während der gesamten Zeit das Jahr 1781.

Das bemerkenswerteste maritime Ereignis im Jahr 1780 in Europa war die Gefangennahme eines großen britischen Konvois am 9. August zwei- bis dreihundert Meilen westlich von Kap St. Vincent durch die alliierten Flotten von Cádiz aus. Da von den dreiundsechzig Segelschiffen nur acht entkamen und von den Gefangengenommenen sechzehn Truppen und Vorräte transportierten, die für die Garnisonen in Westindien notwendig waren, zählt eine solche Katastrophe zu den größeren Kriegseinsätzen, deren Erfolg nicht zu verfehlen war beeinflussen. Kapitän John Moutray, der den Konvoi kommandierende Offizier, wurde vor Gericht gestellt und entließ sein Schiff; aber es fehlte nicht an denen, die das Unglück der Admiralität anlasteten und in dem Kapitän ein Opfer sahen. Es war der schwerste Einzelschlag, den der britische Handel seit Menschengedenken der damals lebenden Menschen im Krieg erlitten hatte, und „allgemein herrschte die Neigung vor, die Schuld einem Einzelnen in die Schuhe zu schieben, der nach der Größe des Ziels bestraft werden könnte und nicht nach der Schwere des Angriffs." Verhältnis zu seinem Verdienst." [20]

Im Jahr 1780 wurde der Bund der Baltischen Mächte gegründet, der historisch als Bewaffnete Neutralität bekannt war, um von Großbritannien das Zugeständnis bestimmter Punkte zu verlangen, die für neutrale

Interessen als wesentlich erachtet wurden. Der Beitritt Hollands zu diesem Bündnis führte zusammen mit anderen Gründen der Unzufriedenheit dazu, dass Großbritannien am 20. Dezember den Vereinigten Provinzen den Krieg erklärte. Es wurden sofort Befehle an Ost- und Westindien geschickt, um niederländische Besitzungen und Schiffe zu beschlagnahmen, diese wurden jedoch erst im folgenden Jahr in Aktion gesetzt.

Gegen Ende des Jahres 1780 beschloss die französische Regierung, unzufrieden mit den ausbleibenden Ergebnissen der in den Sommermonaten in Cádiz versammelten riesigen vereinten Streitkräfte, ihre Schiffe zurückzurufen und sie im Winter für die geplanten umfangreicheren und aggressiveren Bewegungen umzurüsten der Feldzug von 1781. D'Estaing wurde zu diesem Zweck aus Frankreich geschickt; und unter seinem Kommando segelten am 7. November achtunddreißig Linienschiffe, darunter auch die von de Guichen aus Westindien mitgebrachten, nach Brest. So außergewöhnlich es auch erscheinen mag, diese Flotte erreichte ihren Hafen erst am 3. Januar 1781.

Fußnote 75:

Parkers Bericht.

Fußnote 76:

Ebenda.

Fußnote 77:

Ante , S. 115 .

Fußnote 78:

Rodneys Bericht. Die französischen Behörden geben ihre Schlachtlinie als zweiundzwanzig Linienschiffe an. Darunter befand sich kein 90-Kanonen-Schiff – kein Dreidecker; aber es gab zwei von 80 Geschützen, von denen auch die Briten keine hatten.

Fußnote 79:

Man nahm damals an, dass ein Kabel eine Länge von 120 Faden, also 720 Fuß, hätte.

Fußnote 80:

Eine richtig aufgestellte Linie von zwanzig Schiffen im Abstand von zwei Kabeln würde etwa fünf Meilen lang sein. Rodney scheint davon überzeugt gewesen zu sein, dass es hier um den Zustand seiner Flotte in diesem Moment ging.

Fußnote 81:

Rodneys Bericht.

Fußnote 82:

Aussage des Signaloffiziers vor dem Kriegsgericht über Captain Bateman.

Fußnote 83:

Bemerkenswerterweise wurde dieser Offizier später am 1. Juni 1794 wegen Fehlverhaltens vor ein Kriegsgericht gestellt, das genau den gleichen Charakter hatte wie das, von dem Rodney ihn nun freigesprochen hatte.

Fußnote 84:

Die Worte in Rodneys öffentlichem Brief, der damals von der Admiralität unterdrückt wurde, stimmen damit überein, sind aber noch deutlicher. „Ich kann diesen Brief nicht abschließen, ohne Ihre Lordschaften davon in Kenntnis zu setzen, dass Kapitän Carkett, der den Transporter anführte, meinem Signal zum Angriff auf den Feind ordnungsgemäß Folge leistete und dem 21. Artikel der Zusätzlichen Kampfanweisungen zustimmte, sich zu diesem Zeitpunkt sofort auf das Schiff begab Anstatt wie er zum Van-Schiff zu führen, hatte die Aktion viel früher begonnen, und die Flotte war kompakter im Einsatz ...“ Dies impliziert eindeutig, dass die zusätzlichen Kampfanweisungen die Richtung vorschrieben, die Rodney *erwartet* hatte Carkett zum Mitnehmen. Wenn diese zusätzlichen Anweisungen gefunden werden sollten, wäre ihre Aussage interessant.

Seitdem dieser Bericht geschrieben wurde, hat die Navy Records Society (1905) einen Band mit dem Titel „Fighting Instructions, 1530-1816“ von Herrn Julian Corbett veröffentlicht, dessen sorgfältige Forschungen in Fragen der Marinegeschichte und der Kriegsführung von denjenigen geschätzt werden, die sich dafür interessieren Fächer. Die von Rodney zitierten spezifischen „Zusätzlichen Anweisungen“ scheinen nicht gefunden worden zu sein. Unter denen, die vor 1780 verfasst wurden, gibt es keinen, der sich auf 21 Artikel erstreckt. In einer von Rodney im Jahr 1782 herausgegebenen Sammlung soll ein Artikel (Nr. 17, S. 227) offenbar die Wiederholung von Carketts Fehler verhindern. Dies schreibt, wie auch eines von Hawke aus dem Jahr 1756 (S. 217), die beabsichtigte Aktion eher vor, indem es anweist, dass die Schlachtlinie jedes Schiff nicht daran hindern soll, seinen Gegner anzugreifen, unabhängig vom Verhalten anderer Schiffe, als indem es klarstellt, welches das ist Gegner war. Von beidem kann in diesem Punkt keine Klarheit behauptet werden.

Fußnote 85:

Lapeyrouse Bonfils, „Histoire de la Marine Française“, iii, 132. Chevalier gibt viel kleinere Zahlen an, aber ersterer hat die Schiffe spezifiziert.

Fußnote 86:

Chevalier, „Marine Française", 1778, S. 185.

Fußnote 87:

Eine Leeströmung ist eine Strömung, die mit dem Wind, in diesem Fall dem Passatwind, nach Lee geht.

Fußnote 88:

Chevalier, S. 91.

Fußnote 89:

Ante, S. 115.

Fußnote 90:

Beatson, „Military and Naval Memoirs".

KAPITEL IX

MARINEKAMPAGNE IN WESTINDIEN IM JAHR 1781. ERFASSUNG VON ST. EUSTATIUS VON RODNEY. DE GRASSE KOMMT ANSTELLE VON DE GUICHEN. TOBAGO kapituliert vor De Grasse

Rodney, der von New York nach Westindien zurückkehrte, erreichte Barbados am 6. Dezember 1780. Dort scheint er zum ersten Mal von den verheerenden Auswirkungen der großen Oktober-Hurrikane dieses Jahres erfahren zu haben. Es waren nicht nur mehrere Schiffe – darunter zwei der Linienschiffe – zerstört worden, wobei fast alle an Bord verloren gegangen waren, sondern der größte Teil der überlebenden Schiffe war ganz oder teilweise entmastet und am Rumpf verletzt worden. Auf den Westindischen Inseln gab es keine Anlegestellen; Unterwasserschäden konnten nur durch Überfahren oder Herabheben repariert werden. Da außerdem Barbados, Santa Lucia und Jamaika alle gefegt wurden, wurden ihre Vorräte größtenteils zerstört. Antigua war zwar entkommen, da der Hurrikan südlich von St. Kitts vorbeizog; aber Rodney schrieb nach Hause, dass es auf den Karibikinseln keine Läden für die Umrüstung gebe. Er hoffte damals, dass Sir Peter Parker seinen Bedarf teilweise decken könnte; Denn als er am 10. Dezember, zwei Monate nach dem Sturm, von Santa Lucia aus schrieb, wusste er noch nicht, dass die Jamaika-Station genauso stark gelitten hatte wie die östlichen Inseln. Diese Tatsache zeigt nicht nur die gewöhnliche Langsamkeit der Kommunikation in jenen Tagen, sondern auch die Lähmung, die infolge dieser großen Katastrophe alle Bewegungen erfasste. „Die schönste Insel der Welt", sagte er über Barbados, „sieht aus wie ein durch Feuer und Schwert verwüstetes Land."

Als Rodney hörte, dass die Befestigungsanlagen von St. Vincent durch den Hurrikan fast zerstört worden waren, unternahm er zusammen mit General Vaughan, der die Truppen auf der Station befehligte, einen Versuch, die Insel zurückzuerobern, und landete dort am 15. Dezember. aber die Informationen erwiesen sich als falsch und die Flotte kehrte nach Santa Lucia zurück. „Ich habe jetzt nur noch neun Segel der Linie bei mir, die in der Lage sind, zur See zu fahren", schrieb der Admiral am 22., „und kein einziges von ihnen hat Ersatztakelung oder Segel." Im Januar 1781 schloss sich ihm eine Division von acht Linienschiffen aus England unter dem Kommando von Konteradmiral Sir Samuel Hood, Nelsons Lord Hood, an. Diese, zusammen mit vier anderen, die in diesem Monat umgerüstet wurden, nicht unwahrscheinlich, aus Vorräten, die Hoods Konvoi mit über hundert Segeln mitgebracht hatte, erhöhten die verfügbare Streitmacht auf einundzwanzig Linienschiffe: zwei 90er, ein 80er, fünfzehn 74er und drei 64er.

Am 27. Januar traf ein Express aus England ein, der die Einnahme der niederländischen Besitzungen in der Karibik anordnete und als erste angegriffene St. Eustatius und St. Martin angab, zwei kleine Inseln, die fünfzig Meilen nördlich von der Karibik lagen Britisches St. Kitts. St. Eustatius, ein sechs Meilen langer und drei Meilen breiter Felsfleck, war seit Beginn des Krieges als großes Handelszentrum bekannt, wo unter dem Schutz seiner neutralen Flagge Vorräte aller Art gesammelt und anschließend verteilt wurden auf den kriegführenden Inseln und dem nordamerikanischen Kontinent. Die Briten profitierten aufgrund ihrer umfangreichen Handels- und Seefähigkeiten von einem solchen Vermittler weitaus weniger als ihre Feinde; und die Insel war seit einiger Zeit von Rodney eifersüchtig betrachtet worden. Er behauptete, dass die Flotte von de Guichen, als sie das Fort Royal wegen ihrer bei der Aktion vom 17. April erlittenen Verletzungen nicht zurückerobern konnte, von Mechanikern und Material, die sie von St. Eustatius geschickt hatte, wieder für ihn ausgerüstet wurde. Als andererseits nach den Hurrikanen von 1780 Tauwerk für die britischen Schiffe gekauft werden sollte, behaupteten die Kaufleute der Insel, dass es dort keines gäbe; Als er jedoch bald darauf die Insel einnahm, wurden viele hundert Tonnen gefunden, die schon lange auf Lager waren.

Rodney und Vaughan zogen umgehend um. Drei Tage nach Eingang ihrer Befehle segelten sie nach St. Eustatius. Da sich in Fort Royal vier französische Linienschiffe befanden, blieben sechs britische zurück, um sie zu kontrollieren, und am 3. Februar erreichte die Flotte ihr Ziel. Eine kategorische Vorladung des Kommandanten von einem Dutzend Linienschiffen sicherte die sofortige Unterwerfung. Über 150 Handelsschiffe wurden gekapert; und ein Konvoi von dreißig Seeleuten, der die Insel zwei Tage zuvor verlassen hatte, wurde verfolgt und zurückgebracht. Die gefundenen Waren hatten einen Wert von über 3.000.000 £. Zu dieser Zeit wurden auch die Nachbarinseln St. Martin und Saba eingenommen.

Rodneys Fantasie war, wie aus seinen Briefen hervorgeht, von der Höhe des Preises und der wehrlosen Lage seiner Gefangennahme stark beeindruckt. Er behauptete, dies seien die Beweggründe für seinen persönlichen Aufenthalt in St. Eustatius, um das komplizierte Gewirr neutraler und kriegerischer Rechte an dem betroffenen Besitz zu regeln und um zu verhindern, dass der Feind erneut einen Ort in Besitz nehme, der jetzt so für für die Große schädliche Geschäfte gerüstet sei Großbritannien. Die für den jeweiligen Verkehr vorgesehenen Lagerhäuser und Einrichtungen wirkten, wenn sie nicht ordnungsgemäß bewacht wurden, wie Festungen, die nicht ausreichend besetzt waren. Gerieten sie in die Hände des Feindes, wurden sie zu Verletzungsquellen. Der illegale Handel könnte sofort wieder in voller Stärke beginnen, mit Mitteln, die andernorts erst geschaffen werden müssten. In der Unterstadt gäbe es anderthalb Meilen Lagerhäuser, sagte er, und diese müsse er zumindest ohne Dach lassen, wenn nicht sogar ganz abreißen.

Aus diesen Gründen blieb er den ganzen Februar, März und April in St. Eustatius. Der Geldbetrag, um den es ging, und die willkürlichen Methoden, die er und Vaughan verfolgten, führten zu großem Skandal, der weder dadurch gemindert wurde, dass der König die gesamte Beute den Entführern überließ, noch durch deren angebliche Desinteresse. Männer dachten, sie hätten zu viel protestiert. In der Zwischenzeit tauchten andere Angelegenheiten auf, die Aufmerksamkeit erregten. Eine Woche nach der Eroberung traf ein Schiff aus dem Golf von Biskaya ein und verkündete, dass am 31. Dezember acht oder zehn französische Liniensegel mit einem großen Konvoi auf dem Weg nach Westindien gesehen worden seien. Rodney löste sofort Sir Samuel Hood mit elf Linienschiffen ab und wies ihn an, auch die sechs vor Fort Royal verbliebenen Schiffe unter sein Kommando zu nehmen und mit ihnen luvwärts von Martinique zu kreuzen, um die gemeldete Streitmacht abzufangen. Hood segelte am 12. Februar. Die besonderen Informationen erwiesen sich später als falsch, aber Hood blieb seiner Pflicht treu. Einen Monat später wurde ihm befohlen, von der Luvseite auf die Leeseite der Insel zu ziehen und Fort Royal eng zu blockieren. Gegen diese Änderung protestierte er, und das Ereignis zeigte ihm, dass er Recht hatte; Aber Rodney bestand darauf und sagte, dass er aus Erfahrung wisse, dass eine Flotte monatelang vor Fort Royal bleiben könne, ohne nach Lee zu fallen, und dass dort Schiffe, die für Wasser und Erfrischungen nach Santa Lucia abkommandiert seien, sich wieder zusammenschließen könnten, bevor eine feindliche Flotte auf der Luvseite entdeckt werde , könnte auftauchen. Hood glaubte, das Ziel des Admirals bestehe lediglich darin, seine eigenen Machenschaften in St. Eustatius zu schützen; und er hielt die Blockade von Fort Royal für zwecklos, wenn kein Vorstoß auf die Insel beabsichtigt war. „Es wäre zweifellos ein Glücksfall für das Publikum gewesen", bemerkte er später, „wenn Sir George mit seiner Flotte gewesen wäre, da ich sicher bin, dass er sich auf der Luv statt auf der Leeseite befunden hätte, als de Grasse sich näherte."

Die Vorbereitungen der Franzosen in Brest waren gegen Ende März abgeschlossen, und am 22. des Monats segelte Konteradmiral de Grasse mit einem großen Konvoi unter dem Schutz von 26 Linienschiffen aus. Eine Woche später trennten sich sechs der letzteren, fünf unter Suffren für Ostindien und einer für Nordamerika. Die restlichen zwanzig setzten ihren Kurs nach Martinique fort, das am 28. April gesichtet wurde. Vor Sonnenuntergang wurde Hoods Geschwader auch auf der Leeseite der Insel entdeckt, wie von Rodney befohlen, zu kreuzen, und vor der Südspitze, der

Pointe des Salines. De Grasse hielt dann für die Nacht an, schickte aber einen Offizier an Land, um Informationen zu übermitteln und einzuholen und um eine Einigung für eine konzertierte Aktion am nächsten Tag zu erzielen.

, insgesamt 20 der Linie, außerdem drei *en flûte bewaffneten* [21], die nicht berücksichtigt zu werden brauchten, obwohl sie zur Deckung des Konvois dienten . Außer diesen befanden sich noch vier in Fort Royal, ein 74er und drei 64er, deren Kreuzung mit dem herannahenden Feind zu verhindern war, war eines von Hoods Zielen. Die Streitmacht der Briten betrug eine 90er, eine 80er, zwölf 74er, eine 70er und zwei 64er: insgesamt 17. Somit war Hood sowohl in der Anzahl als auch in der Geschwindigkeit der Schiffe der Hauptmacht der Franzosen unterlegen ; aber er hatte den Vorteil, dass alle Schiffe verkupfert waren, weil Rodney bei der Admiralität darauf bestand. Er hatte auch keinen Konvoi, der ihn beunruhigte; aber er war auf der Leeseite.

Am frühen Morgen des 29. rückte de Grasse vor, um die Südspitze der Insel zu umrunden, was der übliche Kurs für Segelschiffe war. Hood war zu weit in Lee, um diese Bewegung abzufangen, wofür er von Rodney verantwortlich gemacht wurde, der behauptete, dass die Nacht nicht richtig genutzt worden sei, indem er luv der Pointe des Salines geschlagen habe. [22]Hood hingegen schrieb in einem privaten Brief: „Ich habe nie aus den Augen verloren, in Luv zu gelangen, aber es war völlig unmöglich … Wäre ich glücklicherweise dort gewesen, hätte ich den Feind zum Nahkampf gebracht." mehr gleiche Bedingungen, oder sie müssen ihre Transporte, ihren Handel usw. aufgegeben haben. Hoods spätere Karriere lässt keinen Zweifel daran, dass es zu einer schwerwiegenden Aktion gekommen wäre, wenn er zu Luv gewesen wäre, was auch immer das Ergebnis gewesen wäre; aber es ist nicht möglich, zwischen seiner Aussage und der von Rodney positiv zu entscheiden, wo der Fehler lag, sich auf der Leeseite zu befinden. Der Autor glaubt, dass Hood, wenn überhaupt möglich, zu windzugewandt gewesen wäre. Es muss hinzugefügt werden, dass die Briten nicht wussten, dass eine so große Streitmacht kommen würde. In diesem Punkt sind sich Hood und Rodney einig.

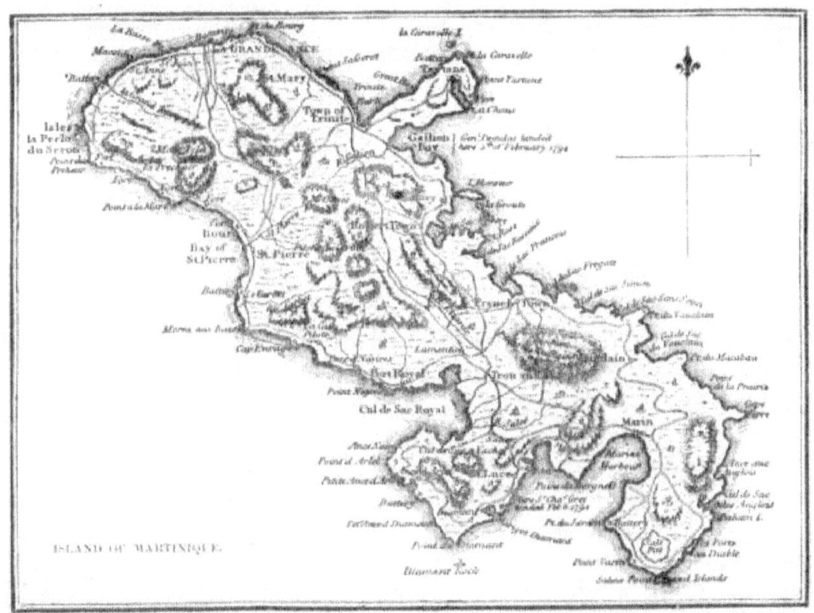

Insel Martinique

Unter diesen Bedingungen passierten die Franzosen ohne Schwierigkeiten die Pointe des Salines, wobei die Transportschiffe die Küste umschlossen und die Kriegsschiffe außerhalb und in Lee von ihnen lagen. So machten sie sich auf den Weg nach Norden zum Fort Royal Bay (Cul de Sac Royal), während Hood bis nach 10 Uhr südwärts stand und um 9.20 Uhr von einer 64 (in der obigen Liste nicht berücksichtigten) Gruppe aus Santa Lucia begleitet wurde seine Kraft achtzehn. Um 10.35 Uhr kreuzten die Briten gemeinsam nach Norden. Die beiden Flotten steuerten nun in die gleiche Richtung, der französische Van befand sich auf gleicher Höhe mit der britischen Mitte. Um 11 Uhr eröffneten die Franzosen ihr Feuer, worauf keine Antwort erfolgte. Um 11.20 Uhr, als sich der britische Transporter der Küste nördlich der Bucht näherte, kreuzte Hood wieder zusammen, und der Feind, der seinen Konvoi sicher sah, zog ihn ebenfalls zusammen, was die beiden Linien näher in Richtung Süden brachte. Zu diesem Zeitpunkt machten sich die vier französischen Schiffe in der Bucht auf den Weg und schlossen sich problemlos dem Heck ihrer Flotte an, da diese über den Wettermesser verfügte. Die Franzosen hatten also 24 zu 18. Als ihr Schuss über die Briten hinwegging, begannen diese nun zu antworten. Um die Mittagszeit stellte Hood fest, dass er den Feind nicht aufhalten konnte, und kürzte die Segel auf Marssegel und Hove-To, in der Hoffnung, sie durch diesen Trotz zu sich zu bringen. Um 12.30 Uhr befand sich der französische Admiral auf Höhe des britischen Flaggschiffs, und das Gefecht wurde allgemein, allerdings auf zu große Entfernung. „Niemals, glaube ich", schrieb Hood, „wurde an einem Tag zuvor mehr Pulver und Schrot weggeworfen." Als die Franzosen weiter anhielten, füllte Hood um 13 Uhr seine Segel erneut, da ihr Lieferwagen über seinen hinausgedrängt war.

Als die führenden Schiffe in Richtung Süden den Kanal zwischen Santa Lucia und Martinique öffneten, bekamen sie eine frischere Brise, was dazu führte, dass sie sich vom Zentrum entfernten. Hood gab daher um 1:34 Uhr das Signal für einen Nahbefehl und hörte unmittelbar darauf auf zu schießen, da er nicht einen von zehn Schüssen des Feindes erreichen konnte. Der Kampf zwischen den südlichen Van-Schiffen dauerte jedoch etwas länger, wo nach Angaben von Kapitän Sutherland, der sich in diesem Teil der Linie befand, vier der Briten von acht Franzosen sehr geschickt angegriffen wurden. Die *Centaur*, *Russell*, *Intrepid* und *Shrewsbury* scheinen die Schiffe gewesen zu sein, die am stärksten gelitten haben, sei es am Rumpf, an den Holmen oder an der Besatzung. Sie waren alle im Van auf der Südseite. Die *Russell* hatte mehrere Schüsse zwischen Wind und Wasser und konnte nur mit Mühe über Wasser gehalten werden, da das Wasser über die Plattform des Magazins stieg. Hood schickte sie bei Einbruch der Dunkelheit nach St. Eustatius, wo sie am 4. Mai ankam und Rodney die ersten Nachrichten über die Aktion und die Zahl der französischen Verstärkung überbrachte. Während des 30. hielt Hood seine Stellung und versuchte immer noch, in den Wind des Feindes zu gelangen. Da dieser Versuch jedoch scheiterte und er feststellte, dass zwei seiner Schwadronen stark kampfunfähig waren, beschloss er bei Sonnenuntergang, nach Norden abzuweichen, weil die Westströmungen im Süden so stark wurden, dass die beschädigten Schiffe Santa Lucia nicht zurückgewinnen konnten. Am 11. Mai schloss er sich zwischen St. Kitts und Antigua Rodney an, der nach eiligen Reparaturen an der *Russell* St. Eustatius am 5. mit diesem Schiff, der *Sandwich* und der *Triumph verlassen hatte*.

Es ist etwas schwierig, das Verhalten von Hood und de Grasse in dieser Angelegenheit positiv zu kritisieren. Es ist klar, dass Hood am ersten Tag ernsthaft nach einer Aktion suchte, obwohl seine Streitmacht nur drei Viertel der Stärke seines Feindes betrug. Er versuchte zunächst, in die Offensive zu gehen und, falls ihm das nicht gelang, seinen Feind zu einem offenen und entschlossenen Angriff zu bewegen. Troude hat zweifellos Recht, wenn er sagt, dass es für de Grasse optional war, ein allgemeines Engagement herbeizuführen; und der Autor stimmt auch mit einem anderen französischen Autoritätsmann, Kapitän Chevalier, darin überein, dass „Graf de Grasse am 29. anscheinend zu sehr mit der Sicherheit seines Konvois beschäftigt gewesen zu sein scheint, da Admiral Hood sich an diesem Tag viel weniger umsichtig gezeigt hat." er war am nächsten. Ungeachtet unserer zahlenmäßigen Überlegenheit blieb Graf de Grasse in der Nähe des Landes, bis der gesamte Konvoi in Sicherheit war. Er stellt Hood dar, wie er am nächsten Tag vorsichtig fechte, das Feld behalte, aber einer entscheidenden Begegnung aus dem Weg gehe. Dies unterscheidet sich etwas von der Version von Hood selbst, der erwähnt, dass er am 30. um 12.30 Uhr eine allgemeine Verfolgungsjagd nach Luv signalisiert hat. Die beiden Aussagen sind nicht unvereinbar. Hood verfügte über verkupferte Schiffe und hatte die Geschwindigkeit der Franzosen, deren Schiffe, teilweise verkupfert, teilweise nicht, ungleichmäßig fuhren. Der britische Befehlshaber konnte es sich daher leisten, Risiken einzugehen, und deshalb spielte er mit dem Feind und lauerte auf eine Chance. Hood war ein Offizier mit außergewöhnlichen Fähigkeiten, der seiner Zeit weit voraus war. Er verstand ein Beobachtungsspiel vollkommen und wusste, dass sich eine Gelegenheit bieten könnte, einen Vorteil gegenüber einem Teil des Feindes zu erlangen, wenn der Eifer der Verfolgung oder ein Missgeschick dazu führen würde, dass sich die Franzosen trennten. Aus jedem Dilemma, das sich daraus ergab, verschaffte ihm die Geschwindigkeitsreserve die Möglichkeit, sich zurückzuziehen, und darauf verließ er sich zu Recht. Der Autor übernimmt hier auch die Schlussfolgerung von Chevalier: „Admiral Hood hatte offensichtlich den sehr großen Vorteil gegenüber seinem Feind, ein Geschwader verkupferter Schiffe zu befehligen. Dennoch ist die Ehrerbietung seinem Können und dem Vertrauen zu verdanken, das er seinen Kapitänen entgegenbrachte. Wenn überhaupt." Wenn eines seiner Schiffe durch erlittene Verletzungen zurückgefallen wäre, hätte er sie opfern oder gegen eine Übermacht kämpfen müssen. Dies bedeutet, dass Hood für einen angemessenen Gewinn ein großes Risiko einging; dass er sowohl die Vor- als auch die Nachteile seiner Situation genau verstand; und dass er nicht nur mit großer Geschicklichkeit, sondern auch vorsichtig und kühn handelte – eine seltene Kombination. Der britische Verlust in dieser Angelegenheit betrug 39 Tote, darunter Kapitän Nott von der *Centaur*, und 162 Verwundete. Der französische Verlust wird von Chevalier mit 18 Toten und 56 Verwundeten angegeben; von Beatson, da 119 getötet und 150 verwundet wurden.

Nachdem Rodney seine Flotte gesammelt hatte, marschierte er nach Süden und lief am 18. Mai nach Barbados, um Wasser zu holen. Zunächst herrschte große Sorge um Santa Lucia, was Hoods Rückzug ans Licht gebracht hatte. Wie befürchtet, hatten die Franzosen es sofort angegriffen, ihre Flotte, mit Ausnahme von ein oder zwei Schiffen, war dorthin unterwegs und zwölfhundert Truppen landeten in der Gros-Ilet-Bucht; aber die Batterien auf Pigeon Island, die Rodney errichtet und bemannt hatte, hielten sie auf Distanz. Da die Arbeiten anderswo als zu stark empfunden wurden, wurde der Versuch abgebrochen.

Zur gleichen Zeit waren zwei französische Linienschiffe und dreizehnhundert Soldaten von Martinique aus gegen Tobago gesegelt. Als de Grasse von der Niederlage bei Santa Lucia zurückkehrte, erfuhr er, dass die

Briten auf See waren, offenbar auf dem Weg nach Barbados. Beunruhigt über seine Ablösung vor Tobago segelte er am 25. Mai erneut mit der Flotte zu dieser Insel, begleitet von dreitausend weiteren Truppen. Rodney erfuhr auf Barbados von dem Angriff auf Tobago und entsandte am 29. ein Geschwader von sechs Liniensegeln unter Konteradmiral Francis Samuel Drake, um die Verteidigung zu unterstützen. Am 30. hörte er, dass die französische Hauptflotte luv von Santa Lucia gesehen worden war und nach Süden steuerte, offensichtlich in Richtung Tobago. Am selben Tag trafen Drake und de Grasse vor der letztgenannten Insel aufeinander, die Franzosen befanden sich auf der Leeseite, dem Land am nächsten. Drake zog sich zwangsläufig zurück und befand sich am Morgen des 3. Juni wieder vor Barbados, woraufhin Rodney sofort mit der gesamten Flotte nach Tobago segelte. Am 4. wurde die Insel gesichtet und am nächsten Morgen erhielt man die Nachricht, dass sie am 2. kapituliert hatte.

Die beiden Flotten, die nach Norden zurückkehrten, befanden sich am 9. einander gegenüber; aber es kam zu keiner Verlobung. Rodney, der zu luvwärts lag und zwanzig zu dreiundzwanzig Segel hatte, war nicht bereit anzugreifen, es sei denn, er konnte klare See bekommen –Die Stärke der Strömungen, sagte er, würde seine Flotte im Falle einer Umkehrung zu weit nach Lee werfen und in den schmutzigen Boden zwischen St. Vincent und Grenada geraten und so Barbados entblößen, das sich nicht ausreichend vom Hurrikan erholt hatte, um alleine zu bestehen. Er begab sich deshalb nach Barbados. De Grasse reiste nach Martinique, um die Expedition auf den amerikanischen Kontinent vorzubereiten, die zur Kapitulation von Cornwallis bei Yorktown führte. Am 5. Juli segelte er von Fort Royal aus mit dem „Handel" nach Frankreich und ankerte damit am 26. am Cap François in Haiti, wo er eine Division von vier Linienschiffen vorfand, die in diesem Jahr verlassen worden waren vorher von de Guichen. Es gab auch eine Fregatte, die Boston am 20. Juni verlassen hatte und mit der De Grasse Depeschen aus Washington und von Rochambeau, dem General, der die französischen Truppen in Amerika befehligte, empfing. Diese machten ihn mit der Lage auf dem Kontinent vertraut und forderten, dass die Flotte entweder zum Chesapeake oder nach New York kommen sollte, um der britischen Macht in dem einen oder anderen Viertel einen entscheidenden Schlag zu versetzen.

Fußnote 91:

Letzteres gilt für Schiffe, in der Regel Kriegsschiffe, die als Transport- oder Versorgungsschiffe eingesetzt werden und daher nur einen Teil ihrer normalen Batterie transportieren.

Fußnote 92:

Rodney sagte, dass Hood für die Nacht „schlafen" soll. Dies ist für einen Offizier vom Charakter Hoods von vornherein unglaublich und wird von Kapitän Sutherland von der *Russell ausdrücklich widersprochen* . „Um 18 Uhr (am 28.) kreuzte unsere Flotte nach Norden und *bewegte sich* in der Schlachtlinie weiter über die Bucht (Fort Royal) nach rechts (*sic*). "Ekins, „Naval Battles", S. 136. Das Wort „richtig" ist offensichtlich ein Druckfehler für „Nacht". Rodneys Kritik erscheint dem Autor durchweg launisch.

Fußnote 93:

Ein französisches Schiff hatte die Flotte außer Gefecht gesetzt.

KAPITEL X

Marineoperationen, die dem Fall von Yorktown vorausgehen und ihn bestimmen. CORNWALLIS kapituliert
1781

Nachdem nun die großen Seetransaktionen in Westindien an den Vorabend der großen Ereignisse gebracht wurden, die die Unabhängigkeit der amerikanischen Staaten bestimmten, ist es hier sinnvoll, den Faden der Operationen auf dem amerikanischen Kontinent sowohl zu Wasser als auch zu Land wieder aufzunehmen, um so ... um diese ebenfalls auf den gleichen entscheidenden Moment zu bringen, als Militär und Marine zusammenkamen und in gegenseitiger Unterstützung die Kapitulation der britischen Armee bei Yorktown unter Lord Cornwallis erzwangen.

Es wurde gesagt, dass Clinton, um die Operationen von Cornwallis in den Carolinas zu unterstützen, eine Reihe von Umleitungen im Tal des James River begonnen hatte. [24] Die erste so entsandte Abteilung unter General Leslie war zügig nach South Carolina verlegt worden, um den Erfordernissen von Cornwallis' Feldzug gerecht zu werden. Die zweite von sechzehnhundert Soldaten unter Benedict Arnold verließ New York Ende Dezember und begann Ende Januar 1781 ihre Arbeit an den Ufern des James. Sie rückte nach Richmond vor, fast hundert Meilen vom Meer entfernt , das ganze Land verwüsten und keinen ausreichenden Widerstand finden, um seine Bewegungsfreiheit einzuschränken. Als es flussabwärts zurückkehrte, besetzte es am 20. Portsmouth, südlich des James River; in der Nähe des Meeres und als Marinestation wertvoll.

Washington drängte Kommodore des Touches, der durch de Ternays Tod das Kommando über das französische Geschwader in Newport übernommen hatte, diese Verfahren zu unterbrechen, indem er eine starke Abteilung nach Chesapeake Bay entsandte; und er bat Rochambeau auch, einige Truppen die Marinedivision begleiten zu lassen, um die spärliche Streitmacht zu unterstützen, die er selbst nach Virginia entbehren konnte. Es kam jedoch vor, dass ein Sturm gerade Arbuthnots Geschwader schwere Verletzungen zugefügt hatte, von denen drei von Gardiner's Bay aus zur See gegangen waren, nachdem gemeldet wurde, dass drei französische Linienschiffe Newport verlassen hatten, um einen erwarteten Konvoi zu treffen. Ein Vierundsiebziger, die *Bedford* , war völlig am Boden zerstört; eine andere, die *Culloden* , lief auf Long Island an Land und wurde zerstört. Die französischen Schiffe waren am Tag vor dem Sturm in den Hafen zurückgekehrt, aber der Vorfall hinderte des Touches daran, seine Schiffe zu diesem Zeitpunkt auf See zu riskieren. Er schickte nur vierundsechzig mit zwei Fregatten. Diese verließen Newport am 9. Februar und fuhren in den Chesapeake ein, konnten aber die britischen Schiffe nicht erreichen, die sich, da sie kleiner waren, den Elizabeth River hinauf zurückzogen. Als Arbuthnot von dieser Expedition hörte, sandte er den Befehl an einige Fregatten vor Charleston, zum Tatort zu gehen. Als die französische Division die Bucht verließ, traf sie vor den Kaps auf eine davon, die *Romulus* , 44, eroberte sie und kehrte am 25. Februar nach Newport zurück. Am 8. März berichtete Arnold Clinton, dass die Chesapeake frei von französischen Schiffen sei.

Am selben Tag schrieb Arbuthnot aus Gardiner's Bay auch an Clinton, dass die Franzosen sich offenbar darauf vorbereiteten, Newport zu verlassen. Sein größter Fleiß hatte es bisher nicht geschafft, den Schaden, den der Sturm seinem Geschwader zugefügt hatte, vollständig zu reparieren, aber am 9. war es zur See bereit. Am Abend des 8. waren die Franzosen ausgesegelt. Am 10. wusste Arbuthnot es, und nachdem er die Vorsichtsmaßnahme getroffen hatte, zum Eingang der Bucht hinunterzugehen, konnte er sofort folgen. Am 13. sprach er ein Schiff an, das den Feind gesehen hatte, und gab ihm den Kurs. Begünstigt durch einen starken Nordwestwind und die Verkupferung seiner Schiffe überholte er die Franzosen, von denen nur drei verkupferte Böden hatten. Um 6 Uhr morgens am 16. März meldete eine britische Fregatte, dass der Feind achtern – im Nordosten – etwa eine Meile entfernt sei und ein dichter Dunst das Geschwader daran hindere, ihn selbst aus dieser Entfernung zu sehen (A, A). Cape Henry, der südliche Punkt des Eingangs zum Chesapeake, erstreckte sich dann südwestlich in westlicher Richtung und war 40 Meilen entfernt. Der von Arbuthnot angegebene Wind war westlich; von den Franzosen, südwestlich.

Der britische Admiral machte sofort kehrt und steuerte in die angegebene Richtung, und schon bald sichteten die gegnerischen Staffeln einander. Als die Franzosen die Briten zwischen sich und ihrem Hafen fanden, wurden sie vom Wind angezogen, der sich zwischen 8 und 9 von Nord nach West drehte und sie in Luv brachte. Es folgten einige vorbereitende Manöver, bei denen beide Parteien den Wettermesser suchten. Das Wetter blieb dicht und stürmisch und versperrte oft die Sicht; und der Wind drehte sich weiter, bis er sich gegen Mittag auf Nordost einstellte. Das bessere Segeln oder die bessere Seemannschaft der Briten hatte es ihnen ermöglicht, ihre Gegner so weit zu überholen, dass sie um 13 Uhr fast in ihrem Kielwasser auf dem Backbordschlag lagen und sie überholten; beide Schwadronen in Schlachtlinie, in Ost-Südost-Richtung, wobei die Franzosen ihre Verfolger von Ost nach Süd abschossen – ein Punkt auf dem Wetterbug (B, B). Der Wind nahm mit Böen zu, so dass die Schiffe gut auf dem Segeltuch lagen, und das Meer wurde immer größer.

Da der Feind nun seinen Rücken bedrohte und schnell genug war, um ihn zu überholen, hielt es des Touches für notwendig, auf die übliche Abwehr eines solchen Angriffs zurückzugreifen, indem er sein Geschwader absetzte und auf die andere Seite wechselte. Dies konnte entweder gemeinsam geschehen, wobei die Reihenfolge der Schiffe umgekehrt wurde, oder nacheinander, wobei die natürliche Ordnung erhalten blieb; hängt stark von der Entfernung des Feindes ab. Da des Touches genügend Platz hatte, entschied er sich für Letzteres, aber da Kämpfe unvermeidlich waren, beschloss er, das Manöver auch zu nutzen, indem er den Wettermesser abgab und nach Lee überging. Der Vorteil dieses Kurses bestand darin, dass die Partei, die den Gegner auf ihrer Wetterseite hatte, bei vorhandener See und Wind sowie der Neigung der Schiffe die Luken im Unterdeck öffnen und diese Kanonen einsetzen konnte. Dadurch kam es zu einer starken Steigerung der Batterieleistung, da die unteren Geschütze am schwersten waren. Des Touches hob dementsprechend seinen Helm, seine Linie verlief nacheinander nach Süden (c) über die Spitze der vorrückenden britischen Kolonne und zog dann hoch, um parallel zu dieser nach Lee zu verlaufen, wobei der Wind vier Punkte frei war .

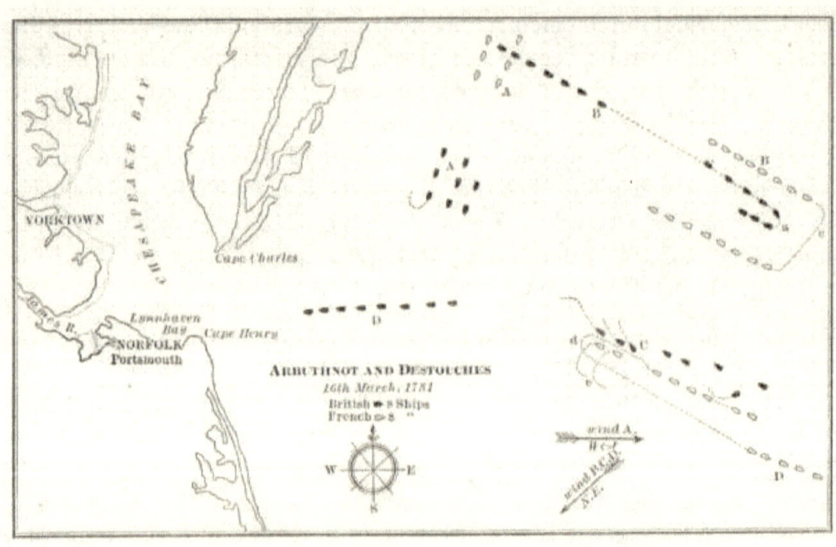

Arbuthnot und Des Touches, 16. März 1781

Arbuthnot nahm die angebotene Position an, blieb so, bis er fast auf der Höhe der Franzosen war, und gab um 14 Uhr das Signal zum Anziehen. Es scheint nicht sicher zu sein, wie dies ausgeführt wurde; aber aus dem Ausdruck im offiziellen Bericht, „der Vormann des Geschwaders blieb in der Reihe", und aus der Tatsache, dass die Schiffe, die den Angriff anführten, diejenigen waren, die auf Backbordschlag fuhren, war der Schlag vor dem

Signal gemacht, – es scheint wahrscheinlich, dass die Bewegung nacheinander gemacht wurde (a). Daraufhin trat das gesamte Geschwader zum Einsatz, allerdings mit dem üblichen Ergebnis. Die Schiffe im Van und in der Mitte waren alle um 2.30 Uhr im Einsatz, so Arbuthnot. aber die Hauptlast des Gefechts lag bereits auf den drei führenden Schiffen, die das erste heftige Feuer abbekamen und, wie es auch üblich ist, zu einem engeren Gefecht kamen als die ihnen folgenden (C). Daher verloren sie nicht nur am stärksten bei Männern, sondern wurden auch in der Höhe so beschädigt, dass sie verkrüppelt wurden. Dass der britische Vizeadmiral das Signal zum Fliegen der Linie aufrechterhielt und es nicht für den Nahkampf setzte, scheint eine Bewegung der Unentschlossenheit im Geschwader ausgelöst zu haben – ein erneuter Beweis dafür, welchen Einfluss die Linie damals noch auf die Köpfe der Menschen hatte . Dies machte sich des Touches geschickt zunutze, indem er seinen Vorschiffen, die bisher die Hauptlast getragen hatten, befahl, gemeinsam Abstand zu halten und auf der anderen Seite (e) hochzuziehen, während die Schiffe hinter ihnen nacheinander anlegen sollten; das heißt, in Spalten, eine nach der anderen. Die französische Kolonne folgte dann den drei kampfunfähigen britischen Schiffen (d), gab ihnen nacheinander ihre Breitseiten und zog dann nach Osten, wobei sie das Feld verließ (D). Arbuthnot gab das Zeichen, die Verfolgung aufzunehmen, aber die *Robust* und *Prudent* , zwei der Vorschiffe, waren jetzt aufgrund der Konzentration des Feuers auf sie, verursacht durch des Touches' letzte Bewegung, völlig unkontrollierbar; und die Großmarssegel-Rah der *London* , des einzigen britischen Dreideckers, war weggeschossen worden. Die Verfolgungsjagd wurde daher abgebrochen und das Geschwader begab sich in die Chesapeake Bay, wo der Wind günstig war (D). Die Franzosen kehrten nach Newport zurück. Die jeweiligen Verluste an Männern betrugen: Briten: 30 Tote, 73 Verwundete; Franzosen, 72 Tote, 112 Verwundete.

Bei dieser Begegnung hatten beide Seiten neben kleineren Fahrzeugen acht Schiffe in einer Reihe. Der Truppenvorteil lag deutlich bei den Briten, die über ein dreideckiges Schiff, drei 74er, drei 64er und ein 50er verfügten; während die Franzosen einen 84er, zwei 74er, vier 64er und der verstorbene britische *Romulus* 44 hatten. Wahrscheinlich wurde die Aktion aufgrund dieser Überlegenheit von den Zeitgenossen als besonders diskreditiert angesehen; Dies gilt umso mehr, als mehrere Schiffe nicht eng miteinander kämpften – ein Fehler, der dem Versäumnis des britischen Admirals zuzuschreiben war, das Signal zum Nahkampf zu geben und das Schiff bis zur Linie herunterzuziehen. Diese Kritik ist interessant, denn sie zeigt, wie sich die Meinung der Menschen veränderte; und es zeigt auch, dass Arbuthnot sich nicht verändert hatte, sondern noch in der Mitte des Jahrhunderts lebte. Der französische Kommodore zeigte ein beachtliches taktisches Geschick; Sein Geschwader wurde sauber, schnell und präzise geführt. Mit geringerer Kraft verschaffte er sich durch schiere Intelligenz und gutes Management einen entscheidenden Vorteil. Leider gelang es ihm nicht, seinen Vorteil auszunutzen. Er hätte wahrscheinlich den Chesapeake kontrollieren können, wenn er hartnäckig gewesen wäre.

Sein Versäumnis, dies zu tun, wurde mit Commodore de Barras gerechtfertigt, der am 10. Mai aus Frankreich in Newport eintraf, um das Geschwader zu befehligen. Nachdem dieser Offizier auf den unbestreitbaren taktischen Erfolg hingewiesen hatte, fuhr er folgendermaßen fort:

„Der Vorteil, den die Engländer bei der Erfüllung ihres Ziels erlangten, ist eine notwendige Folge ihrer Überlegenheit und *mehr noch* ihrer rein defensiven Haltung. *Es ist ein Grundsatz im Krieg, dass man viel riskieren sollte, um sein eigenes zu verteidigen.“ Stellungen und nur sehr wenig, um die des Feindes anzugreifen.* M. des Touches, dessen Ziel rein offensiv war, konnte und sollte, wenn der Feind ihm überlegene Kräfte entgegenstellte, auf ein Projekt verzichten, das nicht mehr erfolgreich sein konnte, es sei denn, es widersprach *allen Wahrscheinlich* endete es nicht nur mit der Niederlage, sondern auch mit der *völligen Zerstörung* dieses überlegenen Geschwaders.

Diese Überhöhung der Defensive über die Offensive, dieser verzweifelte Blick auf Wahrscheinlichkeiten, diese Abneigung gegen Risiken erklären bei weitem den mangelnden Erfolg Frankreichs in diesem Krieg. Wie stark der Feind auch niedergeschlagen wurde, solange er nicht völlig vernichtet wurde, war er immer noch eine „lebendige“ Flotte, ein lähmender Faktor.

Der Rückzug von des Touches und die Ankunft von Arbuthnot gaben den Briten das Kommando über die Chesapeake Bay zurück. Sobald Clinton erfuhr, dass die britischen und französischen Staffeln ausgesegelt waren, hatte er unter General Phillips eine Verstärkung von zweitausend Soldaten nach Arnold geschickt. Diese kamen am 26. März, zehn Tage nach der Seeschlacht, in Lynnhaven Bay an und machten sich sofort auf den Weg nach Portsmouth, Virginia. Es erübrigt sich, über die verschiedenen Operationen dieser Landstreitkräfte zu sprechen. Am 9. Mai zog es aufgrund von Briefen aus Cornwallis nach Petersburg. Dort starb Phillips am 13., und das Kommando fiel vorübergehend an Arnold zurück. Am 20. schloss sich Cornwallis aus Wilmington, North Carolina, _{1995 an} und Arnold kehrte kurz darauf nach New York zurück.

Cornwallis hatte jetzt etwa siebentausend Soldaten bei sich, einschließlich der Garnison in Portsmouth; Es bestand jedoch eine ernsthafte Meinungsverschiedenheit zwischen ihm und Clinton, dem Oberbefehlshaber. Letzterer hatte mit der Eroberung von South Carolina begonnen und begrüßte die Schlussfolgerung seines Leutnants nicht, dass die Eroberung außerhalb der Küste nicht aufrechterhalten werden könne, wenn nicht auch Virginia unterworfen würde; denn von dort aus unterstützten eine reiche und bevölkerungsreiche Region, Männer und Vorräte die amerikanische Sache im Süden. Cornwallis hatte die behauptete Stärke der Royalisten in den Carolinas auf die Probe gestellt und festgestellt, dass sie mangelhaft war. Offensivoperationen in Virginia waren sein Wunsch; Aber Clinton stimmte diesem Projekt nicht zu und hatte auch nicht das Gefühl, dass er für diesen Zweck genügend Truppen entbehren könnte. Zwischen Oktober 1780 und Juni 1781, sagte er, seien siebentausendsiebenhundertvierundzwanzig effektive Soldaten von New York nach Chesapeake geschickt worden; und er konnte nicht verstehen, dass es ihm nicht gelungen war, die weit unterlegene Streitmacht des Feindes in Virginia abzuwehren. Dies deutete zumindest nicht auf einen wahrscheinlichen Erfolg einer erneuten Offensive hin. Die Garnison von New York zählte jetzt nicht mehr elftausend Mann und konnte nicht weiter verkleinert werden, da ihm eine Belagerung drohte. Kurz gesagt, die britische Situation in Amerika war durch die gleichzeitige Wirkung unzureichender Streitkräfte und exzentrischer – doppelter – Operationen im Wesentlichen falsch geworden. Als sie zur Eroberung geschickt wurden, waren ihre Truppen nun so gespalten, dass sie die Verteidigung kaum aufrechterhalten konnten. Cornwallis erhielt daher den Befehl, eine Verteidigungsstellung einzunehmen, die einen Ankerplatz für Linienschiffe kontrollieren sollte, und sich darin zu stärken. Nach einigen Diskussionen, die weitere Meinungsverschiedenheiten zum Vorschein brachten, begab er sich nach Yorktown, auf der Halbinsel, die von den Flüssen James und York gebildet wird. Portsmouth wurde evakuiert und die Garnison erreichte Yorktown am 22. August. Cornwallis' Streitmacht bestand damals aus siebentausend Soldaten; Außerdem befanden sich bei ihm etwa tausend Seeleute, die zu etwa einem halben Dutzend kleiner Schiffe gehörten, die durch die Ankunft der französischen Flotte unter de Grasse aus Haiti, die am 30. August 1781 dort vor Anker gegangen war, im York eingeschlossen waren Lynnhaven Bay, innerhalb von Cape Henry.

Am 2. Juli war Arbuthnot nach England gesegelt und überließ das Kommando in New York Konteradmiral Thomas Graves. Graves schrieb am selben Tag von der Brigg *Active* an Rodney, dass abgefangene Meldungen des Feindes ergeben hätten, dass eine große Division aus Westindien im Sommer an der amerikanischen Küste eintreffen würde, um mit der bereits in Newport befindlichen Truppe zusammenzuarbeiten. Rodney hingegen schickte am 7. Juli die *Swallow*- Schaluppe 16 nach New York mit der Nachricht, dass, wenn er Verstärkungen von den Westindischen Inseln schicken würde, ihnen befohlen würde, die Kaps des Chesapeake zu erreichen und von dort aus entlangzulaufen New York. Er forderte daher, dass entlang dieser Route Kreuzer mit Informationen stationiert werden könnten. Zwei Tage später, nachdem er die sichere Nachricht erhalten hatte, dass de Grasse zum Cap François gesegelt war, sandte er diese Nachricht an Sir Peter Parker nach Jamaika und gab Sir Samuel Hood den vorbereitenden

Befehl, eine Verstärkung von Schiffen für den Kontinent zu befehligen. Diese war jedoch zahlenmäßig auf fünfzehn Linienschiffe begrenzt, wobei Rodney durch seine Geheimdienstinformationen in die Irre geführt wurde, die vierzehn Schiffe als die Größe der französischen Division mit demselben Ziel angaben und berichtete, dass de Grasse selbst den Handel von Cap aus transportieren würde François nach Frankreich. Am 24. wurde Hood angewiesen, diesen Dienst fortzusetzen. Er war der erste, der den Handel von Jamaika bis zur Passage zwischen Kuba und Haiti begleitete und von dort aus mit größtmöglicher Geschwindigkeit zum Chesapeake-Gebirge gelangte. Ein falsches Gerücht, dass französische Schiffe Martinique von Europa aus erreichten, verzögerte diese Bewegung etwas. Der Konvoi wurde mit zwei Linienschiffen nach Jamaika geschickt, die Sir Peter Parker sofort nach Amerika schicken sollte, und er bat um Verstärkung durch andere aus seinem eigenen Geschwader. Hood wurde festgehalten, bis das Gerücht bestätigt werden konnte. Am 1. August segelte Rodney beurlaubt nach England. Am 10. verließ Hood Antigua mit vierzehn Linienschiffen direkt in Richtung der Kaps. Er hatte bereits am 3. August den Brief von Graves vom *Active erhalten*, den er am 8. mit seinen Antworten und der Ankündigung seiner baldigen Abreise zurückschickte.

Die *Schwalbe* und die *Aktive* hätten Graves vor Hood erreichen sollen; aber keines von beiden hat ihn überhaupt erreicht. Die *Swallow* kam am 27. Juli sicher in New York an; aber Graves war am 21. mit seinem gesamten Geschwader nach Boston Bay gesegelt, in der Hoffnung, dort einen erwarteten Konvoi aus Frankreich abzufangen, worüber ihm die Admiralität eine besondere Warnung geschickt hatte. Die „*Swallow*" wurde sofort vom leitenden Marineoffizier in New York losgeschickt, aber von feindlichen Schiffen angegriffen, auf Long Island an Land gezwungen und verlor. Die *Active* wurde gefangen genommen, bevor sie New York erreichte. Graves, der somit nicht über die bevorstehende schwere Krise informiert war, fuhr weiter bis zum 16. August, als er nach Sandy Hook zurückkehrte. Dort fand er die Duplikate der Briefe *der Schwalbe*, aber sie informierten ihn nur über den Kurs, den eine Verstärkung einschlagen würde, nicht darüber, dass Hood begonnen hatte. Am 25. August schickte dieser, da er sich damals vor dem Chesapeake befand, Duplikate der Depeschen *des Aktiven*, doch diese gingen seiner eigenen Ankunft am 28. nur wenig voraus. An diesem Abend ging in New York die Nachricht ein, dass de Barras am 25. mit seiner gesamten Division von Newport abgereist sei. Hood ankerte außerhalb des Hooks, wo sich Graves, der älter als er war, verpflichtete, sich sofort anzuschließen. Am 31. überquerten fünf Linienschiffe und ein 50-Kanonen-Schiff, alles, was rechtzeitig bereit gemacht werden konnte, die Grenze, und der gesamte Körper von neunzehn Linienschiffen machte sich auf einmal auf den Weg zum Chesapeake, wohin man nun wusste dass sowohl die französische Flotte als auch die vereinten Armeen von Washington und Rochambeau in Eile waren.

Graf de Grasse hatte bei seiner Ankunft am Cap François festgestellt, dass viele Dinge getan werden mussten, bevor er zum Kontinent segeln konnte. Es mussten Maßnahmen zur Sicherheit Haitis ergriffen werden; und eine große Geldsumme sowie eine beträchtliche Truppenverstärkung waren erforderlich, um den Erfolg der geplanten Operation sicherzustellen, für die nur kurze Zeit vorgesehen war, da es jetzt August war und er im Oktober erneut in Westindien sein musste . Zu den glücklichen Einverständnissen für die amerikanische Sache in diesem Moment gehörte nicht zuletzt, dass de Grasse, dessen militärische Fähigkeiten nicht auffielen, damals eine bemerkenswerte Energie, politisches Fingerspitzengefühl und Weitsicht an den Tag legte. Er beschloss, jedes Schiff, das er befehligen konnte, mitzunehmen und die Ausfahrt der Konvois zu verschieben. und durch eine geschickte Vereinbarung mit den Spaniern gelang es ihm, sowohl die erforderlichen Mittel als auch ein leistungsfähiges Korps von 3300 französischen Truppen zu sichern, ohne Haiti zu sehr zu benachteiligen. Am 5. August verließ er Cap François mit 28 Linienschiffen, nahm die Route durch den Old Bahama Channel ([26] und ankerte am 30., dem Tag zuvor, in der Lynnhaven Bay, direkt am Eingang des Chesapeake Graves segelte von New York aus zum selben Ort. Die Truppen wurden sofort auf der Südseite des James River gelandet und erreichten bald La Fayette, das die bis dahin gegen Cornwallis gerichteten Streitkräfte befehligte, die so auf achttausend Mann angehoben wurden. Zur gleichen Zeit überquerte Washington, nachdem es Clinton aus der Fassung gebracht hatte, auf dem Weg nach Süden den Delaware mit sechstausend regulären Truppen, zweitausend Amerikanern und viertausend Franzosen, um sich La Fayette anzuschließen. Französische Kreuzer nahmen im James River Stellung, um Cornwallis an der Überquerung und der Flucht nach Süden nach Carolina zu hindern. Andere wurden geschickt, um die Mündung des York zu schließen. Durch diese Abteilungen wurde die Hauptflotte auf 24 Liniensegel reduziert.

Am 5. September um 8 Uhr morgens gab die französische Aussichtsfregatte, die vor Cape Henry kreuzte, das Signal für eine Flottensteuerung in Richtung der Bucht. Zuerst hoffte man, dass es sich um das Geschwader von de Barras aus Newport handelte, von dem bekannt war, dass es unterwegs war, aber anhand der Zahlen wurde bald klar, dass es sich um einen Feind handeln musste. Die Kräfte, die nun im Begriff sind, bekämpft zu werden, sind neunzehn. Die britischen Liniensegel bestanden aus 24 Franzosen und setzten sich wie folgt zusammmen: Briten, zwei 98er (Dreidecker); zwölf 74er, ein 70er, vier 64er, außer Fregatten; Französisch, ein 104 (Dreidecker), [27] drei 80er, siebzehn 74er, drei 64er.

Die Mündung des Chesapeake ist etwa zehn Meilen breit und reicht von Cape Charles im Norden bis Cape Henry im Süden. Der Hauptkanal liegt zwischen letzterem und einer Untiefe, drei Meilen weiter nördlich, dem sogenannten Middle Ground. Als die britische Flotte die Franzosen zum ersten Mal von dort aus sah, steuerte sie unter Fock- und Bramsegeln nach Südwesten auf die Einfahrt zu, und sie fuhr so fort und bildete eine Linie, als sie sich näherte. Der Wind wehte aus Nordnordost. Gegen Mittag setzte die Ebbe ein, und die Franzosen machten sich auf den Weg, aber viele ihrer Schiffe mussten mehrere Wenden machen, um Cape Henry zu räumen. Folglich bildete sich ihre Linie erst spät und war keineswegs regelmäßig oder geschlossen, als sie draußen ankamen.

Um 13.00 Uhr gab Graves das Signal, eine Kolonne auf einer Ost-West-Linie zu bilden, die bei dem herrschenden Wind die Am-Wind-Linie in Richtung Meer sein würde, auf der anderen Seite als der, auf der sich seine Flotte noch befand. In dieser Reihenfolge machte er sich weiter auf den Weg zum Eingang. Um 14.00 Uhr fuhr der französische Transporter, der schätzungsweise drei Meilen entfernt stand, südlich von der *London* , dem Flaggschiff von Graves, ab und befand sich somit auf Höhe der Mitte der britischen Linie. Als sich der britische Transporter um 14.13 Uhr dem Mittelgrund näherte, schlossen sich die Schiffe zusammen. Damit waren sie auf dem gleichen Kurs wie die Franzosen, wobei Hoods Division, die zuvor an der Spitze gestanden hatte, nun in umgekehrter Reihenfolge das Schlusslicht bildete. Die Flotte wurde dann angehalten, um dem Zentrum des Feindes eine Annäherung an das Zentrum der Briten (aa, aa) zu ermöglichen. Die beiden Linien verliefen nun fast parallel, aber die Briten waren fünf Schiffe Weniger reichten natürlich nicht bis zum Rücken der Franzosen, der tatsächlich noch nicht vom Kap entfernt war. Um 2.30 Uhr gab Graves dem Van-Schiff (der *Shrewsbury*) das Signal, mehr nach Steuerbord (l) zu steuern – in Richtung des Feindes. Da jedes Schiff nacheinander seinen Kurs einschlug, um dem Anführer zu folgen, hatte dies zur Folge, dass die Briten sich auf einer Linie befanden, die zu der des Feindes geneigt war, d. – bei 3,17 – wurde dieser Winkel noch deutlicher (bb). [28] Dies war die ursprüngliche und dauerhafte Ursache für einen beklagenswerten Misserfolg, der dazu führte, dass sieben der hinteren Schiffe einer unterlegenen Streitmacht, die einen Angriff anstrebte, überhaupt nicht in die Schlacht kamen. Um 3.34 Uhr erhielt der Transporter erneut den Befehl, sich noch weiter auf den Feind zuzubewegen.

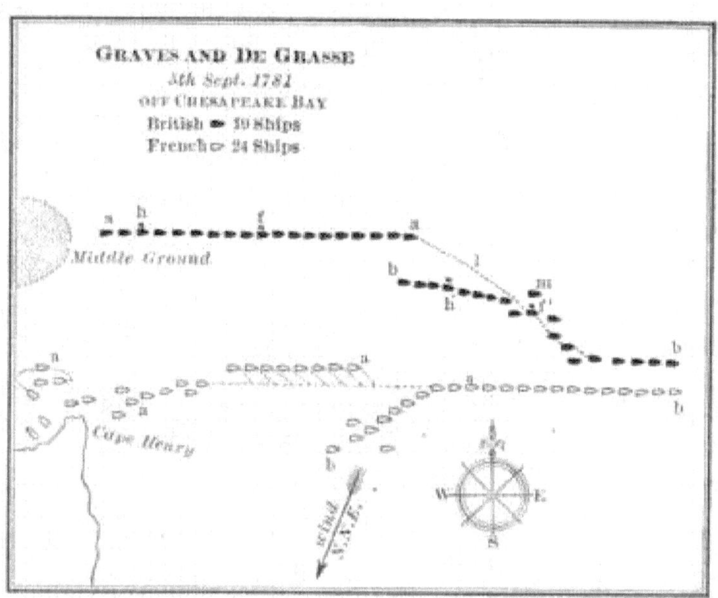

Graves und De Grasse, 5. September 1781

Um 3.46 Uhr wurde den Schiffen das Signal gegeben, sich einem Kabel zu nähern, und fast unmittelbar darauf folgte das Signal, den Feind anzugreifen und anzugreifen – das Signal für die Linie flog noch. Das Flaggschiff von Graves, die *London* 98 (f), wurde angeschoben, befüllt und heruntergefahren. Unter diesen Umständen gerieten natürlich die Vorschiffe zuerst unter Beschuss, und der Angriff dehnte sich von ihnen nach und nach auf das zwölfte Schiff der Ordnung aus, zwei Schiffe hinter der *London* . Dem Logbuch des letzteren zufolge wurde um 4.11 Uhr das Signal für die vor uns liegende Linie heruntergezogen, damit es bei Naheinsätzen nicht beeinträchtigt werden konnte, aber um 4.22 Uhr wurde es wieder gehisst, da „die Schiffe nicht ausreichend ausgefahren waren" . Die Bedeutung dieses Ausdrucks kann aus Beatsons Bericht abgeleitet werden:

„Die *London* war, indem sie die Führung übernahm, weiter auf den Feind zugerückt als einige der Schiffe, die direkt vor ihr in der Schlachtlinie stationiert waren; und als sie nach oben luvten (f'), um ihre Breitseite zum Angriff zu bringen, hatten sie Folgendes getan Dasselbe geschah, ihr zweiter Vorsprung (m) wurde fast auf ihren Wetterstrahl gebracht. Die anderen Schiffe vor ihr waren ebenfalls zu sehr zusammengedrängt.

Da das Schiff im Wetterstrahl der „ *London* "*nicht auf den Feind schießen konnte, wenn es nicht vorwärts fuhr, ist dieser Zustand wahrscheinlich der Grund dafür, dass das Flaggschiff während des Feuerns erneut angehalten wurde, wie Hood es behauptet. Das Signal für die Linie wurde um 4.27 Uhr vom Logbuch der Londoner für den*

Nahkampf wieder heruntergezogen und um 5.20 Uhr wiederholt, als Hood (h) endlich mit seiner Division (h') abstürzte, die französischen Schiffe jedoch nicht Auch er hielt stand und kam ihnen nicht nahe. Kurz nach Sonnenuntergang wurde das Feuer eingestellt. Der Verlust der Briten betrug 90 Tote und 246 Verwundete; die der Franzosen wird nur in runden Zahlen angegeben, nämlich etwa 200 Tote und Verwundete.

Hoods Aussage führt bestimmte wichtige Einschränkungen in die obige Darstellung ein:

„Unsere Mitte begann zur gleichen Zeit wie der Van anzugreifen, bei vier Uhr, aber in einer höchst *ungeeigneten* Entfernung, und unser Heck, das kaum in Schussweite war, feuerte nicht, während das Signal für die Linie flog. Die *London* hatte das Das Signal für den Nahkampfflug sowie das Signal für die Linie vor *einem halben Kabel* befand sich unter ihren Marssegeln, mit dem Hauptmarssegel am Mast, ~~obwohl~~ die feindlichen Schiffe weiter vordrangen.

Als Beweis für die unangemessene Entfernung, aus der die *Londoner* zum Feuer gebracht wurden, sagt er:

„Das zweite Schiff hinter ihr (der *London*) erlitt nur geringfügigen Schaden, und das dritte Schiff hinter ihr erlitt überhaupt keinen Schaden, was am deutlichsten beweist, wie viel zu weit die Mitteldivision entfernt war."

Am Tag nach der Aktion verfasste Hood ein Memorandum mit seinen Kritikpunkten, das veröffentlicht wurde. Der Kern davon ist wie folgt. Da die Franzosen auffielen, war ihre Linie weder regelmäßig noch zusammenhängend. Der Transporter war weit von der Mitte und dem Heck entfernt, und aus den französischen Erzählungen geht auch hervor, dass er sich windwärts vom Rest der Flotte befand. Aus diesen Gründen war es einem Angriff ohne Unterstützung stark ausgesetzt. Nach Hoods Schätzung dauerte es „volle anderthalb Stunden, um es anzugreifen, bevor irgendjemand von der Nachhut hätte auftauchen können". Die Schlachtlinie auf der Backbordseite verlief bei dem damaligen Wind von Osten nach Westen, und Graves hatte seine Flotte zunächst darauf aufgestellt, wie es die Franzosen taten; aber später bildeten die beiden Linien aufgrund seiner Annäherungsweise, als der Van herabfuhr und die anderen Schiffe ihm folgten, einen Winkel, anstatt parallel zu sein, wobei die britische Mitte und das Heck viel weiter vom Feind entfernt waren als der Van war. Dies allein würde dazu führen, dass die Schiffe nacheinander und nicht gemeinsam in die Schlacht kämen, was ein Fehler an sich wäre; Aber laut Hood beging der Oberbefehlshaber den weiteren Fehler, dass er das Signal für die Schlachtlinie bis 17.30 Uhr, kurz vor Sonnenuntergang, laufen ließ. Nach Hoods Verständnis wurde die Position jedes Schiffes während dieses Signals durch die von Graves' Flaggschiff bestimmt. Niemand konnte näher kommen als die Linie, die durch sie parallel zum Feind verläuft. Daher die Kritik Hoods, die von großer Schärfe gegenüber seinem Vorgesetzten geprägt ist, aber kein Bewusstsein dafür verrät, dass er selbst einer Rechtfertigung für die Nichtteilnahme seiner Abteilung bedarf.

„Wäre die Mitte zur Unterstützung des Lieferwagens gegangen *und das Signal für die Linie heruntergezogen worden* , oder hätte der Oberbefehlshaber das Beispiel des Nahkampfes gegeben, *selbst wenn das Signal für die Linie geflogen wäre* , wäre der Lieferwagen der … " Der Feind muss in Stücke gerissen worden sein, und die hintere Division der britischen Flotte hätte sich den Schiffen entgegengestellt, auf die die mittlere Division feuerte, und zwar in der richtigen Entfernung zum Angriff, sonst hätte der Konteradmiral, der sie befehligte, einen großen ~~Schaden~~ erlitten Deal, für den man sich verantworten muss." [101]

So viel zum taktischen Versagen dieses Tages. Es blieb die Frage, was als nächstes zu tun sei. Graves erwog, die Aktion zu erneuern, wurde jedoch früh in der Nacht darüber informiert, dass mehrere der Van-Schiffe zu stark beschädigt seien, um dies zu ermöglichen. Er behauptete sich jedoch in Sichtweite der Franzosen, bis es am 9. dunkel wurde und sie zum letzten Mal gesehen wurden. Sie befanden sich dann unter einer Segelwolke und waren am Morgen des 10. verschwunden. Aus ihren Aktionen in dieser Zeit hatte Hood geschlossen, dass de Grasse ohne weitere Kämpfe in den Chesapeake zurückkehren wollte; und er impliziert, dass er Graves geraten hat, dem Feind dabei zuvorzukommen. Obwohl einige Schiffe in der Luft verkrüppelt waren, waren die britischen Batterien praktisch intakt, und es waren auch nicht genug Männer kampfunfähig gemacht worden, um zu verhindern, dass irgendein Geschütz der Flotte bekämpft werden konnte. Könnte nur ein einziger Arbeitstag durch das Aufnehmen eines Ankerplatzes gewonnen werden, könnte eine für den Feind praktisch uneinnehmbare Verteidigungsordnung angenommen werden, die Cornwallis abdeckt und die in der Bucht verbliebenen französischen Schiffe nicht unmöglich abfängt. Im Falle vieler Männer könnte man einen solchen Kommentar als nutzloses Gerede des eifrigen Fehlersuchers abtun, der im Leben immer im Vordergrund steht; aber im Fall von Hood muss es mit Respekt aufgenommen werden, denn ein paar Monate später, als er mit größeren Widrigkeiten konfrontiert wurde, tat er selbst genau das, was er hier empfahl, und zwar für ein Ziel, das weniger wichtig war als die Entlastung von Cornwallis. In Anbetracht des Charakters von de Grasse kann man davon ausgehen, dass er abgewartet hätte, wenn er die so aufgestellte britische Flotte in der Chesapeake Bay vor Anker liegend gefunden hätte, wie er Hood im darauffolgenden Januar in St. Kitts vorgefunden hatte die Einfahrt nach de

Barras, und sind dann zur See gefahren und haben Washington und Rochambeau zurückgelassen, um zuzusehen, wie Cornwallis ihnen entgleitet.

Am 10. September beschloss Graves, die 74 Schiffe der *Terrible zu verbrennen, die seit der Aktion nur mit Mühe über Wasser gehalten werden konnte*. Nachdem dies erledigt war, stand die Flotte in Richtung der Chesapeake, einer Fregatte, die zur Aufklärung vorausging. Am 13., um 6 Uhr morgens, schrieb Graves an Hood, dass die Ausguckposten die Franzosen gemeldet hätten, die über dem Horseshoe (Untiefe) im Chesapeake vor Anker lagen, und fragte ihn nach seiner Meinung, was mit der Flotte geschehen solle. Darauf schickte Hood die tröstende Antwort, dass es nicht mehr war, als er erwartet hatte, da ihm der Segeldruck der (französischen) Flotte am 9. und in der Nacht des 8. sehr deutlich machte, was de Grasse war Absichten waren. Er „würde sehr gerne eine Stellungnahme abgeben, aber er weiß wirklich nicht, was er in dem wirklich beklagenswerten Zustand, in den wir uns gebracht haben, sagen soll." [102] Am 10. hatte de Barras die Bucht erreicht, wo sich ihm am 11. de Grasse anschloss, so dass damals sechsunddreißig französische Linienschiffe anwesend waren. Graves kehrte daher nach New York zurück und erreichte Sandy Hook am 19. September. Am 14. war Washington vor Yorktown angekommen, wo er den Oberbefehl übernahm; und die Armeen näherten sich Cornwallis auf dem Landweg, so wie es die französischen Flotten bereits auf dem Wasserweg getan hatten. Am 19. Oktober musste die britische Streitmacht kapitulieren, siebentausendzweihundertsiebenundvierzig Soldaten und achthundertvierzig Seeleute legten ihre Waffen nieder. Letzterer hatte während der Belagerung in den Werken gedient, deren Batterien größtenteils aus Schiffsgeschützen bestanden.

Nach Graves' Rückkehr nach New York wurde Konteradmiral der Hon. Robert Digby traf am 24. September aus England ein, um an Arbuthnots Stelle das Kommando über die Station zu übernehmen. Er brachte drei Linienschiffe mit; und die beiden, die Sir Peter Parker auf Befehl von Rodney sofort weiterschicken sollte, hatten ebenfalls den Hafen erreicht. Die betroffenen Land- und Seeoffiziere beschlossen, die Entlastung von Cornwallis zu versuchen, und es sei zweckmäßig, dass Graves bis nach dieser Expedition das Kommando behielt. Er konnte jedoch erst am 18. Oktober antreten, als das Schicksal von Cornwallis entschieden war. Graves reiste dann nach Jamaika ab, um Sir Peter Parker zu ersetzen. Am 11. November lief Hood mit achtzehn Linienschiffen von Sandy Hook aus aus und ankerte am 5. Dezember in Barbados. Am 5. November verließ auch de Grasse mit seiner gesamten Flotte den Kontinent und kehrte nach Westindien zurück.

Fußnote 94:

Ante , S. 153 .

Fußnote 95:

Siehe *ante* , S. 153 .

Fußnote 96:

Entlang der Nordküste Kubas, zwischen Kuba und den Bahama-Banken.

Fußnote 97:

Die *Ville de Paris* , der Troude 104 Kanonen zuschreibt. Sie galt als das größte und schönste Schiff ihrer Zeit.

Fußnote 98:

Dies reproduzierte den Fehler von Byng, zwischen dessen Handlung und der jetzt diskutierten eine deutliche Ähnlichkeit besteht.

Fußnote 99:

Dh sie hatte aufgehört.

Fußnote 100:

Hood selbst.

Fußnote 101:

Briefe von Lord Hood, S. 32. Navy Records Society. Meine Kursivschrift. Bezüglich der entscheidenden Tatsache, dass das Signal für die Schlachtlinie ununterbrochen bis 17.30 Uhr gesendet wurde, was einen direkten Widerspruch zwischen Hood und dem Logbuch der London darstellt, ist die Aussage *von* Kapitän Thomas White erforderlich, der dies tat in einem der hinteren Schiffe im Geschehen anwesend. „Wenn das Logbuch *der London* oder das Logbuch eines anderen einzelnen Schiffes der Flotte diese Aussage bestätigt" (dass Hood dem Befehl zum Nahkampf nur zögerlich Folge leistete), „wird ich dazu gebracht werden, mir das vorzustellen, was ich an diesem Tag gesehen habe und gehört, war eine bloße Chimäre des Gehirns, und das, was ich für das Signal für die Leitung hielt, war kein Union Jack, sondern ein *ignis fatuus, das* heraufbeschworen wurde, um mich zu verspotten. White und Hood sind sich auch einig, dass das Signal für die Linie um 6.30 Uhr wieder gehisst wurde. (White: „Naval Researches", London, 1830, S. 45.)

Fußnote 102:

„Briefe von Lord Hood." Navy Records Society, S. 35.

KAPITEL XI

MARINEEREIGNISSE VON 1781 IN EUROPA. DARBYS ERLAUBUNG VON GIBRALTAR UND DIE SCHLACHT AN DER DOGGER BANK

In Europa waren im Jahr 1781 die beiden Hauptfragen, die das Vorgehen der Kriegführenden beherrschten, der Schutz oder die Zerstörung des Handels sowie der Angriff und die Verteidigung von Gibraltar. Die britische Kanalflotte war den gesamten Seestreitkräften Frankreichs und Spaniens in den Gewässern Europas weit unterlegen; und auch die niederländische Marine war nun feindlich eingestellt. Die französische Regierung versicherte ihren Verbündeten, dass sie durch die Konzentration ihrer Staffeln in der Nähe des Kanaleingangs die Situation in jeder Hinsicht kontrollieren würde; doch die Spanier, die Gibraltar im Visier hatten, weigerten sich, ihre Flotte bis zum Spätsommer aus Cádiz abzuziehen, während die Franzosen darauf beharrten, ihre eigene Flotte in Brest zu behalten. Die Kanalflotte war letzteren deutlich überlegen und den Spaniern nur zahlenmäßig unterlegen.

Da Gibraltar seit Rodneys Abreise im Februar 1780 keine Erleichterungen erfahren hatte, wurde die Frage der Versorgung der Festung dringender. Zu diesem Zweck liefen am 13. März 1781 28 Linienschiffe unter Vizeadmiral George Darby mit einem großen Konvoi von St. Helen's aus. Vor Cork schlossen sich eine Reihe von Opfern an, und die gesamte Truppe begab sich dann nach Gibraltar, begleitet von fünf Linienschiffen, die für Ostindien bestimmt waren, sowie von Westindien und amerikanischen „Handelsschiffen". Diese verschiedenen Verbände trennten sich unterwegs von Zeit zu Zeit, und am 11. April sichtete die Hauptexpedition Kap Spartel an der afrikanischen Küste. Die große spanische Flotte in Cadiz unternahm keinen Versuch, es abzufangen; und am 12. April um die Mittagszeit ankerte der Konvoi in der Bucht von Gibraltar. In dieser Nacht schlüpften dreizehn Schiffe der Transportschiffe unter der Leitung von zwei Fregatten aus und machten sich auf den Weg nach Menorca, das damals in britischem Besitz war. Die britischen Kriegsschiffe fuhren weiter und kreuzten in der Bucht und dem Gut von Gibraltar.

Als der Konvoi eintraf, eröffneten die Belagerer eine gewaltige Kanonade, die jedoch die Landung der Vorräte nicht verhindern konnte. Für noch mehr Ärger sorgte eine speziell für diese Belagerung gebaute Flottille von Kanonenbooten, deren besondere Kampfkraft in einem 26-Pfünder lag, dessen große Länge eine größere Reichweite als die Batterien der Linienschiffe ermöglichte. Da diese kleinen Schiffe sowohl mit Rudern als auch mit Segeln bewegt wurden, konnten sie ihre Entfernung bei leichtem Wind und Windstille selbst bestimmen und wurden so aktiv zur Belästigung der vor Anker liegenden Transportschiffe eingesetzt, dass Darby gezwungen war, sie mit drei Linienschiffen zu decken. Diese erwiesen sich als machtlos, die Kanonenboote zu verletzen; aber während die letzteren großen Ärger und geringfügigen Schaden verursachten, behinderten sie das Entladen nicht und verzögerten es auch nicht wesentlich. Die Erfahrung verdeutlicht erneut, wie unwahrscheinlich es ist, dass mit kleinen Mitteln große Ergebnisse erzielt werden können oder dass einer gebündelten Kraft, einer konzentrierten Kraft, wirksam entgegengewirkt werden kann, entweder durch billige und geniale Mittel oder durch die kooperativen Anstrengungen vieler kleiner unabhängiger Einheiten. „Sie waren nur in der Lage, Unruhe und Verärgerung zu verursachen. Sie konnten weder verhindern, dass die Hilfstruppen in die Garnison geworfen wurden, noch konnten sie den Konvoi niederbrennen, sodass der einzige Schaden, der irgendwelche Folgen hatte, den sie der Schifffahrt zufügten, die Verwundung des Schiffs war Der Besanmast der *Nonsuch* war so stark, dass er verschoben werden musste. [103] Am 19. April – in einer Woche – war die Lebensmittelversorgung abgeschlossen und die Expedition machte sich auf den Rückweg nach England. Am 22. Mai ankerte die Flotte erneut bei Spithead.

Während Darby zurückkehrte, war La Motte Picquet mit sechs Linienschiffen und einigen Fregatten von Brest aus zur See gefahren, um in den Zufahrten zum Ärmelkanal zu kreuzen. Dort geriet er am 2. Mai in den Konvoi, der mit der Beute von St. Eustatius von den Westindischen Inseln zurückkam. Die Kriegsschiffe konnten größtenteils entkommen, aber La Motte Picquet brachte zweiundzwanzig von dreißig Handelsschiffen nach Brest, bevor er abgefangen werden konnte, obwohl ihm eine von Darby entsandte Abteilung von acht Segelschiffen dicht auf den Fersen war.

Nach einer langen Umrüstung stach Darby etwa am 1. August erneut in See, um die Ankunft der großen Konvois zu decken, die dann erwartet wurden. Da er durch den Gegenwind stark aufgehalten wurde, war er nicht weiter als bis zur Lizard gekommen, als ihm die Nachricht überbrachte, dass die französisch-spanische Großflotte, bestehend aus 49 Linienschiffen, in der Nähe der Scilly-Inseln kreuzte. Da er nur dreißig Mann in der Linie hatte, lief er am 24. August in die Tor-Bucht ein und machte sein Geschwader gegenüber dem Eingang zur Bucht fest.

Dieses Erscheinen der Alliierten war eine Überraschung für die britischen Behörden, die damit eine unerwartete erneute Invasion des Ärmelkanals im Jahr 1779 erlebten. Spanien, zu Recht beschämt darüber, dass es das Eindringen von Hilfstruppen nach Gibraltar nicht einmal behindert hatte, hatte daran gedacht, seine Ehre zurückzugewinnen durch einen Angriff auf Menorca, bei dem sie Frankreich um Mitarbeit bat. De Guichen wurde im

Juli mit neunzehn Linienschiffen entsandt; und die vereinten Flotten unter dem Oberbefehl des spanischen Admirals Don Luis de Cordova führten die Truppen ins Mittelmeer, außerhalb der Reichweite der Kreuzer von Gibraltar. Von dort kehrte de Cordova in den Atlantik zurück und richtete seinen Kurs auf den Kanal, wobei er sich weit draußen auf dem Meer hielt, um seine Bewegungen zu verbergen. Doch obwohl es ihm so gelang, unangekündigt sein Ziel zu erreichen, unternahm er keinen Versuch, den gewonnenen Vorteil auszunutzen . Die Frage, Darby an seinen Ankern anzugreifen, wurde in einem Kriegsrat diskutiert, bei dem de Guichen diese Maßnahme nachdrücklich befürwortete; aber eine Mehrheit der Stimmen entschied, dass Großbritannien durch die Zerstörung seiner Flotte weniger Schaden nehmen würde als durch das Abfangen der erwarteten Konvois. Doch selbst auf den letztgenannten Zweck konnte de Cordova nicht warten. Am 5. September teilte er de Guichen mit, dass es ihm freistehe, nach Brest zurückzukehren; und er selbst kehrte mit neununddreißig Schiffen, davon neun französischen, nach Cádiz zurück. „Diese Fahrt der vereinten Flotte", sagt Chevalier, „schmälerte die Aufmerksamkeit Frankreichs und Spaniens. Diese beiden Mächte hatten eine große Machtdemonstration gezeigt, ohne das geringste Ergebnis zu erzielen." An dieser Stelle sei erwähnt, dass Menorca nach einer sechsmonatigen Belagerung im Februar 1782 kapitulierte.

Während Darby Anfang August 1781 den Ärmelkanal eroberte, kehrte Vizeadmiral Hyde Parker, zuletzt Rodneys Stellvertreter in Westindien, mit einer großen Handelsflotte aus der Ostsee nach England zurück. Am 5. August wurde bei Tageslicht ein niederländisches Geschwader, ebenfalls mit einem Konvoi, aber auf dem Weg von Texel zur Ostsee, im Südwesten, in der Nähe der Doggersbank, entdeckt. Da die beiden Feinde damals unterwegs waren, mussten sich ihre Kurse bald kreuzen. Parker befahl daher seinem Konvoi, nach Westen in Richtung England zu steuern, während er selbst auf den Feind zusteuerte. Der niederländische Konteradmiral Johan Arnold Zoutman hingegen behielt die Handelsschiffe unter seinem Lee, zog aber die Kriegsschiffe aus ihrer Mitte heraus, um seinen Befehl auf der Seite des Feindes zu bilden. Jeder Gegner brachte sieben Segel in die Reihe. Bei den britischen Schiffen handelte es sich nicht nur um unterschiedliche Geschwindigkeiten, sondern es handelte sich hauptsächlich um sehr alte Schiffe, die aus Rotten Row geschleppt wurden, um der dringenden Notsituation zu begegnen, die durch die weit überlegenen Streitkräfte verursacht wurde, die gegen Großbritannien in einer Koalition standen. Aufgrund des schlechten Zustands einiger von ihnen waren ihre Batterien zum Nachteil ihrer Kampfkraft leichter geworden. Zwei davon waren jedoch gute und neue 74er. Es ist wahrscheinlich, dass die niederländischen Schiffe nach einem langen Frieden nicht viel besser waren als ihre Gegner. Tatsächlich war jedes Geschwader im schlimmsten Sinne des Wortes ein leeres Los. Die Führung der Angelegenheit durch die beiden Admirale verleiht der Geschichte einer verzweifelt umkämpften Aktion trotz der Intensität ihrer Kampfeslust einen Hauch von Komik. Die Brise wehte frisch aus Nordost und das Meer war ruhig. Die Holländer, die sich auf der Leeseite befanden, warteten auf den Angriff, bildeten eine Linie auf dem Backbordschlag und steuerten südöstlich nach östlich, einen Punkt abseits des Windes, unter Marssegeln und Focksegeln, eine Kabellänge voneinander entfernt. Es gibt wenig Grund, daran zu zweifeln, dass ein Gegner, der sich auf diese Weise behauptet, einen direkten Kampf anstrebt, doch Parker hielt es, obwohl die Sonne eines Mittsommertages kaum aufgegangen war, für ratsam, eine allgemeine Verfolgungsjagd anzuordnen. Natürlich verschonte kein Schiff seine Segel, während die schlechteren Segler ihre Segel setzen mussten, um mithalten zu können; und der Umgang mit den Segeln entlastete die Männer von den Kampfvorbereitungen. Parker, der zweifellos immer noch verärgert über Rodneys Tadel vom Jahr zuvor war und der sich darüber hinaus den Tadel der Admiralität zugezogen hatte, weil er offensichtlich gezögert hatte, die feindlichen Inseln anzugreifen, während er vorübergehend das Kommando in den Westindischen Inseln innehatte, war nun entschlossen, den Kampf zu zeigen, der da war in ihm. „Es wird berichtet, dass er, als er am Morgen über die Stärke des niederländischen Geschwaders informiert wurde, antwortete (und seine Hosen hochzog): ‚Es spielt keine Rolle, wie stark ihre Stärke ist; wir müssen sie bekämpfen, wenn sie doppelt so groß sind.‘ „Um 6.10 Uhr wurde das Signal für die Linie nebeneinander gegeben, die Schiffe liefen fast vor dem Wind herunter. Dies führte natürlich zu mehr Regelmäßigkeit, da die führenden Schiffe ihre leichteren Segel einholten, um den anderen zu ermöglichen, ihre Plätze zu erreichen; aber das Tempo war immer noch schnell. Um 6.45 Uhr wurde der Befehl auf ein Kabel geschlossen und um 7.56 Uhr wurde das Signal zum Gefecht gegeben. Es heißt, dass das 80-Kanonen-Schiff zu diesem Zeitpunkt noch dabei war, einen Segelbaum mit Beschlag zu sichern, was darauf hindeutet, wie dicht die Aktion den Vorbereitungen auf den Fersen war.

Der niederländische Admiral war ebenso entschlossen wie Parker kopfüber. Ein englischer Zeuge schreibt:

„Sie schienen in bester Ordnung zu sein; und ihre Hängematten, Vierteldecken usw. waren so schön geordnet ausgebreitet, als ob sie im Hafen zur Schau gestellt würden. Auch ihre Marinesoldaten waren gut aufgestellt und standen mit geschulterten Musketen bei allen da.“ die Regelmäßigkeit und Genauigkeit einer Überprüfung. Jeder Mann in unserer Linie sollte sich an ihre Höflichkeit erinnern; denn als wären wir sicher, was passierte, stießen wir fast frontal auf ihre Breitseiten; dennoch feuerte der niederländische Admiral kein Gewehr ab oder das Signal zum Angriff geben, bis die rote Flagge an der Mastspitze *der Fortitude* hing und ihre Schüsse den Weg in sein

Schiff fanden. Dies war ein Manöver, für das Admiral Zutman von ihren Hohen Mächten nicht wärmstens gedankt werden sollte, denn er hatte es getan Es lag in seiner Macht, unserer Flotte unendlichen Schaden zuzufügen, indem er auf diese unoffiziersartige Art herunterkam. Nachdem er Admiral Parker erlaubt hatte, sich nach Belieben zu platzieren, wartete er ruhig, bis das Signal an Bord der Fortitude gesetzt wurde, und *zwar* gleichzeitig Wir haben das Signal an Bord des Schiffes von Admiral Zutman gesehen.

Die so unbehelligten Briten drehten sich knapp in Luv des Feindes. Aus irgendeinem Grund wurde einem Piloten, der sich an Bord ihres Führungsschiffs befand, gesagt, er solle dabei helfen, das Schiff dicht an seinen Gegner heranzubringen. „Mit nah", fragte er, „meinen Sie ungefähr die Breite eines Schiffes?" „Auf keiner Seite wurde eine Waffe abgefeuert", heißt es im offiziellen britischen Bericht, „bis auf die Entfernung eines halben Musketenschusses." Parker, den ein Beobachter als voller Leben und Elan beschreibt, machte hier einen routinemäßigen Fehler, der seine Ordnung etwas durcheinander brachte. Es gehörte zur Tradition, dass ein Flaggschiff ein Flaggschiff suchte, genauso wie es eine allgemeine Verfolgungsjagd signalisierte und gemeinsam, jedes Schiff gegensätzlich, in ausreichender Entfernung zum Feind vorstieß. Jetzt befand sich Parker, wie üblich, in der Mitte seiner Linie, dem vierten Schiff; aber Zoutman war aus irgendeinem Grund im fünften. Parker platzierte daher seinen vierten Platz vor dem fünften des Gegners. Infolgedessen überlappte das hintere britische Schiff den Feind und hatte eine Zeit lang keinen Gegner; während der Zweite und der Dritte mit drei Holländern verlobt waren. Um 8 Uhr morgens wurde das Signal für die Linie heruntergezogen und das Signal für den Nahkampf gehisst – wodurch ein oft gemachter Fehler vermieden wurde.

Alle Schiffe waren bald zufriedenstellend und eifrig im Einsatz, und das Gefecht ging in wechselnden Phasen bis 11.35 Uhr weiter. Die beiden führenden Schiffe beider Befehle kamen gut in Lee der Linien, die beiden britischen mussten wenden, um ihre Plätze luv zurückzugewinnen. Gegen Mitte des Gefechts machte sich der niederländische Konvoi auf den Weg zurück nach Texel, da die Briten vor Beginn des Gefechts Kurs auf England genommen hatten. Der Unterschied bestand darin, dass die Reise von den Niederländern abgebrochen und von den Briten zu Ende gebracht wurde. Um elf Uhr machte Parker die Segel und passierte mit dem Flaggschiff zwischen dem Feind und der *Buffalo* , seinem nächsten Vorreiter und dritten in der britischen Reihenfolge; Die drei hinteren Schiffe folgten ihm dicht auf den Fersen, gehorchend dem um 10.43 Uhr wieder gesetzten Signal zur Vorwärtslinie. [104] Eine schwere Kanonade begleitete diese Entwicklung und die Niederländer kämpften glorreich bis zum Schluss. Als es fertiggestellt war, wurde die britische Flotte abgenutzt und die Aktion wurde eingestellt. „Ich habe versucht, die Linie zu bilden, um die Aktion zu erneuern", schrieb

Parker in seinem Bericht, „aber ich fand es undurchführbar. Der Feind schien in einem ebenso schlechten Zustand zu sein. Beide Staffeln lagen noch lange in der Nähe." einander, als die Holländer mit ihrem Konvoi nach Texel aufbrachen. Wir waren nicht in der Lage, ihnen zu folgen."

Dies war eine höchst zufriedenstellende Demonstration von Tapferkeit und eine höchst unbefriedigende Schlacht; großartig, aber kein Krieg. Der Abschluss ihrer Reise durch die britischen Handelsschiffe, während die Niederländer gezwungen waren, in den Hafen zurückzukehren, den sie gerade verlassen hatten, kann als Erfolg und damit als entscheidender Sieg für Parkers Flotte angesehen werden. Mit dieser Ausnahme blieb der *Status quo* weitgehend beim vorherigen, obwohl eines der niederländischen Schiffe am nächsten Tag sank; Dennoch war der britische Verlust mit 104 Toten und 339 Verwundeten fast so groß wie bei Keppels Gefecht, wo dreißig Schiffe auf jeder Seite kämpften, oder bei Rodneys Gefecht vom 17. April 1780, wo die Briten zwanzig Segel hatten; größer als bei Graves vor dem Chesapeake und im Verhältnis völlig gleich den blutigen Konflikten zwischen Suffren und Hughes in Ostindien. Der niederländische Verlust wird mit 142 Toten und 403 Verwundeten angegeben. Beide Seiten zielten auf den Rumpf, wie die Verletzungen belegen; denn obwohl in der Luft viel Schaden angerichtet wurde, wurden nur wenige Spieren vollständig weggeschossen. Auf der *Buffalo* , einem kleinen Schiff, wurden 39 Menschen durch und durch geschossen, und eine sehr große Zahl durchbohrte Wind und Wasser; im britischen Van-Schiff waren es sogar 14, ein weiterer Beweis dafür, dass die Niederländer tief feuerten.

Angesichts der zum Ausdruck gebrachten rudimentären Vorstellungen von Manövern ist es nicht verwunderlich, dass Parker von einem aufgeklärten Taktiker wie Rodney als unbefriedigender Stellvertreter eingestuft wurde. Der Vizeadmiral führte seinen Misserfolg jedoch auf die mangelnde Qualität seiner Schiffe zurück. Georg III. besuchte das Geschwader nach der Aktion, aber Parker war für Komplimente nicht empfänglich. „Ich wünsche Eurer Majestät bessere Schiffe und jüngere Offiziere", sagte er. „Für mich selbst bin ich jetzt zu alt für den Dienst." Es wurden keine Belohnungen gewährt, und es wird behauptet, dass Parker kein Geheimnis daraus machte, dass die damalige Admiralität keine Belohnungen annehmen würde, wenn sie angeboten würden. Er brachte den Protest der Marine und der Nation gegen die Misswirtschaft während der Friedenstage zum Ausdruck, die dazu geführt hatte, dass das Land nicht auf den Krieg vorbereitet war. Dem tapferen Veteranen wurde bald darauf befohlen, das Kommando in Ostindien zu übernehmen. Er segelte zu seiner Station im *Cato* , von der man nie wieder etwas hörte.

Auch wenn Parkers substanzielle Ergebnisse wirkungslos geblieben sind, verdient es dennoch, in Erinnerung zu bleiben; Denn selbst dort, wo das Können sein Äußerstes tut, zeigt Standhaftigkeit wie die seine schließlich die solide Verfassung einer militärischen Körperschaft.

Fußnote 103:

Beatson, „Military and Naval Memoirs", Vers 347.

Fußnote 104:

Sir John Ross, der Leutnant des Flaggschiffs war, sagt in seinem „Leben von Saumarez", dass das Flaggschiff nur vor der *Buffalo vorbeifuhr* und dass die hinteren Schiffe sich dieser näherten. Die Version im Text basiert auf den detaillierten und umständlichen Aussagen eines anderen Leutnants des Geschwaders in Ekins' „Naval Battles". Da Ekins auch als Midshipman anwesend war, handelt es sich sozusagen um die Bestätigung zweier Zeugen.

KAPITEL XII

DER LETZTE MARINEKAMPAGNE IN DEN WESTINDIEN. HAUBE UND DE GRASSE. RODNEY UND DE GRASSE. Die große Schlacht vom 12. April 1782

Das Jahr 1781 endete mit einem Ereignis, das von entscheidenderem Charakter war als die meisten Ereignisse, die sich in seinem Verlauf in europäischen Gewässern ereigneten. eine, die das Interesse durch natürlichen Übergang wieder auf die Westindischen Inseln überträgt. Die französische Regierung hatte den ganzen Sommer über die Notwendigkeit verspürt, de Grasse Verstärkung sowohl an Schiffen als auch an Vorräten zu schicken, aber die benötigten Transporte und Kriegsmaterialien konnten nicht vor Dezember eingesammelt werden. Da die Briten wahrscheinlich versuchen würden, einen Konvoi abzufangen, von dem der nächste Feldzug so sehr abhing, wurde Konteradmiral de Guichen angewiesen, ihn mit zwölf Linienschiffen aus dem Golf von Biskaya zu begleiten und dann nach Cadiz zu fahren. Fünf Linienschiffe für de Grasse und zwei für Ostindien erhöhten die Gesamtstärke, mit der de Guichen am 10. Dezember Brest verließ, auf neunzehn. Am Nachmittag des 12., als sich die Franzosen bereits 150 Meilen südlich und westlich von Ushant befanden und Südostwind wehte, klarte das Wetter, das vorher dicht und böig gewesen war, plötzlich auf und zeigte die Segel in Luv. Es handelte sich um zwölf Linienschiffe, eines davon 50, und einige Fregatten unter Konteradmiral Richard Kempenfelt, der England am 2. des Monats verlassen hatte, um auf diese Expedition zu warten. Die Zahl der Franzosen reichte bei weitem aus, um jeden Angriff zu vereiteln, aber de Guichen, normalerweise ein vorsichtiger Offizier, hatte es seinen Kriegsschiffen gestattet, sich in Lee und vor dem Konvoi zu befinden. Letztere zerstreuten sich in alle Richtungen, als die Briten auf sie herabstürzten, aber nicht alle konnten entkommen; und die französischen Kriegsschiffe blieben hilflose Zuschauer, während die Opfer rechts und links ihre Flaggen einholten. Als die Nacht hereinbrach, konnten einige Beute nicht gesichert werden, aber Kempenfelt erbeutete fünfzehn, beladen mit Militär- und Marinevorräten von großem Geldwert und größerer militärischer Bedeutung. Einige Tage später löste sich ein heftiger Sturm auf und zerstörte den Rest des französischen Korps. Nur zwei Linienschiffe, die *Triomphant* (84) und *die Brave* (74), sowie fünf Transportschiffe konnten ihren Weg nach Westindien fortsetzen. Der Rest ging zurück nach Brest. Dieses Ereignis kann als Eröffnung des Seefeldzugs von 1782 in Westindien angesehen werden.

Bevor Kempenfelt nach England zurückkehrte, schickte er das Feuerschiff *Tisiphone* , 8, Commander James Saumarez, [105] — später der angesehene Admiral – mit der Nachricht von der französischen Annäherung per Express nach Hood auf den Westindischen Inseln. Saumarez, der als Erster auf Barbados gewesen war, schloss sich Hood am 31. Januar 1782 in Basse Terre Roads auf der Leeseite von St. Kitts an. Eine Position, aus der Hood de Grasse sechs Tage zuvor durch ein brillantes Manöver verdrängt hatte, das dem ähnelte, das er im vergangenen September in Chesapeake Bay für Graves zur Entlastung von Cornwallis zur Verfügung gestellt hatte. Der Feldzug für das Jahr 1782 hatte bereits mit einem Angriff der französischen Armee und Marine auf St. Kitts begonnen; und die französische Flotte kreuzte schon damals ganz in der Nähe auf der Leeseite zwischen St. Kitts und Nevis.

Die ursprüngliche Absicht von de Grasse und de Bouillé bestand darin, Barbados zu erobern, die wichtigste der Ostantillen, die noch den Briten verblieb; aber die starken Passatwinde, die damals eine Winterpassage nach Luv so lang und trostlos machten, trieben sie zweimal zurück in den Hafen. „Die gesamte französische Flotte", schrieb Hood, „tauchte am 17. des letzten Monats vor Santa Lucia auf, versuchte, in den Luv zu gelangen, und nachdem sie im Kampf gegen das sehr böige Wetter viele Topmasten und Rahen mitgerissen hatte, kehrte sie am 17. des letzten Monats nach Fort Royal Bay zurück." 23. und kam am 28. erneut mit vierzig Transportern heraus und manövrierte wie zuvor. Am 2. Januar verschwand es aus Santa Lucia und reiste nach einem erneuten kurzen Aufenthalt in Martinique am 5. Januar nach St. Kitts weiter, wo es am 11. in Basse Terre Roads ankerte. Die britische Garnison zog sich nach Brimstone Hill zurück, einer befestigten Stellung im Nordwesten der Insel, während die Einwohner die Regierung den Franzosen übergaben und sich zur Neutralität verpflichteten. Die angrenzende Insel Nevis kapitulierte am 20. zu den gleichen Bedingungen.

Am 14. Januar hatte ein von General Shirley, dem Gouverneur von St. Kitts, geschickter Express Hood auf Barbados darüber informiert, dass am 10. Januar eine große Flotte von den Höhen von Nevis aus gesehen worden war, die sich näherte. Hood stach sofort in See, obwohl es an Brot und Mehl mangelte, die nicht zu bekommen waren, und das Material seiner Schiffe in einem erbärmlichen Zustand war. „Wenn der *Präsident* beitritt", schrieb er an die Admiralität, „werde ich zweiundzwanzig Mann stark sein, und ich bitte Sie, ihren Lordschaften zu versichern, dass ich den Grafen von Grasse suchen und ihm den Kampf liefern werde, wie groß seine Zahl auch sein mag." " Unterwegs erreichte ihn ein Schiff mit der Nachricht, dass die französische Flotte St. Kitts besetzt hatte. Am 21. ankerte er in Antigua für Reparaturen und Vorräte, die unerlässlich waren, um das Meer bei den von ihm geplanten Operationen aufrechtzuerhalten, deren Dauer nicht vorhersehbar war. Außerdem wurden etwa tausend Soldaten eingeschifft, die zusammen mit den Marinesoldaten, die aus dem Geschwader entbehrlich waren, eine Landungstruppe von 2400 Mann ergeben würden.

Da St. Kitts weniger als fünfzig Meilen von Antigua entfernt war, hatte Hood jetzt zweifellos genaue Informationen über die Dispositionen des Feindes und konnte einen konkreten, ausgereiften Plan ausarbeiten. Dies scheint allen seinen Kapitänen sorgfältig vermittelt worden zu sein, wie es die Praxis von Nelson war, der, wenn überhaupt, ein Schüler von Hood war. „Um 9.15 Uhr gab der Admiral das Signal für alle Flaggoffiziere", heißt es im Logbuch der *Canada* ; „Und um 16 Uhr gaben die Admirale und der Kommodore die Signale für alle Kapitäne ihrer Divisionen." Um 17 Uhr desselben Tages, dem 23. Januar, wog die Flotte und machte Halt für Nevis, um dessen südliche Spitze Basse Terre herum angefahren werden muss; denn da der Kanal zwischen Nevis und St. Kitts für Linienschiffe unpassierbar war, waren die beiden Inseln praktisch eine einzige, und da ihre gemeinsame Achse im Nordwesten und Südosten lag, ist der Passatwind nur dann günstig, wenn er von dort kommt Süd.

Basse Terre, wo damals de Grasse lag, liegt etwa fünfzehn Meilen von der Südspitze von Nevis entfernt. Die Reede liegt östlich und westlich, und die französische Flotte, damals 24 Linienflotten und 2 Fünfziger, lag ohne Rücksicht auf die Ordnung in drei oder vier Tiefen vor Anker; Die östlichen Schiffe waren so platziert, dass ein von Süden kommender Feind sie mit dem vorherrschenden Passatwind erreichen konnte, gegen den die westlichen Schiffe nicht schnell zu ihrer Unterstützung vorstoßen konnten. Aus diesem Grund wird uns erzählt, dass Hood kurz vor Sonnenuntergang mit einem guten und wahrscheinlich frischen Wind von einem nur sechzig Meilen entfernten Punkt aus aufbrach und hoffte, die Franzosen bei frühem Tagesanbruch überraschen zu können, um die Wetterschiffe anzugreifen von ihnen, der feindlichen Ordnung so weit zu folgen , wie es zweckmäßig erscheint. Wenn seine Kolonne so in ihrer Gesamtheit nahe an einem bestimmten exponierten Teil des Feindes vorbeikam, würde dieser durch die Konzentration auf ihn im Detail zerschnitten. Die Briten würden dann, nach Süden ziehend, den Wind anziehen, wenden und dem Angriff erneut standhalten, wenn der Feind weiterhin auf ihn wartete.

Diese vernünftige Erwartung und geschickte Vorstellung wurde durch eine Kollision in der Nacht zwischen einer Fregatte, der *Nymphe* , 36, und dem führenden Linienschiff, der *Alfred* , 74, zunichte gemacht. Die Reparaturen an letzterem verzögerten die Flotte, die dessen Annäherung bei Tageslicht entdeckt wurde. De Grasse stach deshalb in See. Er vermutete, dass Hoods Absicht darin bestand, Brimstone Hill mit Beistand zu versorgen; und außerdem befand sich die Position des Feindes jetzt zwischen ihm und vier Linienschiffen, die momentan aus Martinique erwartet wurden, von denen eines am selben Tag zu ihm stieß. Die Franzosen waren alle bei Sonnenuntergang unterwegs und standen unter leichtem Segel südwärts in Richtung der Briten, die um 13 Uhr die Südspitze von Nevis umrundet hatten. Gegen Einbruch der Dunkelheit drehte Hood um und blieb ebenfalls südwärts stehen, scheinbar auf dem Rückzug.

In der folgenden Nacht kreuzten die Briten mehrmals, um ihre Position in Luv zu halten. Bei Tageslicht des 25. Januar befanden sich die beiden Flotten westlich von Nevis; die Briten in der Nähe der Insel, die Franzosen auf ihrer Seite, aber mehrere Meilen abseits. In seinem ersten Frühjahr durch einen unerwarteten Unfall vereitelt, hatte Hood sein Unternehmen nicht aufgegeben und schlug nun vor, den von den Franzosen verlassenen Ankerplatz einzunehmen, um sich dort niederzulassen – wie er es Graves im Chesapeake vorgeschlagen hatte –, dass er ließ sich nicht lösen. Für eine solche Verteidigungsposition bot St. Kitts besondere Vorteile. Der Ankerplatz war ein schmaler Felsvorsprung, der steil ins sehr tiefe Wasser abfiel; und es war möglich, die Schiffe so zu platzieren, dass der Feind nicht leicht in ihrer Nähe ankern konnte.

Um 5.30 Uhr des 25. gab Hood im Abstand von einem Kabel das Signal, auf Steuerbordbug eine Kampflinie zu bilden. [108] Im Logbuch der *Canada* , 74, Kapitän Cornwallis, wird erwähnt, dass dieses Schiff um 7 Uhr als Vierter von hinten seine Station anlief. Um 10 Uhr war die Linie gebildet und die Schiffe schwebten darin. Um 10.45 Uhr wurde das Signal zum Füllen gegeben, die Van-Schiffe sollten das gleiche Segel wie die Admiral tragen – Marssegel und Focksegel –, kurz vor Mittag folgte der Befehl, sich zum Ankern vorzubereiten, mit Federn an den Segeln Kabel. Die Franzosen, die auf Backbordbug nach Süden steuerten, während die Briten hove-to waren, drehten um, sobald letzterer voll war, und stellten sich ihnen in Bug- und Viertellinie entgegen. [109]

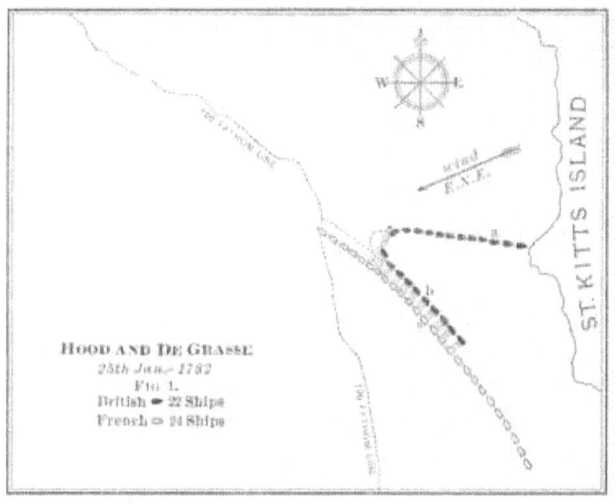

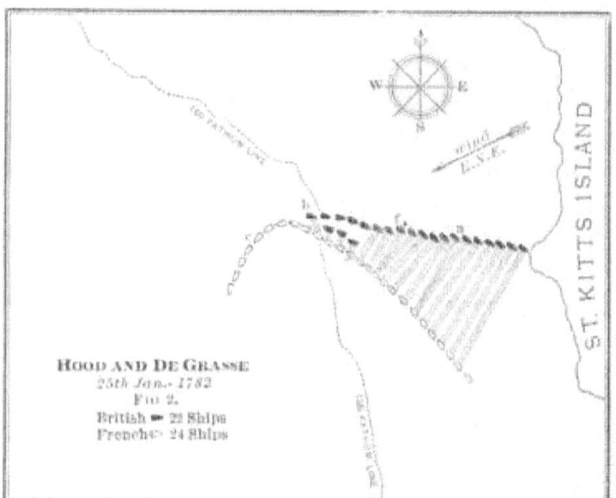

Hood und De Grasse, 25. Januar 1782, Abbildungen 1 und 2

Mittags lief die britische Flotte dicht unter dem Hochland von Nevis entlang; so nah, dass die *Solebay*, 28, eine der Fregatten vor der Küste, auf Grund ging und zerstört wurde. Es waren keine Signale nötig, außer um Unregelmäßigkeiten im Befehl zu korrigieren, denn die Kapitäne wussten, was sie zu tun hatten. Die Franzosen näherten sich stetig, fielen aber in Bezug auf den Punkt der feindlichen Linie, auf den sie zusteuerten, zwangsläufig zurück. Um 14 Uhr feuerte de Grasses Flaggschiff, die *Ville de Paris , mehrere Schüsse auf den britischen Rücken ab, den sie allein erreichen konnte, während sich sein linker Flügel der Barfleur , Hoods Flaggschiff, und den Schiffen dahinter, der* Mitte der Kolonne, näherte , die um 2.30 Uhr ihr Feuer eröffneten. Hood vertraute auf seine Kapitäne und ignorierte diese Bedrohung für die hintere Hälfte seiner Streitkräfte. Es wurden Signale an den Van geschickt, um die Segel zu drängen und seinen Ankerplatz einzunehmen, und um 15.30 Uhr begannen die führenden Schiffe in einer Linie vor ihnen zu ankern (Abb. 1, a), dabei von den Breitseiten des Hecks und der hinteren Mitte verdeckt (B). Auf Letzteres führten die Franzosen nun ein scharfes Feuer. Zwischen der *Canada* und ihrem nächsten Achterschiff, der *Prudent*, 64, die ein langweiliger Segler war, gab es einen beträchtlichen Abstand. Der französische Admiral drängte darauf zu, um die drei hinteren Schiffe abzuschneiden. Aber Cornwallis warf alles zurück und machte sich auf seine Gemahlin ein – eine bewegende Tat, bei der er von der *Resolution* und *Bedford*, 74, direkt vor ihm, nachgeahmt wurde . De Grasse wurde auf diese Weise vereitelt, allerdings so knapp, dass ein Offizier, der von einem der vor Anker liegenden Schiffe aus blickte, behauptete, er könne für einen Moment den Klüver der *Ville de Paris innerhalb der britischen Linie erkennen*. Als das Heck des letzteren an seinen Platz vordrang, räumte es die Breitseiten des jetzt verankerten Vans und der Mitte frei (Abb. 2, a), und diese öffneten sich auf den Feind, von dem ein großer Teil hinter den Briten aufgereiht war Kolonne, noch ohne Gegner, aber beeilt sich, ihren Anteil am Geschehen zu ergattern. Hoods Flaggschiff (f), das um 4.03 Uhr vor Anker ging, eröffnete um 16.40 Uhr erneut das Feuer. Während die *Canada* und ihre wenigen Begleiter, die die Hauptlast des Tages trugen, die Segel verkürzten und auf (b) umdrehten, immer noch unter Wasser Mit einer heißen Kanonade begrüßten die Batterien ihrer Vorgänger sie und verdeckten gleichzeitig ihre Bewegungen, indem sie dem Feind viel anderes zu denken gaben. Die *Canada* näherte sich dem Ende der Kolonne und ließ in Eile los, ließ zwei Taue am Ende auslaufen und stellte beim Loten fest, dass sie ihren Anker in 150 Klafter Wassertiefe geworfen hatte. Die französische Kolonne stand auf, abseits der Sondierungen, wenn auch in der Nähe, und feuerte, während sie vorbeizog, und blieb dann, nacheinander nach Süden abdriftend, außer Gefecht auf dem Backbordschlag (c), wobei ihre wirkungslosen Breitseiten die Größe und Aufregung noch steigerten der Szene und steigert den Ruhm von Hoods erfolgreichem Wagemut, von dem man kaum genug loben kann. Lord Robert Manners, der Kapitän der *Resolution*, dem fünften Schiff im britischen Hinterland, urteilte eine Woche später in einem Schreiben über diese Leistung, das die Nachwelt bestätigen wird. „Die Inbesitznahme dieser Straße war gut überlegt, gut durchgeführt und gut ausgeführt, obwohl die Franzosen tatsächlich eine Gelegenheit hatten – die sie verpassten –, unseren Rücken in eine sehr ernste Situation zu bringen. Die vordersten und mittleren Divisionen gingen vor Anker das Feuer von hinten, das auf die Mitte des Feindes gerichtet war (Abb. 1); und dann deckte uns die Mitte, die richtig vor Anker lag und richtig platziert war, während wir ankerten (Abb. 2), was meiner Meinung nach am meisten ausmachte meisterhaftes Manöver, das ich je gesehen habe. Ob man nun die sorgfältige Vorbereitung, das kluge Management der Flotte vor dem letzten Vorstoß, die kalkulierte Kühnheit des letzteren oder die feste und scharfsinnige taktische Handhabung vom ersten bis zum letzten Moment berücksichtigt, Nelson selbst hat nie etwas Brillanteres geleistet Tat als diese von Hood. [110] Alle Schüsse hörten um 5.30 Uhr auf.

Natürlich musste ein unter solchen Bedingungen angenommener Befehl vor dem weiteren Kampf einige Korrekturen vornehmen. Da die richtige Stationierung der Flotte in hohem Maße von der Position des Transportschiffs abhing, hatte Hood einen örtlichen Lotsen an Bord genommen; Doch als die Aktion aufhörte, stellte er fest, dass sie nicht so nah am Ufer war, wie er beabsichtigt hatte. Im Hinterland hingegen herrschte naturgemäß die größte Unordnung, was auf die Umstände zurückzuführen war, die an seinem Ankerplatz herrschten. Drei Schiffe von hinten wurden daraufhin angewiesen, sich vor dem Transporter zu positionieren und so die Lücke zu schließen, während andere ihre Liegeplätze nach bestimmten Anweisungen wechselten. Die letztendlich angenommene Reihenfolge (Abb. 3) war wie folgt. Das Van-Schiff lag so nah am Ufer vor Anker, dass es unmöglich war, darin hindurchzufahren oder es bei dem vorherrschenden Wind überhaupt zu erreichen, da direkt vor der Küste eine Spitze und eine Untiefe ihre Position verdeckten. Von dort aus erstreckte sich die Linie in West-Nordwest-Richtung bis zum fünfzehnten Schiff, der *Barfleur* 98, Hoods Flaggschiff, als sie nach Norden drehte, wobei die letzten sechs Schiffe auf einer Nord- und Südlinie lagen. Diese sechs hielten mit ihren Breitseiten nach Westen gerichtet und verhinderten, dass eine von Süden nach Norden ziehende Kolonne, die einzige Möglichkeit, durchzukommen, ungestraft die Hauptlinie belagerte. Letzterer deckte mit seinen Geschützen den Vormarsch von Süden her ab. Alle Schiffe hatten Federn an den Kabeln, die es ihnen ermöglichten, die Seite zu drehen, um mit ihren Batterien einen großen Kreisbogen zurückzulegen.

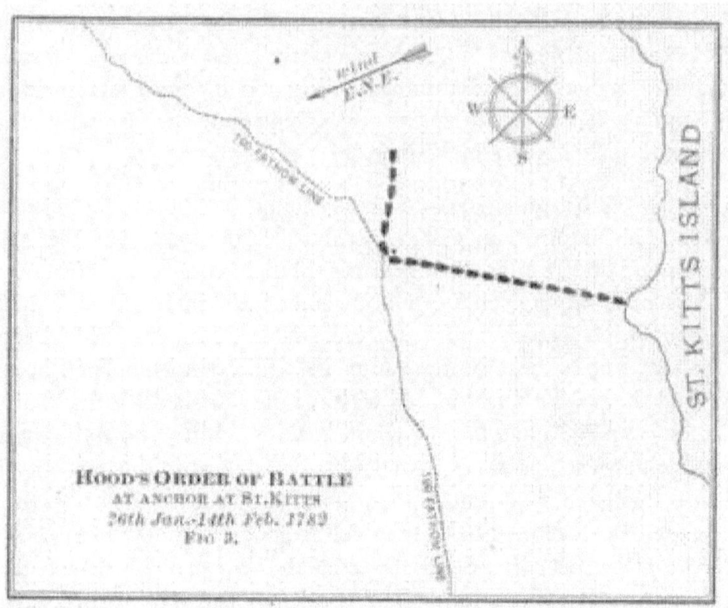

Hood und De Grasse, 26. Januar 1782, Abbildung 3

Bei Tagesanbruch am folgenden Morgen, dem 26. Januar, begannen die Schiffe, ihre Plätze zu wechseln, da die Franzosen damals sieben oder acht Meilen entfernt im Südosten waren. Um 7 Uhr morgens konnte man sehen, wie sie sich in Schlachtlinie unter einem Druck von Segeln näherten und auf den britischen Transporter zusteuerten. Die *Canada*, die um 5 Uhr morgens damit begonnen hatte, ihre rund 200 Klafter Kabel in Angriff zu nehmen, musste abschneiden, wodurch „wir den kleinen Laubenanker und zwei Kabel mit einer 8-Zoll- und einer 9-Zoll-Trosse verloren, die verbogen waren." für Federn." Das Schiff musste nach Luv fahren, um sich der Flotte zu nähern, und erhielt daher vom Konteradmiral den Befehl, den Angriff fortzusetzen, bis um 10.50 Uhr eine Nachricht an das Schiff gesendet wurde, es solle zur Unterstützung der Nachhut vor Anker gehen. Die Aktion begann zwischen 8.30 und 9.00 Uhr, das führende französische Schiff steuerte auf den britischen Transporter zu, scheinbar mit der Aussicht, ihn zu umgehen und darin zu landen. Gegen diesen Versuch reichten wahrscheinlich Hoods Vorsichtsmaßnahmen aus; Doch als sich das feindliche Schiff näherte, drehte der Wind auf sie zu, so dass sie nur das dritte Schiff holen konnte. Letztere ließen mit den Schiffen voraus und achtern ihre Batterien auf sie los. „Der durch ihre zerstörerischen Breitseiten verursachte Absturz an Bord war so gewaltig, dass ganze Plankenstücke von der Seite wegfliegen sahen, bevor sie dem kühlen, konzentrierten Feuer ihrer entschlossenen Gegner entkommen konnte." [111] Sie hob den Helm und rannte außerhalb der britischen Linie entlang, wobei sie das erste Feuer jedes nachfolgenden Schiffes erhielt. Ihre

Bewegung wurde von ihren Anhängern nachgeahmt, einige hielten sich früher zurück, andere später; aber de Grasse kam mit seinem Flaggschiff nicht nur nahe heran, sondern richtete auch seine Achtermeter in den Wind, um langsamer voranzukommen. Als er beim Verlassen der *Barfleur sein Ruder nach Backbord legte* , brachte dies diese Segel zurück und hielt ihn noch länger davon ab, von den britischen Schiffen in den Hintergrund geschleudert zu werden. „Dabei wurde er von den Schiffen unterstützt, die sich achtern oder unmittelbar vor ihm befanden. Während dieses kurzen, aber gewaltigen Konflikts in diesem Teil des Schlachtfeldes war mehr als zwanzig Minuten lang nichts von ihnen zu sehen, außer dem von de Grasse Weiße Flagge an der Großbramspitze der *Ville de Paris* , die anmutig über den riesigen Rauchmassen schwebte, die sie umhüllten, oder über den Wimpeln jener Schiffe, die gelegentlich wahrnehmbar waren, wenn eine stärkere Brise den Rauch wegwehte. [113]

François-Joseph-Paul, Comte de Grasse, Marquis de Tilly

Admiral, Lord Hood

Auch wenn es sehr galant durchgeführt wurde, konnte kein solches Routinemanöver Hoods solide Position erschüttern. Der Versuch wurde am Nachmittag wiederholt, jedoch schwächer und nur in der Mitte und hinten. Auch dies war wirkungslos; und Hood blieb im triumphalen Besitz des Feldes zurück. Die Verluste in den verschiedenen Schlachten der beiden Tage betrugen: Briten: 72 Tote, 244 Verwundete; Französisch, 107 Tote, 207 Verwundete. Von da an kreuzte die französische Flotte weiter in Lee der Insel, näherte sich fast täglich, drohte häufig mit Angriffen und tauschte gelegentlich Fernschüsse aus; aber es kam zu keiner ernsthaften Begegnung.

Das Interesse konzentrierte sich auf Brimstone Hill, wo als einziger Ort auf der Insel noch die britische Flagge wehte. De Grasse wartete auf die Kapitulation und schmeichelte sich, dass die Briten dann gezwungen sein würden, in See zu stechen, und dass seine Flotte, die durch sukzessive Ankünfte auf zweiunddreißig Linienflotten vergrößert wurde, dann eine Gelegenheit finden würde, den Mann zu vernichten, der ihn überlistet hatte überlistete ihn am 25. und 26. Januar. In dieser Hoffnung wurde er durch seine eigene Unfähigkeit und die Bereitschaft seines Gegners getäuscht. Hood war aus Mangel an Truppen nicht in der Lage, Brimstone Hill zu unterstützen; Die Franzosen hatten sechstausend Mann gelandet, gegen die die 2400 Briten nichts ausrichten konnten, weder allein noch in Zusammenarbeit mit der Garnison, die nur 1200 Mann stark war. Das Werk kapitulierte am 13. Februar. De Grasse, der es versäumt hatte, seine Schiffe mit Proviant zu versorgen, fuhr am nächsten Tag nach Nevis und ankerte dort, um die Vorräte zu leeren. An diesem Abend rief Hood seine Kapitäne an Bord, erklärte seine Absichten, ließ sie ihre Wachen neben sich stellen, und um 23 Uhr wurden die Kabel eines nach dem anderen durchtrennt, die Lichter blieben an den Bojen, und die Flotte machte sich lautlos auf den Weg und passierte den Norden Ende von St. Kitts und so weiter in Richtung Antigua. Als de Grasse am nächsten Morgen die Augen öffnete, waren die Briten nicht mehr zu sehen. „Nichts hätte glücklicher ausgeführt werden können", schrieb Lord Robert Manners, „da es zu keinem einzigen Unfall kam. Wenn man das Ganze in einem Licht betrachtet, war es zwar nicht erfolgreich in dem von uns angestrebten Punkt, aber dennoch wurde es gut durchgeführt und hat Erfolg gehabt." dem Feind einen ziemlich harten Schachzug; und wenn man ihm halb so viel Anerkennung zollt wie der Feind, wird Sir Samuel Hood in der öffentlichen Wertschätzung einen sehr hohen Stellenwert haben.

Hoods Absicht war es gewesen, nach Barbados zurückzukehren; aber am 25. Februar gesellte sich zu ihm, windwärts von Antigua, Rodney, der eine Woche zuvor aus England angekommen war und zwölf Linienschiffe mitgebracht hatte. Der neue Oberbefehlshaber versuchte, de Grasse von Martinique abzuschneiden, doch am 26. drang die französische Flotte dort ein. Rodney ging daraufhin nach Santa Lucia, um Hoods Schiffe umzurüsten und sich auf den bevorstehenden Feldzug vorzubereiten, bei dem klar war, dass die Eroberung Jamaikas das erste Ziel der Alliierten sein sollte. Eine wichtige Voraussetzung für ihren Erfolg war die Ankunft eines großen Konvois, der bekanntermaßen von Brest aus auf dem Weg war, um die Verluste auszugleichen, die Kempenfelts Überfall und das anschließende schlechte Wetter im Dezember verursacht hatten. Hood schlug Rodney vor, die Flotte zu halbieren, die damals sechsunddreißig der Linie zählte, und einen Teil nördlich von Dominica zwischen dieser Insel und Deseada kreuzen zu lassen, während der andere den südlichen Zugang zwischen

Martinique und Santa Lucia bewachte. Rodney war dazu jedoch nicht bereit und ergriff eine halbe Maßnahme: Hoods Division wurde windwärts des nördlichen Endes von Martinique stationiert und reichte nur bis zum nördlichen Breitengrad von Dominica, während die Mitte und das Heck auf gleicher Höhe lagen das Zentrum und der Süden von Martinique; alle in gegenseitiger Verbindung durch Zwischengefäße. Zwischen den Zeilen scheint es so zu sein, als hätte Hood versucht, sein Reisegebiet nach Norden auszudehnen, um seinen eigenen Vorstellungen zu folgen, aber Rodney erinnerte sich an ihn. Der französische Konvoi passierte daraufhin nördlich von Deseada, begleitet von zwei Linienschiffen, und erreichte am 20. März sicher Martinique. Die Streitmacht von De Grasse wurde somit auf fünfunddreißig der Linie erhöht, darunter zwei 50-Kanonen-Schiffe, gegenüber den britischen sechsunddreißig. Am Ende des Monats kehrte Rodney nach Santa Lucia zurück, blieb dort vor Anker und beobachtete mithilfe einer Fregattenkette aufmerksam die französische Flotte in Fort Royal.

Das Problem, vor dem de Grasse nun unmittelbar stand – der erste Schritt zur Eroberung Jamaikas – war äußerst schwierig. Es sollte neben der nach Frankreich fahrenden Handelsflotte auch die für sein Unternehmen wesentlichen Versorgungsschiffe nach Cap François transportieren ; Er stellte insgesamt einhundertfünfzig unbewaffnete Schiffe her, die er durch seine fünfunddreißig Liniensegel schützen konnte, gegenüber den sechsunddreißig britischen. Da der Passatwind günstig war, beabsichtigte er, den inneren Nordrand des Karibischen Meeres zu umfahren. Auf diese Weise hielt er sich in der Nähe einer Reihe befreundeter Häfen auf, in denen der Konvoi im Bedarfsfall Zuflucht finden konnte.

Mit diesem Plan stach die französische Bewaffnung am 8. April 1782 in See. Rodney wurde dies umgehend mitgeteilt, und schon gegen Mittag hatte seine gesamte Flotte ihren Ankerplatz verlassen und war auf der Verfolgung. Dann wurde die entscheidende Bedeutung von Barringtons Eroberung von Santa Lucia deutlich; denn wenn die Briten auf Barbados gewesen wären, was die wahrscheinlichste Alternative wäre, wäre die französische Bewegung nicht nur länger unbekannt gewesen, sondern die Verfolgung hätte aus einer Entfernung von hundert Meilen begonnen, statt aus dreißig. Hätten die Briten diesen Nachteil durch eine Kreuzfahrt vor Martinique ausgeglichen, wären sie auf die Schwierigkeit gestoßen, ihre Schiffe mit Wasser und anderen lebensnotwendigen Gütern zu versorgen, die Santa Lucia bereitstellte. Ohne die Fehler des Verlierers oder die Verdienste des Gewinners in der aufregenden Woche, die darauf folgte, in irgendeiner Weise herunterzuspielen, könnte man sagen, dass die Eröffnungssituation auf beiden Seiten eine Anhäufung von Versäumnissen oder Erfolgen darstellte, was bei Der Moment ihres Auftretens mag individuell trivial erschienen sein;

eine deutliche Warnung vor dem Risiko, das der Verlust einzelner Punkte im Kriegsspiel mit sich bringt. De Grasse war von Anfang an durch die Fehler seiner Vorgänger und seiner selbst enorm beeinträchtigt. Dass die Briten Santa Lucia als Außenposten hatten, war nicht nur Barringtons Fleiß zu verdanken, sondern auch d'Estaings Nachlässigkeit und beruflicher Schüchternheit; und es kann fraglich sein, ob de Grasse selbst ein angemessenes Verständnis der strategischen Bedingungen gezeigt hatte, als er diese Insel zugunsten von Tobago und St. Kitts vernachlässigte. Sicherlich hatte Hood im Jahr zuvor große Angst davor gehabt. Dass der Konvoi dort war, um seine Bewegungen zu behindern, war möglicherweise nicht die Schuld des französischen Admirals; aber es war zu einem großen Teil seine Schuld, dass von den sechsunddreißig Schiffen, die ihn verfolgten, einundzwanzig eine Streitmacht darstellten, die er ein paar Wochen zuvor im Detail hätte zerschlagen können – ganz zu schweigen von dem ähnlichen Misserfolg im April 1781. [114]

Große Schiffskörper bewegen sich im Allgemeinen weniger schnell als kleine. Um 14.30 Uhr des Starttages hatten Rodneys Ausguckposten die französische Flotte gesichtet; und vor Sonnenuntergang konnte man es von den Mastspitzen des Hauptschiffs aus sehen. Um 6 Uhr am nächsten Morgen, dem 9. April, war der Feind, sowohl Flotte als auch Konvoi, vom Deck der *Barfleur* , dem Flaggschiff von Hoods Division, und dann im britischen Transporter sichtbar. Die Franzosen marschierten nach Nordosten, vier bis zwölf Meilen entfernt, und erstreckten sich von der Mitte Dominicas nach Norden bis nach Guadeloupe. Die Briten hatten in der Nacht große Fortschritte gemacht und ihr Zentrum befand sich nun vor Dominica, in Lee des Rückens des Feindes, der unter der Insel stillstand. Etwa vierzehn oder fünfzehn der französischen Vorhut, die den Kanal zwischen Dominica und Guadeloupe geöffnet hatte, spürten einen frischen Passatwind von Osten nach Norden, mit dem sie nach Norden steuerten; und ihre Zahl nahm nach und nach zu, als einzelne Schiffe mithilfe der Catspaws das Hochland von Dominica verließen. Hoods Division, die erste unter den Briten, bekam ebenfalls den Wind, und mit acht Schiffen stand der Kommandant der Vorhut in Schlachtordnung nördlich. Nordwestlich von ihm befanden sich zwei französische Schiffe, die von ihren Gefährten getrennt wurden und drohten, abgeschnitten zu werden (i). Diese traten kühn zurück und überquerten die Spitze von Hoods Kolonne; Eines davon passierte das führende Schiff, die *Alfred* , so dicht, dass dieses sich aushalten musste, um es passieren zu lassen. Rodney hatte um 6.38 Uhr ein Signal zum Angriff gesetzt, es aber fast sofort wieder heruntergeholt, und Hood wollte nicht ohne Befehl feuern. Diese Schiffe schlossen sich daher unversehrt wieder ihrem Hauptkörper an. Um 8.30 Uhr hissten die Franzosen ihre Fahnen, und kurz darauf kreuzten die Schiffe, die Dominica geräumt hatten, und standen südlich, gegenüber von Hood.

De Grasse hatte nun erkannt, dass er dem Gefecht nicht entgehen konnte, wenn der Konvoi Gesellschaft leistete. Er wies daher die beiden 50-Kanonen-Schiffe *Expériment* und *Sagittaire* an, es nach Guadeloupe zu begleiten, wo es an diesem Tag sicher ankam (Position 1, dd); und er beschloss, dass die Flotte windwärts durch den Kanal zwischen Dominica und Guadeloupe fahren sollte, fast auf halber Strecke, in dem eine Gruppe kleiner Inseln namens Les Saintes liegt – ein Name, der manchmal der Schlacht vom 12. April gegeben wurde. Auf diese Weise hoffte er, nicht nur den Feind vom Konvoi wegzuführen, sondern durch seine überlegene Geschwindigkeit auch die Verfolger abzuwehren und so seine Mission unbeschadet zu erfüllen. Die französischen Schiffe, die größer, tiefer und mit besseren Linien als ihre Gegner waren, waren von Natur aus bessere Segler, und daraus lässt sich schließen, dass selbst die Verkupferung diesen ursprünglichen Nachteil der Briten nicht vollständig überwunden hatte.

Im selben Moment, als er seine neue Politik begann, überfiel de Grasse jedoch unwiderstehlich eine subtile Versuchung, und zwar in der exponierten Position von Hoods Kolumne (h); und er begegnete ihr nicht durch die offene und herzliche Annahme einer großen Gelegenheit, sondern durch eine halbe Maßnahme. Als Hood gründlich zerschlagen wurde, geriet die britische Flotte der französischen hoffnungslos unterlegen. Hood beschädigt, und es wurde etwas minderwertig: Möglicherweise würde es von einer weiteren Verfolgung abgehalten werden. De Grasse entschied sich für diesen zweiten Kurs und befahl einem Teil seiner Flotte anzugreifen. Diese Operation wurde auf Befehl des Marquis de Vaudreuil, dem Stellvertreter des Kommandos, durchgeführt. Die daran beteiligten Schiffe schossen von Luv herab, griffen Hoods hintere Schiffe an, standen auf der Wetterseite seiner Kolonne in großer Entfernung nordwärts (f) und kreuzten nach dem Vorbeigehen nacheinander (t) und formierten sich erneut in der hinten, (f^2), von wo aus sie das gleiche Manöver wiederholten (Positionen 1 und 2). So fuhr eine Prozession von fünfzehn Schiffen immer zu acht vorbei und beschrieb eine kontinuierliche Kurve elliptischer Form. Sie konnten dies tun, weil Hood zu einer niedrigen Geschwindigkeit verurteilt war, damit er sich nicht zu weit von der britischen Mitte (a) und Rückseite (c) entfernte, die immer noch unter Dominica (Position 2) herrschte. Die Franzosen hatten die Wahl zwischen der Distanz und schossen auf lange Distanz, weil ihnen die Karronaden fehlten, von denen die Briten viele hatten. Diese Geschütze mit geringer Reichweite, aber großem Kaliber wurden dadurch unbrauchbar. Hätten sie ins Spiel kommen können, hätten die französische Takelage und Segel erheblich gelitten. Dieser erste Kampf (Position 1) dauerte laut Hoods Protokoll von 9.48 bis 10.25 Uhr. Er wurde 14 Minuten nach Mittag mit stärkerer Stärke (Position 2) wieder aufgenommen und dauerte bis 13.45 Uhr, als das Feuern für diesen Tag eingestellt wurde; Rodney gab bei 2 Uhr das Signal zum Gefecht. Zwischen den beiden Vorgängen, die im Großen und

Ganzen identisch waren, wurde Hoods Kolonne verstärkt, und ein großer Teil des britischen Zentrums geriet auch mit einigen der französischen Hauptstreitkräfte in Gefecht, wenn auch auf große Distanz nur. „Außer den beiden hinteren Schiffen", schrieb Rodney in dieser Nacht an Hood, „feuerten die anderen aus einer solchen Entfernung, dass ich nichts erwiderte."

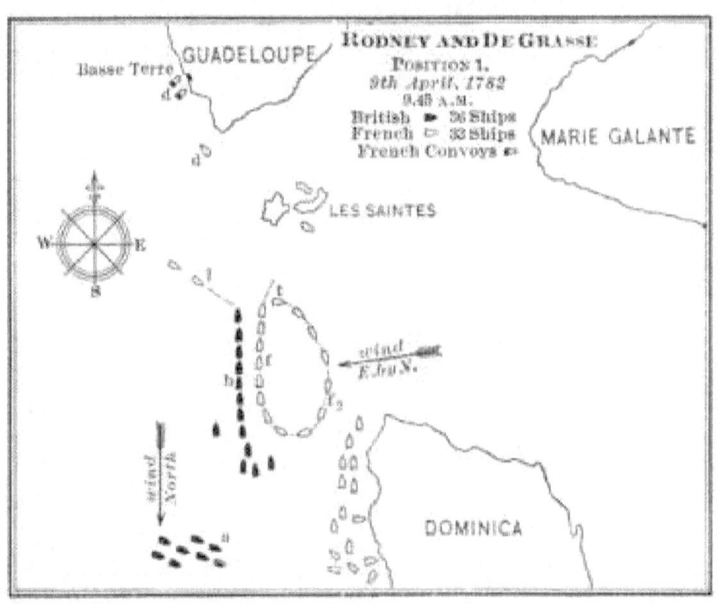

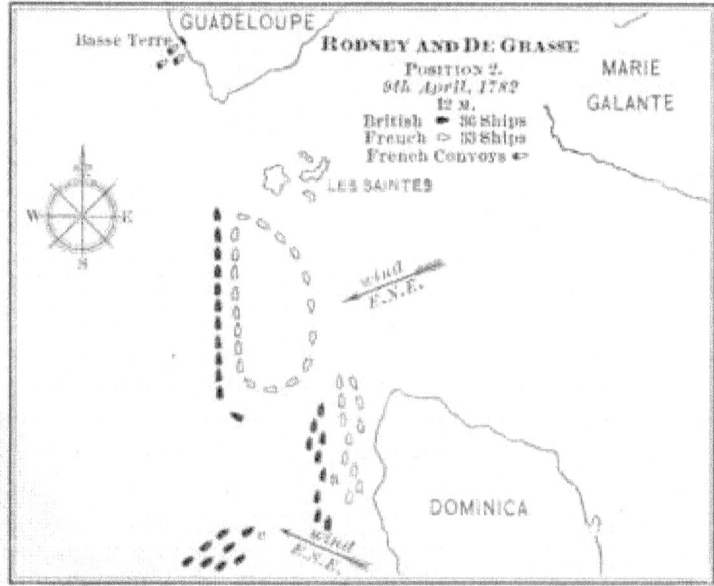

Rodney und De Grasse, 9. und 12. April 1782
Abbildungen 1 und 2

Die Schäden an den beteiligten britischen Schiffen waren nicht so groß, dass sie sie zum Verlassen der Flotte zwangen. Die *Royal Oak* verlor ihren Hauptmast, und der der *Warrior* stürzte zwei Tage später, nicht unwahrscheinlich, aufgrund von Verletzungen; aber darin war nichts , was die geschickten Hände der Seeleute nicht reparieren konnten, um die Jagd fortzusetzen. Rodney begnügte sich daher damit, die Reihenfolge des Segelns umzukehren und Hood hinten anzustellen, wodurch er nachrüsten und dennoch schnell genug folgen konnte, um nicht außer Reichweite zu geraten. Dieser Umstand führte dazu, dass Hoods Division in der Schlacht am 12. im Hintergrund lag. Eines der französischen Schiffe, die *Caton* , 64, war so verletzt worden, dass de Grasse sie nach Guadeloupe abkommandierte. Es muss daran erinnert werden, dass ein verkrüppeltes Schiff in einer verfolgten Flotte nicht nur die Bewegung behindert, sondern auch den gesamten Körper gefährden kann, wenn dieser es versäumt, ihn zu schützen; wohingegen der Verfolger zwischen seinen lahmen Vögeln und dem Feind bleibt.

In der Nacht des 9. machten sich die Briten auf den Weg zur Reparatur. Am nächsten Morgen nahmen sie die Verfolgung wieder auf, wandten sich dem Feind in Luv zu, verloren aber im Großen und Ganzen am 10. und 11. März. Bei Tagesanbruch des 10. waren die Franzosen bei den Logen von Hood und Cornwallis „vier bis fünf Meilen entfernt", „vom Deck aus gerade noch zu sehen". In dieser Nacht war jedoch die *Zélé* , 74, *mit der Jason* , 64, kollidiert ; und dieser wurde so verletzt, dass er gezwungen war, dem *Caton* nach Guadeloupe zu folgen. Bei Sonnenuntergang dieses Tages signalisierte Rodney eine allgemeine Verfolgungsjagd nach Luv, die es jedem Schiff ermöglichte, in den dunklen Stunden nach dem Urteil seines Kapitäns sein Bestes zu geben. Dennoch scheinen die Franzosen am Morgen des 11. erneut gewonnen zu haben, denn Hood, der sich, wie man sich erinnern wird, jetzt im Nachhinein befand, stellt fest, dass um 10 Uhr morgens zweiundzwanzig französische Segel (nicht die gesamte Flotte) sein konnten gezählt *vom Impressum* ; Cornwallis, weiter in Luv, konnte dreiunddreißig zählen. Troude, ein französischer Autoritätsmann, sagt, dass zu diesem Zeitpunkt fast alle Franzosen die Saintes überquert hatten, das heißt, sie waren in Luv von ihnen gelangt, und es sah so aus, als könnte es de Grasse gelingen, seinen Verfolger abzuwehren. Unglücklicherweise befanden sich zwei Schiffe, die *Magnanime* (74) und die *Zélé* (74), von denen letztere ihren Hauptmast verloren hatte, mehrere Meilen in Lee des französischen Hauptschiffs. Es war notwendig, diese Schiffe zu verzögern oder abzuwerfen. Wieder führten triviale Umstände zu einer großen Katastrophe, und de Grasse machte sich auf den Weg, um die beschädigten Schiffe zu decken. Damit verlor er viel von seinem hart erkämpften Boden und brachte in dieser Nacht ein weiteres Unglück mit sich. Rodney hielt hartnäckig durch und verließ sich auf das Kapitel über Unfälle, als jemand, der weiß, dass alles zu dem kommt, der durchhält. Natürlich konnte er nicht viel anderes tun; Dennoch verdient er Anerkennung für seinen unermüdlichen Fleiß und Mut. Im Laufe des Nachmittags bezeugen die in den britischen Logbüchern vermerkten Signale, alle Kreuzer herbeizurufen und die Flotte zu schließen, stumm, dass de Grasse sich näherte.

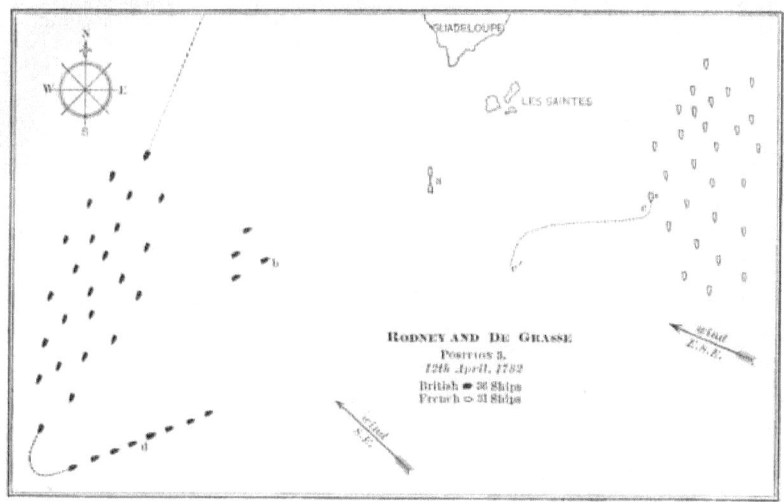

Rodney und De Grasse, 9. und 12. April 1782
Abbildung 3

In der Nacht des 12. April um 2 Uhr morgens kam es zu einer Kollision zwischen der *Zélé* und dem Flaggschiff der de Grasse, der *Ville de Paris*, 110, die sich auf entgegengesetztem Kurs kreuzten. Ersteres verlor sowohl Fockmast als auch Bugspriet. John Paul Jones, der sich einige Monate später mit Erlaubnis des Kongresses als Freiwilliger an Bord der französischen Flotte begab und dabei zweifellos viele persönliche Erzählungen gehört hatte, hat erklärt, dass dieser Unfall auf den Mangel an Wachoffizieren in der Flotte zurückzuführen sei Französische Marine; Das Deck der *Zélé* wurde von einem jungen Fähnrich und nicht von einem erfahrenen Leutnant geleitet. Es war notwendig, die Flotte sofort von den *Zélé* zu befreien, sonst konnte eine Aktion nicht vermieden werden; Also wurde eine Fregatte gerufen, um sie abzuschleppen, und die beiden konnten sich auf den Weg nach Guadeloupe machen, während die anderen den Kurs in Luv fortsetzten. Um 5 Uhr morgens waren sie und die Fregatte wieder unterwegs und steuerten auf Guadeloupe im Nordwesten zu, wobei sie fünf bis sechs Meilen zurücklegten (Position 3, a); aber in der Zwischenzeit waren sie fast bewegungslos gewesen, und als der Tag um 5.30 Uhr anbrach, waren sie daher nur zwei Meilen von der *Barfleur entfernt*, Hoods Flaggschiff, das, immer noch im britischen Rücken, damals auf dem Backbordbug im Süden stand. Der Truppenteil der Franzosen (Position 3) befand sich ungefähr in der gleichen Entfernung wie am Vorabend, nämlich zehn bis fünfzehn Meilen, aber die *Ville de Paris* (c) nicht weiter als acht. Kurz vor 6 Uhr morgens gab Rodney Hood, der am nächsten war, ein Zeichen, den *Zélé* zu verfolgen ; und vier der hintersten Linienschiffe wurden zu diesem Zweck abgetrennt (b). Als De Grasse dies sah, gab er seinen Schiffen um 6 Uhr morgens ein Zeichen, das Flaggschiff zu schließen und alle Segel zu setzen. und er selbst steuerte auf dem Backbordschlag nach Westen (cc'), lief aber frei, um Rodneys Verfolger abzuschrecken. Der britische Admiral hielt sie bis 7 Uhr draußen, als de Grasse sich zu diesem Zeitpunkt bereits zu seinem falschen Schritt entschlossen hatte. Anschließend wurden alle Kreuzer einberufen und die Leitung für ein Kabel gesperrt. [115] Innerhalb einer Stunde hörte man die Eröffnungsgeschütze der großen Schlacht, die seitdem unter den Namen „12. April" oder „Les Saintes" und, in der französischen Marine, „Dominica" bekannt ist. Die aufeinanderfolgenden Verluste der *Caton*, *der Jason* und *der Zélé* sowie die vorherige Ablösung der beiden 50-Kanonen-Schiffe im Konvoi hatten die Zahl der Franzosen von 35 auf 30 effektive Schiffe reduziert. Die sechsunddreißig Briten blieben unvermindert.

Die Briten scheinen bei Tageslicht im Süden auf Backbord gestanden zu haben; Doch kurz nachdem er die Verfolger losgeschickt hatte, hatte Rodney befohlen, die Peilungslinie (von Schiff zu Schiff) von Nordnordost nach Südsüdwest zu verlegen, offensichtlich in Vorbereitung auf eine Gefechtslinie am Steuerbord am Wind Wenden Sie sich auf nördliche Richtung mit Ostwind. Etwas ungewöhnlich war, dass der Wind an diesem Morgen eine Zeit lang auf südöstlicher Seite blieb, was es den Briten ermöglichte, bis zu Ostnordost auf dem Steuerbordschlag zu liegen (Position 3, d), auf dem sie sich befanden, als die Schlacht begann; und dieser Umstand, der für das Vorankommen in Luv, also im Osten, sehr günstig war, führte zweifellos dazu, dass das Signal für die Peillinie eine halbe Stunde nach seiner Abgabe annulliert und durch die Schlachtlinie ersetzt wurde an einem Kabel voraus. Daraus lässt sich schließen, dass Rodneys erste Absicht darin bestand, sich zusammenzureißen und Hood so wieder in den Van zu bringen, seine natürliche Position; aber der Zufall, dass der Wind nach Süden hielt, brachte den eigentlichen Van – regelmäßig den hinteren – am meisten in Luv und machte es zweckmäßig, nacheinander statt alle zusammen zu wenden, um die Chance, die der Zufall eröffnet hatte, zum Erreichen des Ziels voll zu wahren Feind. Bei dem Gefecht kommandierte daher Hood hinten und Konteradmiral Drake im Wagen. Der Wind schien bei den Franzosen stärker östlich zu wehen als bei den Briten, was in der Nähe des Landes kein ungewöhnlicher Umstand ist.

Da Rodney trotz seiner Eile in den letzten drei Tagen von Zeit zu Zeit eine Linie gebildet hatte, war seine Flotte jetzt in gutem Zustand, und seine Signale beschränkten sich hauptsächlich darauf, sie geschlossen zu halten. Die Franzosen hingegen waren sehr zerstreut, als ihr Oberbefehlshaber in einem Impuls hastigen, unausgewogenen Urteilsvermögens seine bisherige vorsichtige Politik aufgab und sie zum Handeln drängte. Einige von ihnen befanden sich über zehn Meilen luvwärts des Flaggschiffs. Obwohl die Segel dicht gedrängt waren, um zu ihr zurückzukehren, blieb nicht genug Zeit für alle, um zwischen Tagesanbruch und 8 Uhr morgens, als das Feuer begann, ihre Positionen ordnungsgemäß einzunehmen. „Unsere Schlachtlinie wurde unter dem Feuer der Musketen aufgestellt", schrieb der Marquis de Vaudreuil, der Stellvertreter des Kommandos, der sich bei dieser Gelegenheit im hinteren Teil der Flotte befand und somit zu den Letzten gehörte, die im Kampf eingesetzt ~~wurden~~ Gelegenheit zur Beobachtung. Am Anfang lag es in de Grasses Macht, die Aktion hinauszuschieben, bis die Ordnung gebildet war, indem er seinen Wind unter kurzen Segeln hielt; während der bloße Anblick seiner zum Einsatz eilenden Schiffe Rodney dazu gezwungen hätte, die Schiffe herbeizurufen, die die *Zélé verfolgten*, deren Rettung das einzige Motiv des französischen Manövers war. Stattdessen hielt sich das französische Flaggschiff vom Wind fern; Dies beschleunigte die Kollision und verzögerte gleichzeitig die Vorbereitungen, die zu ihrer Aufrechterhaltung erforderlich waren. Dazu fügte de Grasse einen weiteren Fehler hinzu, indem er sich auf dem Backbordschlag formierte, im Gegensatz zu dem, auf dem sich die Briten befanden, und südlich in Richtung Dominica stand. Dies hatte zur Folge, dass seine Schiffe in die Flaute und die verwirrenden Winde gerieten, die an der Küste haften, und sie so ihrer Manövrierfähigkeit beraubten. Sein Ziel bestand wahrscheinlich darin, das Gefecht auf ein bloßes Vorbeifahren auf entgegengesetztem Kurs zu beschränken, womit die Franzosen in allen vorherigen Fällen die entscheidende Aktion, die Rodney angestrebt hatte, vereitelt hatten. Dennoch war der Fehler den Franzosen sofort klar. „Welches böse Genie hat den Admiral inspiriert?" rief du Pavillon, der Flaggkapitän von Vaudreuil, der als einer der besten Taktiker Frankreichs galt und in der Schlacht fiel.

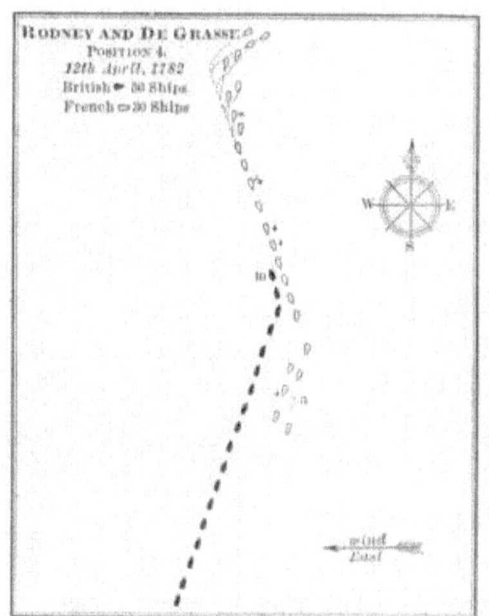

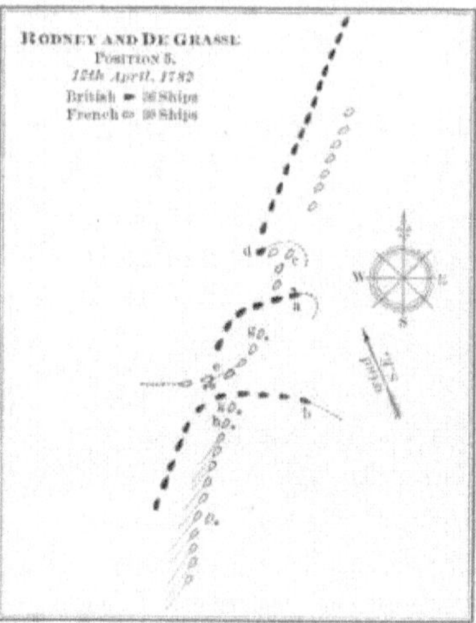

Rodney und De Grasse, 9. und 12. April 1782
Abbildungen 4 und 5

Als sich die beiden Linien im Stehen einander näherten, die Franzosen im Süden, die Briten in Ost-Nordost-Richtung, drehte der Wind wieder nach Osten, wodurch die Franzosen höher in Südost-Südost-Richtung vordrangen und die Briten zu Boden schlugen Richtung Nordnordost (Position 4). Die Spitze der französischen Kolonne flog so außer Schussweite über den Bug von Rodneys führendem Schiff, der *Marlborough* (m), das in Reichweite des achten Schiffes kam. Die ersten Schüsse wurden von der *Brave*, 74, neunter in der französischen Linie, um 8 Uhr morgens abgefeuert. Dann hob der britische Kapitän sein Ruder und lief langsam nordnordwestlich entlang, unter dem Windschatten der Franzosen, auf deren Rücken zu. Der Rest der britischen Flotte folgte ihm. Die Schlacht nahm somit die Form an, in entgegengesetzten Richtungen auf parallelen Linien vorzugehen; mit der Ausnahme, dass die französischen Schiffe, sobald sie nach und nach den Punkt erreichten, an dem die britische Kolonne ihre Linie traf, sich aus dem Feuer zurückzogen und ihr Kurs von da an von dem der britischen Annäherung abwich. Dies hätte zur Folge, dass das britische Hinterland, wenn es diesen Punkt erreicht hätte, frisch wäre, da es keinem Beschuss ausgesetzt war, und mit diesem Vorteil dem französischen Hinterland begegnen würde, das bereits das Feuer der britischen Vorhut und des Zentrums abbekommen hatte. Um dies zu verhindern, gab de Grasse den Van-Schiffen durch den Einsatz seines eigenen Vans das Signal, südsüdwestlich parallel zum britischen Nordnordosten zu fahren (4, a). Die Verlobung wurde so allgemein; aber es ist wahrscheinlich, dass der französische Van nie gut geformt war. Sein Kommandeur erreichte seinen Posten jedenfalls später als der Hinterkommandeur. [117]

Um fünf Minuten nach acht gab Rodney ein allgemeines Signal zum Nahkampf, dem sofort ein weiteres folgte und die führenden Schiffe aufforderte, einen Punkt nach Steuerbord – in Richtung des Feindes – zu steuern, was darauf hindeutet, dass er mit der Distanz, die die Marlborough zunächst zurückgelegt hatte, nicht zufrieden *war*. Die *Formidable*, sein Flaggschiff, das achtzehnte in der Kolonne, begann um 8.23 Uhr zu schießen; [118] aber die *Barfleur*, Hoods Flaggschiff, die einunddreißig war, erst um 9.25 Uhr. Dieser Zeitunterschied ist hauptsächlich auf die leichten Winde in der Nähe von Dominica zurückzuführen, im Gegensatz zu den frischen Fahrten im offenen Kanal nach Norden, die die führenden britischen Schiffe vor ihrem Rücken spürten. De Grasse hatte nun zu spät erkannt, welche verheerenden Auswirkungen dies auf seine Flotte haben würde. Wenn er allem anderen entging, mussten seine Schiffe, verwirrt durch Windstille und Windböen, während die Briten eine Brise hatten, den Wettermesser verlieren und damit die Hoffnung, der Verfolgung zu entgehen, was bisher seine

Hauptbeschäftigung war. Zweimal gab er das Zeichen zum Tragen, zuerst alle zusammen, dann nacheinander, aber obwohl die Signale gesehen wurden, konnte ihnen nicht Folge geleistet werden, da der Feind dicht unter dem Windschatten stand. „Die französische Flotte", bemerkt Chevalier zu Recht, „hatte keine Bewegungsfreiheit mehr. Eine Flotte kann nicht mit der Flotte eines Feindes in Musketenreichweite auf der Leeseite kollidieren."

Die Bewegung setzte sich daher wie beschrieben fort, wobei die gegnerischen Schiffe langsam aneinander „vorbei glitten", bis der Wind gegen 9.15 Uhr plötzlich wieder auf Südost drehte . Die Notwendigkeit, die Segel voll zu halten, zwang jedes französische Schiff mit dem Bug zum Feind (Position 5), zerstörte die Kolonnenordnung und warf die Flotte in die Staffel, *oder* , wie man damals sagte, in Bug- und Viertellinie. [119] Den Briten hingegen stand es frei, entweder ihren Kurs beizubehalten oder sich auf den Feind zuzubewegen. Rodneys Flaggschiff (5, a) luvte und führte durch die französische Linie direkt hinter der *Glorieux* , 74, (g), die das neunzehnte in ihrer Reihenfolge war. Ihr folgten fünf Schiffe; und auch ihr nächster Vorhut, der *Herzog* (d), der die Bewegung ihres Häuptlings sah, ahmte sie nach und durchbrach die Linie achtern der dreiundzwanzigsten Franzosen. Die *Glorieux* , auf der Steuerbordseite von Rodneys kleiner Kolonne, erhielt ihre aufeinanderfolgenden Breitseiten. Ihr Groß- und Besanmast gingen um 9:28 Uhr über Bord, als die *Canada* , dritte achtern der *Formidable* , sie gerade passiert hatte; und wenige Augenblicke später fielen ihr Fockmast und ihr Bugspriet. Um 9.33 Uhr befand sich die *Canada* zu Luv der französischen Linie. Das Flaggschiff *Formidable* nutzte beide Breitseiten, um den Befehl des Feindes zu durchbrechen. Auf ihrer Backbordseite, zwischen ihr und dem *Herzog* , lagen vier zusammengedrängte französische Schiffe (c), von denen eines in die falsche Richtung abgelaufen war; Das heißt, nachdem der Windwechsel sie überrascht hatte, hatten sich ihre Segel auf dem entgegengesetzten Kurs zum Rest ihrer Flotte gefüllt. [120] Diese vier erhielten aus nächster Nähe wiederholt die Breitseitenangriffe der *Formidable* , *Duke* und *Namur* und mussten außerdem das Feuer des britischen Vans über sich ergehen lassen. Sie wurden sehr schwer verletzt. Während diese Dinge geschahen, war die *Bedford* , das sechste Achterschiff der *Formidable* , möglicherweise nicht in der Lage, sie im Rauch als Nächstes vor sich zu sehen, selbständig luvte (b) und wurde von den zwölf hintersten britischen Schiffen verfolgt, die sie durch die Franzosen führte Ordnung achtern der *César* , 74, (k), zwölfter vom Van. Dieses Schiff und ihr nächstes Schiff, die *Hector* , 74, (h), litten ebenso wie die *Glorieux* . Die *Barfleur* , die sich in der Mitte dieser Dreizehnerkolonne befand, eröffnete um 9.25 Uhr das Feuer. Um 10.45 Uhr „hörte sie auf zu schießen, nachdem sie die Transportschiffe des Feindes passiert hatte"; das heißt, sie befand sich gut auf der Wetterseite der französischen Flotte. Einige der hintersten Divisionen von Hood waren jedoch mittags noch im Einsatz; aber wahrscheinlich befanden sich damals alle in Luv des Feindes.

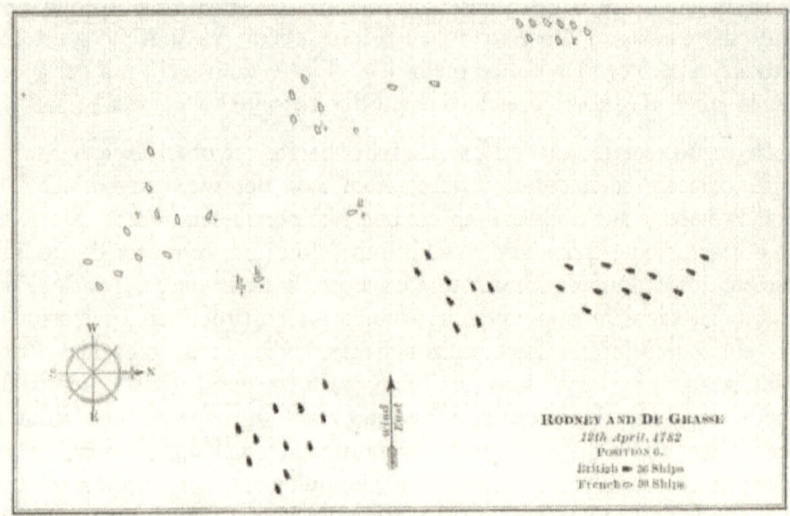

Rodney und De Grasse, 9. und 12. April 1782
Abbildung 6

Die britischen Schiffe vor der *Duke* , der Van und ein Teil des Zentrums, insgesamt sechzehn Segel, hatten weiterhin nach Norden gestanden. Zu dem Zeitpunkt, als Rodney die Linie durchbrach, mussten mehrere von ihnen den französischen Rücken überschritten und außer Gefecht gesetzt haben. Eines, die „ *America* ", das zwölfte vom Van, trug keine Signale, um den Feind zu verfolgen, und ihrem Beispiel folgte sofort das nächste Schiff vor ihnen, die „ *Russell* ", Kapitän Saumarez. Kein Signal folgte, die *America* trug erneut ihre Führer und folgte ihnen, aber die *Russell* blieb so, wie sie war, jetzt in Luv der Franzosen; Dadurch gelang es ihr, in den Schlussszenen eine auffällige Rolle zu übernehmen. Um 11.33 Uhr gab Rodney dem Van das Signal zum Wenden, aber die Verzögerung von einer Stunde oder mehr hatte der *Russell* einen Vorsprung vor den anderen Schiffen ihrer Division „in Richtung des Feindes" verschafft, der nicht überwunden werden konnte.

Die Folge dieser verschiedenen Vorkommnisse war, dass die Wetterlage, die Angriffsposition, von den Franzosen auf die Briten übertragen wurde und diese ebenfalls in drei weit voneinander entfernte und ungeordnete Gruppen aufgeteilt wurden (Position 6). Im Zentrum stand das Flaggschiff *Ville de Paris* mit fünf Schiffen (c). Luv von ihr und zwei Meilen entfernt befand sich der Vorschiff von etwa einem Dutzend Schiffen (v). Das Heck befand sich vier Meilen entfernt in Lee (rechts). Um die Ordnung wiederherzustellen und die Flotte wieder zu verbinden, wurde beschlossen, sich auf den am weitesten unter dem Wind liegenden Schiffen neu zu formieren. und mehrere diesbezügliche Signale wurden von de Grasse gemacht. Sie erhielten nur eine unvollkommene Ausführung. Den handlichen Schiffen gelang es problemlos, vor dem Wind nach Lee zu fliehen, doch dort war eine genaue Positions- und Bewegungsgenauigkeit für Schiffe unterschiedlicher Behinderungsgrade mit leichtem und verwirrendem Seitenwind unerreichbar. Die Franzosen waren nie wieder in Ordnung, nachdem der Wind drehte und die Linie unterbrochen wurde; aber die Bewegung nach Lee ließ die am Boden zerstörten *Glorieux* (g), *Hector* (h) und *César* (k) bewegungslos zwischen den feindlichen Linien zurück.

Es wurde abfällig bemerkt, dass auch die britische Flotte durch das Manöver des Durchbrechens der Linie in drei Teile geteilt wurde. Das ist wahr; aber der Vorteil blieb unbestreitbar, und zwar in zweierlei Hinsicht. Durch die Begünstigung des Windes war jede der drei Gruppen in der Lage gewesen, ihre allgemeine Formation in Linie oder Kolonne beizubehalten, anstatt wie die Franzosen vollständig hinausgeworfen zu werden; Sie fuhren in Kolonnen entlang der *Flüsse Glorieux*, *Hector* und *César* und fügten diesen drei Schiffen eine Konzentration von Schäden zu, die unter den britischen Schiffen ihresgleichen suchte. Tatsächlich hatten die Franzosen drei Schiffe und den Wind verloren. Zu diesen gewissen Nachteilen kommt wahrscheinlich eine Demoralisierung unter den französischen Besatzungen hinzu, die auf die viel größeren Verluste zurückzuführen ist, die sich aus der britischen Praxis des Beschusses des Rumpfes ergeben. Ein bei der Aktion anwesender Offizier teilte Sir John Ross [121] anschließend mit, dass die Franzosen durchgehend sehr hoch geschossen hätten; und er führte zur Illustration an, dass die drei Lastwagen [122] der britischen *Princesa* weggeschossen wurden. Sir Gilbert Blane, der, obwohl er Flottenarzt war, die Erlaubnis erhielt, während der gesamten Aktion an Deck zu sein, schrieb zehn Tage danach: „Ich kann aufgrund meiner eigenen Beobachtung bestätigen, dass das französische Feuer nachlässt, wenn wir uns nähern, und völlig still ist, wenn wir uns nähern." wir sind nah dran." Es versteht sich von selbst, dass eine deutliche Überlegenheit des Feuers die des tapfersten Feindes zum Schweigen bringen wird; und die Praxis, auf die Spieren und Segel zu zielen, wie geeignet sie auch sein mochte, um eine Annäherung zu vereiteln, räumte im Wesentlichen jene Überlegenheit ein, von der die Entscheidung über den entscheidenden Kampf abhängt. Zur Veranschaulichung dieses Ergebnisses wird hier der britische Verlust angegeben. Es gab nur 243 Tote und 816 Verwundete in einer Flotte von sechsunddreißig Segeln. Die höchste Zahl aller Schiffe hatte die *Duke* mit 73 Toten und Verwundeten. Es wurde nie eine sichere Darstellung oder auch nur eine sehr wahrscheinliche Schätzung des französischen Verlustes gegeben. Von den französischen Behörden wird keiner zitiert. Sir Gilbert Blanc, der für Informationen günstig gelegen war, schätzte die Zahl der allein in der *Ville de Paris* stehenden auf 300. Da 5400 Soldaten auf die Schiffe der Flotte verteilt waren, würden die Verluste verhältnismäßig zahlreicher sein; aber selbst wenn man dies berücksichtigt, besteht kein Zweifel daran, dass der Verlust der Franzosen, um Chevaliers Worte zu verwenden, „sicherlich viel beträchtlicher war" als der von den Briten gemeldete. Sechs von dreißig Postkapitänen wurden getötet, zwei von sechsunddreißig Briten.

Rodney nutzte die große Chance, die ihm am Mittag des 12. April eher ein Zufall als ein Plan gegeben hatte, nicht ausreichend aus. Er gewährte zwar eine gewisse Handlungsfreiheit, indem er die Reihenfolge der Schlachtlinie aufgab; aber das Signal zum Nahkampf, das um 13 Uhr gehisst wurde, wurde eine halbe Stunde später wieder eingeholt. Hood, der die deutlich sichtbaren Zustände und die vernünftigen Schlussfolgerungen daraus erkannte, wünschte den Befehl für eine allgemeine Verfolgung, die allen anwesenden Kapitänen den Ansporn zur Nachahmung gegeben hätte, ohne den Einfluss aufzugeben, den bestimmte Signale bei indiskreten Bewegungen gewähren . Er tadelte das Versäumnis des Admirals, diesen Befehl zu erteilen, aufs Schärfste. Wäre es geschehen, sagte er: —

„Ich bin sehr zuversichtlich, dass wir vor Einbruch der Dunkelheit zwanzig Schiffe der feindlichen Schiffe hätten haben sollen. Stattdessen verfolgte er jedoch den größten Teil des Nachmittags nur unter seinen Marssegeln (manchmal war sein Vorsegel gesetzt und manchmal sein Besan-Marssegel zurückgezogen). Der *fliegende* Feind hatte alle Segel gesetzt, die sein sehr zerstörter Zustand zuließ. [123]

Das Signal für eine allgemeine Verfolgungsjagd zu geben, lag außerhalb der Kompetenz eines Junioradmirals; Aber Hood tat, was er konnte, indem er einzelnen Schiffen seiner eigenen Division wiederholte Signale gab, mehr Segel zu setzen, indem er alles, was er konnte, auf die *Barfleur setzte* und seine Boote ausstieg, um sie umzudrehen. Sir Gilbert Blane erweckt unbeabsichtigt einen ähnlichen Eindruck von Laxheit.

„Nachdem wir die französische Linie durchtrennt hatten, verlief die Aktion für den Rest des Tages teilweise und ziellos, der Feind konnte sich nie formieren und mehrere unserer [unseren] Schiffe mussten liegen bleiben und ihre Schäden reparieren. Als Signal für Die Linie wurde nun abgerissen, jedes Schiff verärgerte den Feind, wie es seine jeweiligen Kommandeure für das Beste hielten. [124]

Gegen diese träge Überlassung der Kapitäne an sich selbst war, wie Hood andeutete, das richtige Mittel die Anordnung einer allgemeinen Verfolgungsjagd, ergänzt durch eine wachsame Aufsicht, die die Überheblichkeit eindämmen und die Übervorsichtigen anspornen sollte.

Wenn Hoods Bericht über das von Rodney getragene Segel korrekt ist, gab der Oberbefehlshaber nicht einmal das beste Beispiel. Bei dieser zähen Verfolgung wurden die drei beschädigten französischen Schiffe überholt und mussten natürlich zuschlagen; und eine vierte, die *Ardent* , 64, wurde aufgrund ihrer gleichgültigen Segelweise gekapert. Gegen Sonnenuntergang zog das Flaggschiff „*Ville de Paris*", das beste Kriegsschiff auf See, das den größten Teil des Nachmittags tapfer gegen eine Schar von Feinden verteidigt hatte und seine gesamte Munition verbraucht hatte, seine Fahnen ein -Die beiden britischen Schiffe, die sich dann sofort mit ihr beschäftigten, waren die *Russell* und die *Barfleur* , Hoods Flaggschiff, dem sie sich offiziell ergab; Der genaue Zeitpunkt, der in Hoods Tagebuch vermerkt ist, war 18.29 Uhr

Um 6.45 Uhr gab Rodney der Flotte das Signal, auf Backbordbug anzuhalten (Linie zu bilden und anzuhalten), und blieb die ganze Nacht über liegen, während die Franzosen auf Befehl des Marquis de Vaudreuil ihren Rückzug fortsetzten durch de Grasses Gefangennahme war er Oberbefehlshaber geworden. Für diese lockere Überlegung fand auch Hood scharfe Worte der Verurteilung.

„Warum er die Flotte dorthin bringen sollte, weil die *Ville de Paris* eingenommen wurde, kann ich mir nicht erklären. Er verfolgte nicht unter leichten Segeln, um den Feind in der Nacht nie aus den Augen zu verlieren, was eindeutig und zweifellos möglich gewesen wäre er soll am nächsten Tag fast jedes Schiff erobert haben ... Hätte ich am 12. die Ehre gehabt, die edle Flotte seiner Majestät zu befehligen, könnte ich ohne großen Vorwurf der Eitelkeit sagen, dass die Flagge Englands jetzt das Heck geziert hätte *mehr* als zwanzig Segel feindlicher Linienschiffe. [126]

Derartige Kritik von Unverantwortlichen ist generell mit Vorsicht zu genießen; Aber Hood war in Gedanken und Taten ein Mann, der so weit über dem Gewöhnlichen stand, dass man dies nicht leichtfertig abtun kann. Es ist bekannt, dass seine Meinung von Sir Charles Douglas, Rodneys Flottenkapitän, geteilt wurde; [127] und ihre Schlussfolgerung wird durch die Schlussfolgerungen gestützt, die aus Rodneys eigenen Annahmen über den Zustand der Franzosen im Vergleich zu den bekannten Fakten gezogen werden können. Als er die Gründe für die Nichtverfolgung anführte, schrieb er, dass der Feind „in einem *eng verbundenen Körper loszog* " und durch Rotation die Schiffe, die mit ihm herangekommen waren, hätte besiegen können. „Der Feind , *der in einer Truppe von 26 Linienschiffen abmarschierte* -hätte die Briten möglicherweise dazu bewegen können, indem er zwei oder drei seiner besten Segelschiffe oder Fregatten befahl, zeitweise Lichter zu zeigen, und indem er ihren Kurs änderte." Flotte, ihnen zu folgen , während der Hauptteil ihrer Flotte, indem sie ihre Lichter versteckte, ihren Wind hätte ziehen können und bei Tageslicht viel zu luv gewesen wäre und die erbeuteten Schiffe und die am meisten verkrüppelten Schiffe der Engländer abgefangen hätte;" und er fügt hinzu, dass die Windward Islands sogar gefährdet gewesen sein könnten. Dass eine solche Aktion für eine gut konditionierte Flotte einigermaßen möglich war, kann vorsichtig zugegeben werden; aber es war völlig unwahrscheinlich, dass eine Flotte unter einem solchen Schlag, wie ihn der Tag gesehen hatte, taumelte, die ihren Kommandanten gerade bei Einbruch der Dunkelheit gewechselt hatte und weit verstreut und ungeordnet war, bis zu dem Moment, als die Signale der Flaggen unsichtbar wurden.

Die Tatsachen standen jedoch völlig im Widerspruch zu diesen genialen Annahmen. Statt verbunden zu sein, wie Rodney es darstellt, hatte de Vaudreuil am nächsten Morgen nur zehn Schiffe bei sich; und keine anderen während des gesamten 13. Er segelte nach Cap François und wurde unterwegs von fünf weiteren Schiffen begleitet, so dass zu keinem Zeitpunkt mehr als fünfzehn französische Linienschiffe zusammen waren –bevor er am 25. April in diesem Hafen ankam. Dort fand er vier weitere Mitglieder der Flotte. Die Geschichte von fünfundzwanzig Überlebenden der dreißig am 12. April verlobten Personen wurde durch sechs vervollständigt, die nach Curaçao gegangen waren und erst im Mai wieder zusammenkamen. So viel zum eng verbundenen Körper der Franzosen. Es ist daher klar, dass Rodneys Gründe die Geisteshaltung veranschaulichen, vor der Napoleon seine Generäle zu warnen pflegte, sich „ein Bild von Möglichkeiten zu machen"; und dass seine Schlussfolgerung bestenfalls auf der ruinösen Idee beruhte, die sich eine lebhafte Fantasie oder ein träges Temperament gerne einbilden, dass der Krieg entscheidend gemacht werden kann, ohne Risiken einzugehen. Dass Jamaika überhaupt gerettet wurde, war nicht dieser schönen, aber unentschlossenen Schlacht zu verdanken, sondern dem Zögern der Alliierten. Als de Vaudreuil Cap François erreichte, fand er dort den französischen Konvoi sicher aus Guadeloupe angekommen und auch eine Gruppe von fünfzehn spanischen Linienschiffen. Für den Angriff auf Jamaika standen 15.000 bis 20.000 Truppen zur Verfügung. Nun könnte Hood schreiben: „Hätte Sir George Rodneys Urteilsvermögen, nachdem der Feind so vollständig in die Flucht geschlagen worden war, in irgendeinem Verhältnis zu dem großen Mut, dem Eifer und der Anstrengung gestanden, die jeder Kapitän so deutlich gezeigt hat, wären alle Schwierigkeiten jetzt beseitigt . " ein Ende. Wir hätten tun können, was wir wollten, anstatt zu dieser Stunde in der Defensive zu sein." [130]

Die Alliierten wagten es jedoch nicht, in die Offensive zu gehen, obwohl sie zahlenmäßig überlegen waren. Nach der Schlacht blieb Rodney bis zum 17. April in der Nähe von Guadeloupe, um die benachbarten Inseln neu auszurüsten und abzusuchen, für den Fall, dass die französische Flotte in eine von ihnen eingedrungen sein könnte. Die meiste Zeit herrschte für die Briten Windstille, aber Hood bemerkt, dass es genug Wind gegeben habe, um zwanzig Meilen nach Westen zu gelangen; und dort hätte es wahrscheinlich mehr Wind gegeben. Am 17. wurde Hood mit zehn Liniensegeln zur Verfolgung abgesetzt; und ein oder zwei Tage später machte sich Rodney selbst auf den Weg nach Jamaika. Hood war seinem eigenen Ermessen überlassen und drängte auf die Mona-Passage zwischen Puerto Rico und Santo Domingo zu, wobei er in seiner Eile Beschlagsegel nach unten und oben trug . Bei Tagesanbruch des 19. sichtete er das Westende von Puerto Rico; und bald darauf wurde ein kleines französisches Geschwader gesehen. Eine allgemeine Verfolgungsjagd führte zur Gefangennahme der *Jason* und *Caton* , Vierundsechzig, die sich vor der Schlacht von ihrer Flotte getrennt hatten und auf dem Weg nach Cap François waren. Eine Fregatte, die *Aimable* , 32, und eine Schaluppe, die *Cérès* , 18, wurden ebenfalls erbeutet. Als Hood Rodney von dieser Angelegenheit berichtete, bekam er einen Stoß gegen seinen Vorgesetzten. „Es ist ein sehr beschämender Umstand, Ihnen zu erzählen, Sir, dass die französische Flotte, die Sie am 12. in die Flucht geschlagen haben, am 18. den Mona-Kanal durchquerte, nur einen Tag bevor ich darin war." [131] Ein weiterer Beweis für den hier angedeuteten Nutzen der Verfolgung ist die Tatsache, dass Rodney, der sechs Tage später als de Vaudreuil startete, Jamaika am 28. April erreichte, nur drei Tage nachdem die Franzosen Cap François erreicht hatten. Er hatte also in einem zweiwöchigen Lauf drei Tage gewonnen. Was hätte eine unermüdliche Jagd nicht bewirken können! Aber eine von Hood aufgezeichnete Bemerkung brachte die Stimmung, die Rodney beherrschte, auf den Punkt: „Ich beklagte mich am 13. bei Sir George, dass das Signal für eine allgemeine Verfolgung nicht gegeben wurde, als das für die Leine eingeholt wurde, und dass er dies nicht fortsetzte." Verfolgte ihn, um den Feind die ganze Nacht über im Auge zu behalten, worauf er nur antwortete: „Kommt, wir haben es sehr gut gemacht, so wie es ist."" [132]

Rodney blieb bis zum 10. Juli auf Jamaika, als Admiral Hugh Pigot aus England eintraf, um ihn abzulösen. Diese Änderung war eine Folge des Sturzes von Lord Norths Ministerium im März 1782 und war beschlossen worden, bevor die Nachricht vom Sieg England erreichen konnte. Admiral Keppel wurde nun Chef der Admiralität. Rodney segelte am 22. Juli von Port Royal nach Hause; und mit seinem Weggang könnte man sagen, dass der Krieg in Westindien und Nordamerika beendet war. Pigot machte sich fast sofort auf den Weg nach New York und blieb in nordamerikanischen Gewässern bis Ende Oktober, als er nach Barbados zurückkehrte, nachdem er zunächst Hood mit dreizehn Linienschiffen von der Hauptflotte abgetrennt hatte, um vor Cap François zu kreuzen. Es ist interessant festzustellen, dass Hood zu dieser Zeit die Fregatte *Albemarle (28)* aus New York mitnahm , die damals von Nelson kommandiert wurde und auf der nordamerikanischen Station gedient hatte. Diese verschiedenen Bewegungen wurden von denen des Feindes diktiert, die entweder tatsächlich durchgeführt wurden oder angeblich in Erwägung gezogen wurden; Denn es gehörte unvermeidlich zu den negativen Auswirkungen von Rodneys unvollkommenstem Erfolg, dass die britische Flotte sich von da an in der reinen Defensive befand, mit allen Schwierigkeiten eines Menschen, der auf die Initiative eines Gegners wartet. Doch aus all dem wurde nichts, denn der Krieg schwebte nur noch in seiner Todesstarre. Die Niederlage von de Grasse, so teilweise sie auch war; die Aufgabe des Unternehmens auf Jamaika; das Scheitern des Angriffs auf Gibraltar; und der Erfolg von Howe, diese Festung wieder mit Lebensmitteln zu versorgen – das hatte den Franzosen und Spaniern allen Mut geraubt; während die zahlenmäßige Überlegenheit der Alliierten, obwohl sie bislang ineffizient genutzt worden war, schwer auf der Vorstellungskraft der britischen Regierung lastete, die nun jede Hoffnung aufgegeben hatte, ihre amerikanischen Kolonien zu unterwerfen. Nach dem Friedensschluss im Jahr 1783 kehrten Pigot und Hood nach England zurück und verließen die Station der Inseln unter dem Winde unter dem Kommando von Konteradmiral Sir Richard Hughes, einem Offizier, an den sich die Geschichte nur dadurch erinnert, dass Nelson sich weigerte, seinen Befehlen Folge zu leisten, den Frieden nicht durchzusetzen Navigationsgesetze von 1785.

Fußnote 105:

James Saumarez, Lord de Saumarez, GCB Geboren 1757. Kommandant, 1781. Kapitän, 1782. Kapitän von *Russell* in Rodneys Aktion, 1782. Zum Ritter geschlagen für die Eroberung der Fregatte *Réunion* , 1793. Kapitän von *Orion* in Bridports Aktion in St. Vincent, und am Nil (als er stellvertretender Befehlshaber war). Konteradmiral und Baronet, 1801. Besiegte Franzosen und Spanier vor Cadiz, 12. Juli 1801. Vizeadmiral, 1805. Vizeadmiral von England und ein Peer, 1831. Gestorben 1836.

Fußnote 106:

Ante , S. 183 .

Fußnote 107:

Wahrscheinlich *Prudent* , 64. Es gab keinen *Präsidenten* in der Flotte.

Fußnote 108:

Canada zusammengestellt , herausgegeben von der Navy Records Society. „Letters of Lord Hood", S. 64, 86.

Fußnote 109:

Wenn sich Schiffe in Schlachtordnung oder Kolonne nahe am Wind befanden und alle gleichzeitig kreuzten, befanden sie sich immer noch auf derselben Linie, steuerten jedoch in einem Winkel dazu und auf dem entgegengesetzten Kurs. Diese Formation wurde Bug- und Viertellinie genannt, weil jedes Schiff einen Kameraden an seinem Bug hatte – auf einer Seite und vorn – und einen an seinem Bug – auf einer Seite, aber achtern. Dies hatte den Vorteil, dass sie sich, wenn sie auf den Feind zusteuerten, durch erneutes Zusammensetzen wieder in Kolonne oder Linie vorn befanden, wie es in der üblichen Schlachtordnung der Fall war.

Fußnote 110:

Illustrationen zu anderen Phasen dieser Schlacht finden sich in Mahans „Influence of Sea Power upon History", S. 470, 472.

Fußnote 111:

White, „Naval Researches".

Fußnote 112:

Scharf an den Steuerbordstreben, der Wind weht auf der Steuerbordseite. Dies entleerte die Achtersegel des Windes, neutralisierte ihre Wirkung und hielt das Schiff dadurch, dass es sich langsamer bewegte, länger auf der Höhe eines vor Anker liegenden Gegners.

Fußnote 113:

White, „Naval Researches".

Fußnote 114:

Ante, S. 164.

Fußnote 115:

Siebenhundertzwanzig Fuß. Für die damaligen Linienschiffe würde dies bedeuten, dass der Abstand zwischen jeweils zwei Schiffen etwa vier Schiffslängen lang wäre. Bei einer Geschwindigkeit von fünf Knoten würde diese Strecke in etwas mehr als einer Minute zurückgelegt werden.

Fußnote 116:

Wahrscheinlich nicht weiter als ein oder zweihundert Meter vom Feind entfernt.

Fußnote 117:

Die Position der in der Schlacht eroberten Schiffe in der französischen Reihenfolge wird durch die Kreuze an den Positionen 4, 5, 6 angezeigt.

Fußnote 118:

Kanadas Log, 8,15; reduziert auf Hoods Zeiten, die allgemein befolgt werden.

Fußnote 119:

Ante , S. 200 (Anmerkung).

Fußnote 120:

Dieses Missgeschick ereignete sich bei drei französischen Schiffen.

Fußnote 121:

Ross, „Life of Saumarez", i. 71.

Fußnote 122:

Runde Holzstücke, die die Spitze der Masten bedecken.

Fußnote 123:

Briefe von Lord Hood, S. 103. Navy Records Society.

Fußnote 124:

Mundy, „Life of Rodney", ii. 234.

Fußnote 125:

Sie wird daher in den Listen der britischen Marine aufgeführt, die zwischen dem Zeitpunkt ihrer Gefangennahme und dem Erhalt der Nachricht von ihrem Verlust veröffentlicht wurden. aber sie scheint 120 Waffen getragen zu haben.

Fußnote 126:

Briefe von Lord Hood, S. 103, 104.

Fußnote 127:

Siehe Brief von Sir Howard Douglas, Sohn an Sir Charles; „United Service Journal", 1834, Teil II, S. 97.

Fußnote 128:

Kursivschrift des Autors; Mundy, „Life of Rodney", ii. 248.

Fußnote 129:

Troude. Chevalier sagt sechzehn und ist anderer Meinung. Troude über den Aufenthaltsort der *Brave* .

Fußnote 130:

Briefe von Lord Hood, S. 136.

Fußnote 131:

Briefe von Lord Hood, S. 134.

Fußnote 132:

Ebenda. , P. 104.

KAPITEL XIII

Wie geht es wieder flott. DIE LETZTE ERLAUBUNG VON GIBRALTAR
1782

Der Sturz von Lord Norths Ministerium führte nicht nur zur Abberufung von Rodney, sondern lockte Lord Howe auch aus seinem langen Ruhestand heraus, um das Kommando über die Kanalflotte zu übernehmen. Er hisste seine Flagge am 20. April 1782 an Bord der *Victory* 100. Aufgrund der verschiedenen Richtungen, in die Großbritannien seine Anstrengungen unternehmen musste, entweder um seine eigenen Interessen zu verteidigen oder um die Bewegungen der vielen zu zerschlagen Nachdem sich nun die Feinde gegen sie vereint hatten, wurden die Operationen der Kanalflotte einige Monate lang von detachierten Geschwadern weitergeführt – in der Nordsee, im Golf von Biskaya und am Eingang des Kanals; Howe verfügte über mehrere angesehene Untergebene, an deren Spitze Vizeadmiral Barrington, der Kapitän von Santa Lucia, und Konteradmiral Kempenfelt standen. In der Nordsee wurden die Niederländer in ihren Häfen festgehalten; und ein Konvoi von fast 400 Handelsschiffen aus der Ostsee erreichte England unbehelligt. Im Golf von Biskaya entdeckte und verfolgte Barrington, der zwölf Mann der Linie bei sich hatte, einen mit Vorräten für die Flotte in Ostindien beladenen Konvoi. Eines der sie begleitenden Linienschiffe, die *Pégase* , 74, ergab sich nach einem dreistündigen Nachteinsatz mit der *Foudroyant* , 80, Kapitän John Jervis, später Earl St. Vincent. Von neunzehn Transportern, dreizehn, von denen einer, die *Actionnaire , ein en flûte* bewaffnetes Schiff mit 64 Kanonen war , wurden [133] erbeutet; ein schwerer Schlag für die großen Suffren, deren größtes Problem in Indien der Mangel an Kriegsmaterial und insbesondere an Spieren war, von denen der *Actionnaire* eine Ausrüstung für vier Linienschiffe trug. Nach Barringtons Rückkehr unternahm Kempenfelt eine ähnliche, aber ereignislose einmonatige Kreuzfahrt in der Bucht.

Howe selbst reiste im Mai als erster an die Nordsee. Nachdem er dort in einem kritischen Moment die Niederländer in Schach gehalten hatte, wurde er als nächstes angewiesen, zum Eingang des Kanals zu gehen und nur eine Division in den Downs zurückzulassen. Man hatte Informationen erhalten, dass eine alliierte Flotte von 32 Linienschiffen, von denen nur fünf Franzosen waren, Anfang Juni von Cadiz aus aufgebrochen war, um zwischen Ushant und Scilly zu kreuzen. Es wurde erwartet, dass sich ihnen dort eine Verstärkung aus Brest und das niederländische Geschwader auf Texel anschließen würden, was insgesamt etwa fünfzig der Linie unter dem

Kommando des spanischen Admirals Don Luis de Cordova ergeben würde. Die Niederländer erschienen nicht, wahrscheinlich aufgrund von Howes Demonstration vor ihren Häfen; aber acht Schiffe aus Brest erhöhten die alliierte Flotte auf vierzig. Um diesen entgegenzutreten, segelte Howe am 2. Juli mit zweiundzwanzig Segeln, von denen acht Dreidecker waren. Vor seiner Rückkehr am 7. August schlossen sich ihm noch acht weitere an; Meistens jedoch Vierundsechzigjährige. Bei dieser zahlenmäßigen Unterlegenheit konnte der britische Admiral damit rechnen, nur in der Defensive zu agieren, es sei denn, es bot sich eine besonders günstige Gelegenheit. Die größte Sorge bereitete die Ankunft des Jamaika-Konvois, der damals täglich erwartet wurde. mit dem, wie erwähnt, auch de Grasse als Kriegsgefangener an Bord der *Sandwich nach England zurückkehrte* .

Auf ihrer Reise nach Norden kaperte die alliierte Flotte am 25. Juni achtzehn Schiffe eines britischen Konvois auf dem Weg nach Kanada. Ein paar Tage später wurde es in den Wellen des Kanals befestigt und bedeckte das Gebiet von Ushant bis Scilly. Am Abend des 7. Juli wurde es vor Scilly von Howe gesichtet, der damals fünfundzwanzig Segel bei sich hatte. Die Verbündeten bereiteten sich auf den Einsatz vor; aber der britische Admiral, der entweder durch seine eigene Person oder durch einige seiner Offiziere über gründliche Kenntnisse der benachbarten Küsten verfügte, führte die Flotte bei Nacht nach Westen durch die Passage zwischen Scilly und Land's End. Am nächsten Morgen war er nicht mehr zu sehen, und der Feind, der die Art und Weise seines Ausweichens nicht kannte, wurde völlig aus der Spur geworfen. 134 Howe traf den Konvoi; und ein starker Windsturm zwang die Alliierten danach nach Süden, so dass sowohl sie als auch die Flotte erfolgreich vorbeikamen und England erreichten.

Howe wurde nun angewiesen, sich darauf vorzubereiten, Verstärkungen und Vorräte nach Gibraltar zu schicken, wo es seit Darbys Besuch im April 1781 keine Erleichterung mehr gegeben hatte. Für diesen dringenden und kritischen Dienst wurde beschlossen, die gesamte Kanalflotte in Spithead zu konzentrieren, wo sich auch die Transporte befanden und Versorgungsschiffe wurden zum Rendezvous angewiesen. Während wir uns auf diese Weise zur Entlastung von Gibraltar versammelten, ereignete sich der berühmte Vorfall, bei dem die *Royal George* , ein 100-Kanonen-Schiff, während es für Unterwasserreparaturen angehalten wurde, kenterte und an ihren Ankern sank und mit ihrem Konteradmiral in die Tiefe trieb Kempenfelt und etwa neunhundert Seelen, darunter viele Frauen und Kinder. Das war am 29. August 1782. Am 11. September begann die Expedition, insgesamt einhundertdreiundachtzig Segel; Vierunddreißig waren Linienschiffe, dazu ein Dutzend kleinere Kreuzer, der Rest waren unbewaffnete Schiffe. Von den letzteren waren einunddreißig für Gibraltar bestimmt, der Rest waren Handelsschiffe für verschiedene Teile der Welt.

Bei einem so umfangreichen Angriff, dessen Gefahr durch zahlreiche Gefangennahmen aus Konvois während des Krieges deutlich wurde, kam Howe nur langsam voran. Es wird erzählt, dass kurz vor Erreichen des Kaps Finisterre, aber nach einem heftigen Sturm, die Gesamtzahl von einhundertdreiundachtzig Segeln gezählt wurde. Nach dem Passieren von Finisterre trennten sich die verschiedenen „Gewerke" wahrscheinlich von der großen Flotte.

Am 8. Oktober wurde vor Kap St. Vincent eine Fregatte zur Information vorausgeschickt. Es war bekannt, dass eine große vereinte Streitmacht von Kriegsschiffen in der Bucht von Algeciras – gegenüber von Gibraltar – lag und dass ein Angriff auf die Werke in Erwägung gezogen wurde; aber in der Zwischenzeit könnte viel passiert sein. Tatsächlich war viel passiert. Ein heftiger Sturm am 10. September hatte einen Teil der alliierten Flotte von ihren Liegeplätzen vertrieben, wobei ein Schiff, die *San Miguel*, 72, unter die Batterien von Gibraltar gezwungen wurde, wo sie sich ergeben musste; aber es blieb immer noch die beeindruckende Zahl von 48 Linienschiffen übrig, die nur vier Meilen von dem Punkt entfernt vor Anker lagen, den die Hilfsschiffe erreichen mussten. Dies war das Problem, das Howe lösen musste. Noch wichtiger, wenn auch von geringerer Bedeutung für seine Mission, war die erfreuliche Nachricht, die die Fregatte bei ihrer Rückkehr am 10. Oktober überbrachte, dass der lange geplante Angriff am 13. September durchgeführt und glorreich und entschieden abgewehrt worden sei . Die stark geschützten spanischen Schwimmbatterien, von denen man getrost einen Erfolg erwartet hatte, waren alle in Brand gesteckt und zerstört worden. Wenn Howe seine Unterstützung anbieten konnte, war die Festung gerettet.

Der Admiral rief sofort seine Unteroffiziere zusammen, gab ihnen umfassende und genaue Anweisungen für das bedeutsame Unterfangen und übermittelte gleichzeitig den Kapitänen der Versorgungsschiffe genaue Informationen über die örtlichen Wind- und Strömungsverhältnisse in Gibraltar ermöglichen es ihnen, ihren Ankerplatz sicherer zu erreichen. Am 11. Oktober, als die Flotte nun ihrem Ziel nahe war, steuerte sie auf die Meerenge zu, in die sie um die Mittagszeit bei gutem Westwind einlief. Der Konvoi ging als Erster voran – er segelte vor dem Wind und befand sich somit im Lee der Flotte, in einer Position, die verteidigt werden konnte – und die Kriegsschiffe folgten in einiger Entfernung in drei Divisionen, von denen eine von Howe selbst angeführt wurde. Um 18.00 Uhr befanden sich die Versorgungsschiffe vor der Mündung der Bucht, und für die Mole herrschte ein guter Wind. aber weil sie die gegebenen Anweisungen nicht befolgten, verfehlten alle bis auf vier den Eingang und wurden östlich des Felsens geschwemmt, wohin ihnen die Flotte natürlich folgen musste.

Am 13. zogen die alliierten Flotten aus und wurden aus Angst um zwei ihrer Flotten, die kurz zuvor nach Osten getrieben worden waren, dazu veranlasst, ihre Kommandoposition bei Algeciras aufzugeben. Am Vormittag desselben Tages befanden sich die Briten vor der spanischen Küste, fünfzig Meilen östlich von Gibraltar. Bei Sonnenuntergang sah man die Alliierten näherkommen, und Howe stellte seine Flotte zusammen, schickte die Versorgungsschiffe jedoch zum Ankern auf die Zaffarine-Inseln an der Küste von Barbary, um die Ereignisse abzuwarten. Am nächsten Morgen war der Feind kurz vor der Landung im Norden, aber nur von den Mastspitzen aus sichtbar; Die Briten waren offenbar in der Nacht nach Süden gezogen. Am 15. kam der Wind aus Osten, günstig für Gibraltar, wohin sich alle Briten vorsichtig zu bewegen begannen. Am Abend des 16. waren achtzehn Personen des Konvois an der Mole sicher; und am 18. waren alle eingetroffen, bis auf ein Feuerschiff mit 1.500 Fässern Pulver, das der Admiral auf Anforderung des Gouverneurs eingeschickt hatte. Während dieser kritischen Stunden schien die gesamte Flotte außer Sichtweite gewesen zu sein. Entweder absichtlich oder unvorsichtig waren sie nach Osten gelangt und blieben dort; Nachdem sie ihre getrennten Schiffe versammelt hatten, erlaubte sie jedoch, Gibraltar ein Jahr lang wieder aufzufüllen. Am Morgen des 19. tauchten sie im Nordosten auf, aber dann war die Entlastung geschafft und Howe stach in See. Er war nicht bereit, mitten in der Meerenge zu kämpfen, da ihm die Strömungen und das Land peinlich waren; aber als er draußen war, hielt er an, indem er einige der Segel zurückzog, um dem Feind einen Angriff zu ermöglichen, wenn er wollte, da er die Wetteranzeige hatte. Am folgenden Tag, dem 20., liefen sie gegen Sonnenuntergang nieder, und es kam zu einem Teilgefecht. aber es war völlig unentschlossen und wurde am nächsten Tag nicht erneuert. Der britische Verlust betrug 68 Tote und 208 Verwundete; die der Alliierten 60 Tote und 320 Verwundete. Am 14. November eroberte die Flotte Spithead zurück.

Die Verdienste, die Howe seinem Land bei dieser Gelegenheit erwies, waren überaus charakteristisch für die besonderen Qualitäten dieses großen Offiziers, in dem sich in höchstem Maße die solide Kraft widerspiegelte, die ein Mann erreichen kann, der zwar nicht brillant, aber äußerst fähig ist, der sich mit Herz und Seele hingibt Seele zum beruflichen Erwerb. In ihm verbanden sich tiefe und umfassende Fachkenntnisse, die nicht angeboren, sondern erworben sind, mit großem natürlichen Durchhaltevermögen; und diese Kombination passte hervorragend zu ihm für die Rolle, die wir ihn in der Delaware Bay, in New York, vor Rhode Island, im Ärmelkanal und jetzt in Gibraltar spielen sahen. Howe verfügte über äußerstes Geschick, äußerste Geduld und äußerste Beharrlichkeit. und da er diese besaß, war er besonders für die Verteidigungsoperationen geeignet, auf deren Führung sein wohlverdienter Ruf hauptsächlich beruhte.

Ein französischer Offizier hat diesem Relief von Gibraltar einen wahren und edlen Tribut gezollt: [135] –

„Die Qualitäten, die Lord Howe während dieses kurzen Feldzugs an den Tag legte, entfalteten den Höhepunkt der Mission, die er zu erfüllen hatte. Diese Operation, eine der schönsten im amerikanischen Unabhängigkeitskrieg, verdient ein Lob, das einem Sieg gleichkommt. Wenn Die Umstände begünstigten die englische Flotte – und es kommt selten vor, dass man bei solchen Unternehmungen ohne die Hilfe des Glücks erfolgreich sein kann –, es waren vor allem die schnelle Auffassungsgabe des Oberbefehlshabers, die Genauigkeit seines Urteils und die Schnelligkeit, mit der er Erfolg hatte seine Entscheidungen, die den Erfolg sicherten.“

Zu diesem wohlüberlegten, aber dennoch hochtrabenden Lob des Admirals hat derselbe Autor Worte hinzugefügt, an die sich die britische Marine noch lange mit Stolz erinnern wird, als sie die Geschichte dieses Krieges besiegelten, dessen Ende die Erleichterung von Gibraltar in Europa und Amerika markierte Gewässer. Nachdem Kapitän Chevalier der Admiralität Anerkennung für die gleichmäßig hohe Geschwindigkeit der britischen Schiffe und Howe für sein Verständnis und die Nutzung dieses Vorteils gezollt hat, fährt er fort:

„Abschließend, wenn wir nach den Ergebnissen urteilen dürfen, konnte der Oberbefehlshaber der englischen Flotte nicht umhin, sich mit seinen Kapitänen am meisten zu freuen. Es kam weder zu Trennungen noch zu Zusammenstößen noch zu Verlusten, und es kam zu keinem dieser Ereignisse.“ , so häufig in den Erlebnissen eines Geschwaders, die Admirale oft dazu zwingen, einen Kurs einzuschlagen, der dem von ihnen angestrebten Ziel völlig zuwiderläuft. Wenn man über diese unbeschwerte Navigation von Admiral Howe nachdenkt, ist es unmöglich, sich nicht an die unglücklichen Vorfälle zu erinnern, die aus dem Vom 9. bis zum 12. April ereignete sich das Geschwader des Grafen von Grasse ... Wenn man nur zugeben muss, dass Lord Howe das höchste Talent an den Tag legte, sollte hinzugefügt werden, dass er ausgezeichnete Instrumente in seinen Händen hatte.

Um einen anderen französischen Schriftsteller zu zitieren: „Die Quantität ging vor der Qualität.“

Fußnote 133:

Das heißt, ein großer Teil ihrer Geschütze war abmontiert und unten als Ladung untergebracht.

Fußnote 134:

Chevalier führt im Anschluss an La Motte-Picquets Bericht die höhere Geschwindigkeit von Howes Flucht an. („Mar. Fran. en 1778", S. 335.) Es muss angemerkt werden, dass Howes Ziel nicht nur darin bestand, durch besseres Segeln nach Osten, den Ärmelkanal hinauf, zu entkommen, sondern auch nach Westen zu gelangen, an den Alliierten vorbei, eine nicht *durchführbare* Leistung außer durch eine List wie die erwähnte.

Fußnote 135:

Chevalier, „Mar. Fran, dans la Guerre de 1778", S. 358.

KAPITEL XIV

Die Marineoperationen in Ostindien, 1778–1783. DIE KARRIERE DES BAILLI DE SUFFREN

Die Operationen in Indien, sowohl Marine- als auch Militäroperationen, bleiben für sich allein, haben keinen direkten Einfluss auf Transaktionen anderswo und werden auch von diesen nicht berührt, es sei denn, notwendige Unterstützung wurde manchmal in europäischen Gewässern abgefangen. Der Grund für diese Isolation war die Entfernung Indiens von Europa; Eine Flotte benötigt für die Reise vier bis sechs Monate.

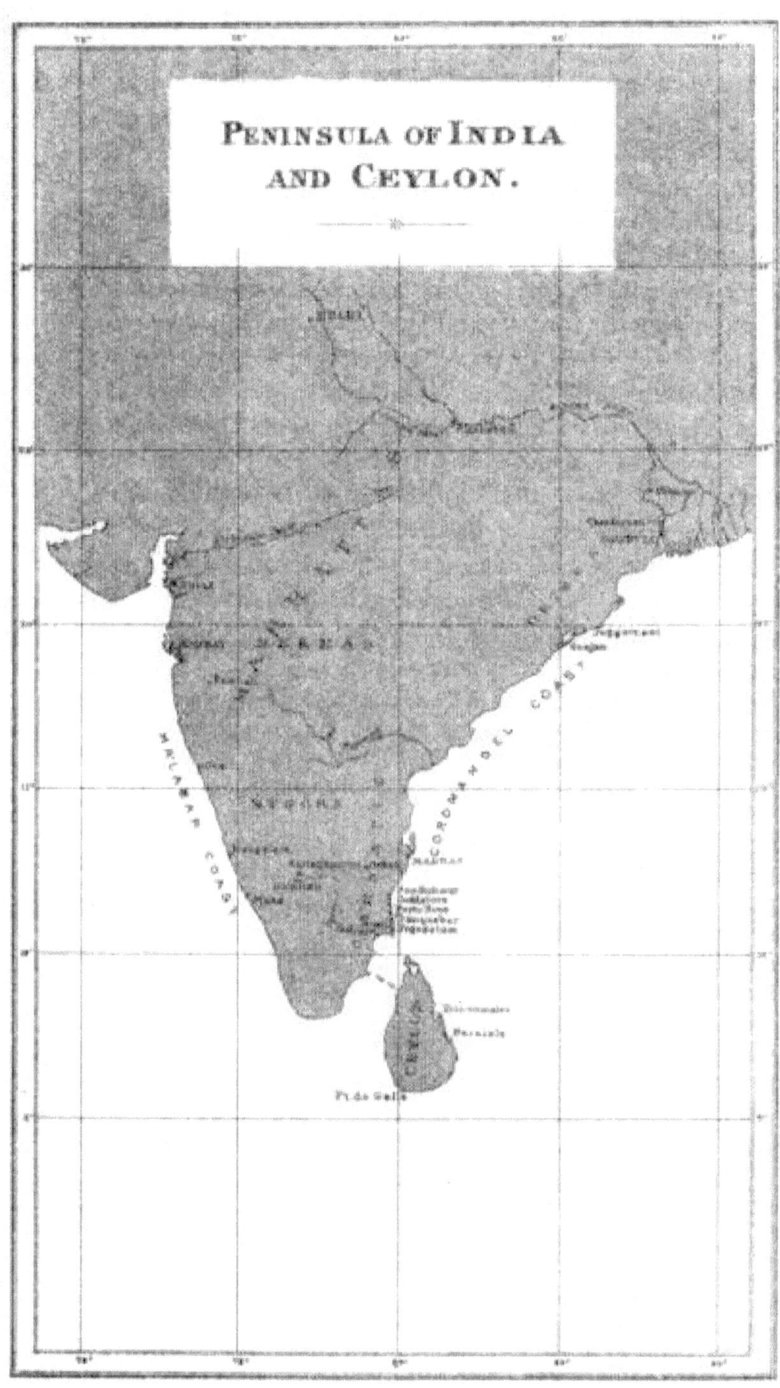

Halbinsel Indien und Ceylon

Bestimmte Informationen über den Krieg zwischen Großbritannien und Frankreich erreichten Kalkutta am 7. Juli 1778. Am selben Tag ordnete der Generalgouverneur sofortige Vorbereitungen für einen Angriff auf Pondicherry, den wichtigsten Seehafen der Franzosen, an. Die Armee traf am 8. August vor dem Ort ein und am selben Tag ankerte Kommodore Sir Edward Vernon an den Straßen, um sie auf dem Seeweg zu blockieren. Ein französisches Geschwader unter Kapitän Tronjoly nahm kurz nach seinem Auftauchen die Verfolgung auf, und am 10. kam es zu einem Gefecht. Die eingesetzten Kräfte waren ungefähr gleich, die Franzosen waren, wenn überhaupt, leicht überlegen; ein 60-Kanonen-Schiff und vier kleinere Schiffe auf jeder Seite. Als die Franzosen dann nach Pondicherry vordrangen, könnte ihnen der unmittelbare Vorteil zugestanden werden; Doch als Vernon am 20. zurückkehrte, verließ Tronjoly bald darauf die Straßen und kehrte auf die Ile de France zurück. [136] Von diesem Tag an hielt das britische Geschwader eine enge Blockade, und am 17. Oktober kapitulierte Pondicherry.

Am 7. März 1779 segelte Konteradmiral Sir Edward Hughes mit einem kleinen Geschwader nach Ostindien. Die Franzosen schickten auch gelegentlich Schiffe aus; aber 1779 und 1780 reichten diese nicht weiter als bis zur Ile de France, ihrer Marinestation im Indischen Ozean. Hughes' Streitkräfte blieben in diesen Jahren ohne Widerstand. Die Zeit war kritisch, denn die Briten befanden sich im Krieg mit Hyder Ali, dem Sultan von Mysore, und mit den Mahrattas; und alles hing von der Beherrschung des Meeres ab. Im Januar 1781, als Hughes in Bombay überwinterte, erschien das französische Geschwader unter Comte d'Orves vor der Coromandel-Küste, weigerte sich jedoch trotz Hyder Alis Bitten, mit ihm zusammenzuarbeiten. Der unterschiedliche Geist der beiden Kommandeure lässt sich anhand zeitgenössischer Dokumente veranschaulichen.

„Wir haben Hinweise aus Fort St. George über ein französisches Geschwader, das am 25., 26. und 27. Januar vor diesem Ort erschien, bestehend aus 1 Vierundsiebzig, 4 Vierundsechzig und 2 Fünfzigern. Sie zogen nach Süden, ohne einen Versuch zu unternehmen auf fünf Indiamen, die damals auf der Straße waren, mit einer Reihe von mit Getreide und Proviant beladenen Schiffen; deren Zerstörung hätte leicht bewerkstelligt werden können und wäre schwer zu spüren gewesen."

„Am 8. Dezember sah ich vor Mangalore", schreibt [137] Hughes, „zwei Schiffe, einen großen Schnee, drei Ketschen und viele kleinere Schiffe mit wehender Hyder-Flagge auf der Straße vor Anker; und als ich in der Nähe stand, fand ich sie als Kraftschiffe. — und alle für den Krieg bewaffnet. Ich ankerte so nah wie möglich und schickte alle bewaffneten Boote unter dem Schutz von drei kleineren Kriegsschiffen, die in vier Klafter Wasser nahe den feindlichen Schiffen ankerten. In zwei Stunden nahm ich die beiden Schiffe und brannte sie nieder , eine von 28 und eine von 26 Kanonen, und nahm oder zerstörte alle anderen, bis auf eine, die, indem sie alles über Bord warf, über die Bar in den Hafen flüchtete. Verlor 1 Leutnant und 10 getötete Männer, 2 Leutnants und 51 Verwundete.

Es ist interessant, diese Beweise für Hughes' Vorstellungen von Seekriegsführung und Unternehmungsgeist zu beachten, obwohl sie im britischen Dienst üblich waren; denn ihr positiver Charakter bringt die Qualitäten seines nächsten Gegners, Suffren, und seine große Überlegenheit in dieser Hinsicht gegenüber dem Durchschnitt der französischen Offiziere dieser Zeit deutlich zum Vorschein.

D'Orves kehrte auf die Ile de France zurück.

Als der Krieg mit Holland begann, beschloss die britische Regierung, die Eroberung des Kaps der Guten Hoffnung zu versuchen. Zu diesem Zweck segelte am 13. März 1781 ein Geschwader aus einer 74er, einer 64er und drei 50er-Maschinen mit zahlreichen kleineren Schiffen unter Kommodore George Johnstone in Begleitung einer beträchtlichen Truppengruppe von England aus in Begleitung der Kanalflotte unter Vizeadmiral George Darby, dann auf dem Weg, Gibraltar zu entsetzen. Die französische Regierung, die rechtzeitig von der Expedition Kenntnis erlangte, verpflichtete sich, sie zu vereiteln; Zu diesem Zweck wird eine Aufteilung in zwei 74er und drei 64er unter dem seitdem berühmten Suffren detailliert beschrieben. [139] Diese Schiffe verließen Brest am 22. März zusammen mit der Flotte von de Grasse. Sie trugen auch einige Truppenbataillone.

Am 11. April erreichte das britische Geschwader Porto Praya auf den Kapverdischen Inseln. Diese Bucht ist nach Süden hin offen, erstreckt sich von Osten nach Westen etwa anderthalb Meilen und liegt innerhalb der Grenzen der nordöstlichen Passatwinde. Obwohl sich Johnstone bewusst war, dass ihm eine französische Division auf der Spur war, und sich, wie aus seinem Bericht hervorgeht, bewusst war, dass von der Neutralität des Ortes kein Schutz erwartet werden konnte, erlaubte er seinen Schiffen, ohne Hinweis auf einen Angriff zu ankern. Sein eigenes Flaggschiff, die *Romney* , 50, war so von anderen umzingelt, dass sie zwischendurch nur mit großer Vorsicht schießen konnte. Am 16. April um 9.30 Uhr signalisierte die *Isis* 50, die das äußerste britische Geschwader war, elf Segel im Nordosten. Fünfzehnhundert Personen waren damals an Land und beschäftigten sich mit Tränken, Fischen, Einschiffen von Vieh und Vergnügen. Die Fremden waren Suffrens Abteilung. Der französische Kommandeur hatte mit der Begegnung nicht gerechnet, da er mit seinem Einmarsch lediglich das Ziel verfolgte, das Wasser der Schiffe zu vervollständigen; aber er beschloss sofort anzugreifen und zog in Kolonne um die Ostspitze der Bucht herum, die beiden Vierundsiebziger an der Spitze, sein eigenes Schiff, die *Héros* , mit dem Signal zum Kampf (Linie ab). Er passierte oder entlang des ungeordneten Feindes, bis er die einzigen vierundsiebzig unter ihnen erreichte, luvte dort in den Wind und ankerte fünfhundert Fuß vom Steuerbordbalken dieses Schiffes entfernt (f), das durch einen seltsamen Zufall den gleichen Namen trug – *Held* . Von dieser Position aus eröffnete er sofort das Feuer von beiden Breitseiten. Seine nächste achteraus, die *Annibal* (b), kam unmittelbar vor ihm auf, aber so nah, dass die *Héros* das Kabel umdrehen und nach achtern fallen lassen musste (a), was sie auf den Balken der *Monmouth brachte* , 64 [140] (m). Der Kapitän der *Annibal* hatte den Kampfbefehl nur als Vorsichtsmaßnahme angesehen und keine Aktionsfreigabe erteilt. Er wurde daher überrascht und sein Schiff leistete keinen Dienst, der seiner Stärke angemessen war. Das dritte französische Schiff (c) erreichte seine Station, aber sein Kapitän wurde gerade im Begriff, vor Anker zu gehen, tot getroffen, und in der Verwirrung wurde der Anker nicht losgelassen. Das Schiff geriet in Konflikt mit einem britischen Ostindienfahrer, den es zur See trug (c' c"). Die beiden verbliebenen Franzosen (d, e) feuerten einfach Kanonaden ab, als sie über die Mündung der Bucht fuhren, scheiterten jedoch aus Missgeschick oder Unbeholfenheit daran, einen zu erreichen effektive Position.

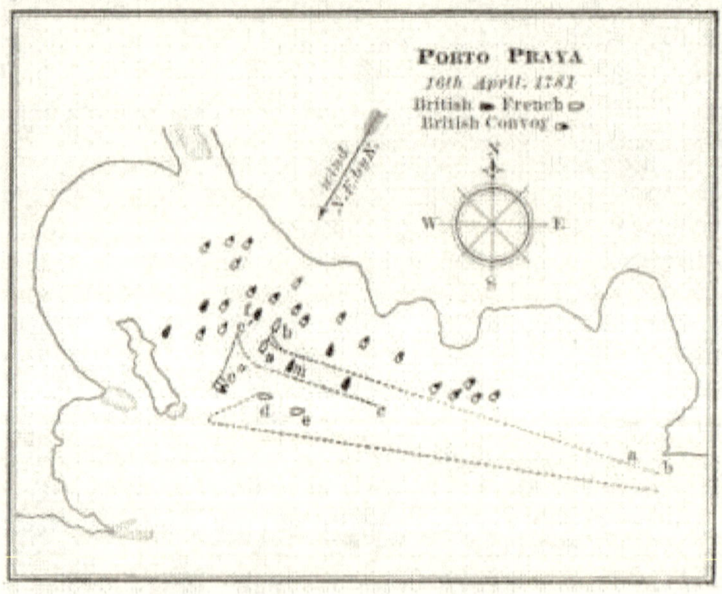

Johnstone und Suffren, Porto Praya, 16. April 1781

Der Angriff wurde somit zu einem bloßen Hin und Her, bei dem allein die beiden Vierundsiebziger die französische Seite stützten. Nach einer dreiviertel Stunde erkannte Suffren, dass der Versuch gescheitert war, ließ sein Kabel fallen und stach in See. Die *Annibal* folgte ihr, aber sie war so beschädigt worden, dass alle ihre Masten über Bord gingen; Zum Glück erst, als ihr Kopf aus dem Hafen gezeigt wurde. Johnstone, der so glücklicherweise den Folgen seiner Vernachlässigung entging, rief nun seine Kapitäne zusammen, um sich über den Zustand ihrer Schiffe zu informieren, und befahl ihnen dann, die Taue zu durchtrennen und die Verfolgung aufzunehmen. Alle gehorchten, außer Kapitän Sutton von der *Isis* , der behauptete, dass die Spieren und die Takelage seines Schiffes das Segel nicht sofort tragen könnten. Johnstone befahl ihm dann, trotzdem herauszukommen, was er auch tat, und sein Vormast ging kurz darauf über Bord. Die Behinderung dieses Schiffes belastete den Kommodore so sehr, dass seine Verfolgung äußerst schleppend verlief; und die Franzosen zogen ihn immer weiter nach Lee, da die *Annibal* ein Stück Segeltuch auf einem Fockmast der Jury hatte . Daher brach bereits die Nacht herein, als Johnstone sich ihnen näherte; die *Isis* und *die Monmouth* lagen zwei bis drei Meilen achtern; das Meer nahm zu; wenn er viel weiter nach Lee gelangte, konnte er nicht mehr zurück; er hatte vergessen, einen Treffpunkt zu vereinbaren, an dem der Konvoi wieder zusammenkommen könnte; An eine Nachtaktion war seiner Meinung nach nicht zu denken. Doch wenn er den Feind ziehen ließ, könnten sie ihn am Kap erwarten. Kurz gesagt, Johnstone erlebte die „Quälerei" eines unentschlossenen Mannes in einer „grausamen Situation" [141] und beschloss natürlich, kein Risiko einzugehen. Er kehrte daher nach Porto Praya zurück, verhaftete den Kapitän der *Isis* und blieb vierzehn Tage im Hafen. Suffren eilte zum Kap, kam zuerst dort an, landete seine Truppen und sicherte die Kolonie gegen Angriffe. Johnstone kam einige Zeit später in der Nachbarschaft an und wandte sich, da er erwartet wurde, der Saldanha-Bucht zu, wo er fünf niederländische Ostindianer gefangen nahm. Anschließend schickte er *Hero* , *Monmouth* und *Isis* nach Indien, um Hughes zu verstärken, und kehrte selbst nach England zurück.

Keinem der britischen Untergebenen wird in dieser Angelegenheit von Porto Praya ein Fehlverhalten vorgeworfen. Der Kapitän der *Isis* wurde vor ein Kriegsgericht gestellt und ehrenvoll von allen Anklagen freigesprochen. Der Misskredit der Überraschung wurde nicht durch die Zurschaustellung von Intelligenz, Energie oder beruflicher Leistungsfähigkeit seitens des verantwortlichen Offiziers wettgemacht. Es wurde gesagt, dass er noch [nie] ein Postschiff kommandiert hatte, HYPERLINK "https://gutenberg.org/files/16602/16602-h/16602-h.htm" \l "footnote142" bevor er mit dieser sehr wichtigen Mission betraut wurde, und es ist einigermaßen sicher, dass seine Wahl für diese Mission auf Angriffe zurückzuführen war, die er gegen das berufliche Verhalten von Keppel und Howe vorgenommen hatte. als diese Admirale mit der Regierung uneins waren. [143] Sein absurdes Missmanagement war daher für die Marine insgesamt wahrscheinlich nicht ganz bitter. Auf den britischen Kriegsschiffen belief sich der gesamte Verlust an Männern, wie berichtet, nur auf 9 Tote und 47 Verwundete. An Bord des Konvois kam es zu mehreren Opfern durch zufällige Schüsse, sodass sich die Gesamtzahl auf 36 Tote und 130 Verwundete erhöhte. Die Franzosen geben 105 Tote und 204 Verwundete zu, alle bis auf 19 waren bei den *Héros* und *Annibal*. Obwohl die Angelegenheit von Suffren herbeigeführt wurde, war sie für sein Geschwader eindeutig eine ebenso große Überraschung wie für die Briten. Daher hatten die letzteren, da sie bereits vor Anker lagen und im Gefecht zahlreicher waren, einen deutlichen Vorteil; dazu trug auch Musketenfeuer der Transporte bei. Dennoch kann das Ergebnis weder den französischen Kapitänen noch der Artillerie zu verdanken sein.

Suffren blieb zwei Monate in der Nähe des Kaps. Nachdem er die Kolonie unabhängig von seinem Geschwader gesichert hatte, brach er zur Ile de France auf, wo er am 25. Oktober ankam. Am 17. Dezember segelte die gesamte französische Streitmacht unter dem Kommando von d'Orves zur Coromandel-Küste. Unterwegs wurde das britische 50-Kanonen-Schiff *Hannibal*, Kapitän Alexander Christie, gekapert. Am 9. Februar 1782 starb Comte d'Orves und Suffren befand sich an der Spitze von zwölf Linienschiffen: drei 74er, sieben 64er und zwei 50er. [144] Am 15. wurde Hughes' Flotte unter den Kanonen von Madras gesichtet. Es zählte neun der Linie: zwei 74er, einen 68er, fünf 64er und einen 50er. Suffren stand südlich in Richtung Pondicherry, das in die Macht von Hyder Ali übergegangen war. Nach Einbruch der Dunkelheit machte sich Hughes auf den Weg und steuerte ebenfalls nach Süden. Er fürchtete um Trincomalee auf Ceylon, einem kürzlich niederländischen Hafen, den die Briten am 5. Januar erobert hatten. Es handelte sich um eine wertvolle Marineposition, die bisher jedoch nur sehr unvollkommen verteidigt wurde.

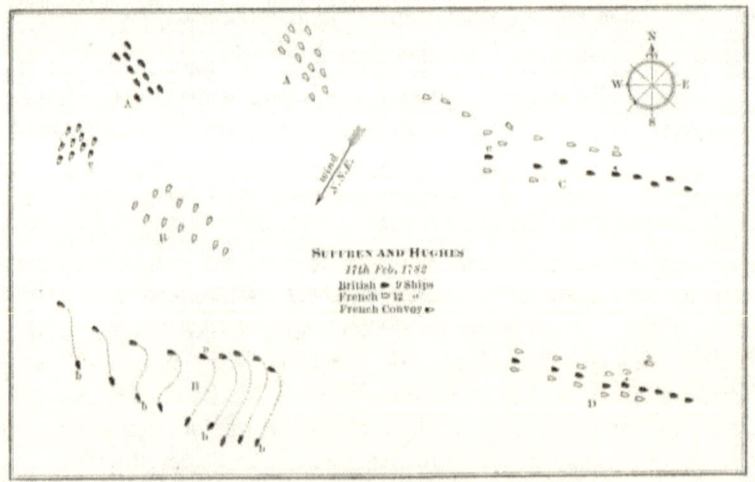

Hughes und Suffren, 17. Februar 1782

Bei Tageslicht sahen die Briten das französische Geschwader zwölf Meilen östlich (A, A) und seine Transporter neun Meilen südwestlich (c). Hughes verfolgte Letzteren und holte sich sechs. Suffren verfolgte, konnte aber nicht vor Sonnenuntergang überholen, und beide Flotten steuerten in der Nacht nach Südosten. Am nächsten Morgen herrschte leichter Nord-Nordost-Wind, und die Franzosen befanden sich sechs Meilen nordöstlich der Briten (B, B). Letzterer bildete auf dem Backbordschlag (a) eine Linie in Richtung Meer; Hughes hoffte, dass ihn die übliche Meeresbrise auf diese Weise in Luv finden würde. Der Wind wehte jedoch nicht wie erwartet; und als die Nordostböen den Feind zu Fall brachten, hielt er sich vor dem Wind zurück (b), um seinen Schiffen Zeit zu verschaffen, ihre zu großen Abstände zu verringern. Um 16 Uhr zwang ihn die Annäherung der Franzosen, erneut eine Linie (C) auf Backbordschlag in Richtung Osten zu bilden. Das hintere Schiff, *Exeter* , 64 (e), wurde aus gebührender Unterstützung der vorausfahrenden Schiffe abgetrennt gelassen. Suffren, der einen Teil seiner Flotte persönlich anführte, passierte von hinten in Luv der britischen Linie bis zu Hughes' Flaggschiff, das fünfter vom Van entfernt war. Dort hielt er an und blieb auf halbem Kanonenschuss, um zu verhindern, dass die vier Schiffe in der britischen Vorhut wenden, um ihre Gefährten abzulösen. Es war seine Absicht, dass die zweite Hälfte seiner Flotte die andere Seite des englischen Rückens angreifen sollte. Dieser geplante Kampfplan wird durch die Abbildung D im Diagramm dargestellt. Tatsächlich taten nur zwei der französischen Nachhut das, was Suffren erwartet hatte, und griffen in Lee des äußersten britischen Nachhuts an. die anderen französischen Hintermänner blieben lange außer Gefecht (C). Die Abbildung C zeigt die unvollkommene Umsetzung des Entwurfs D. Da jedoch die Position von Suffrens Flaggschiff den britischen Transporter daran hinderte, in Aktion zu treten, war das Nettoergebnis, um Hughes' eigene Worte zu verwenden, dass „der Feind acht seiner besten Schiffe mitbrachte." zum Angriff von fünf von uns." Es wird mit Interesse festgestellt, dass genau diese Zahlen im ersten Akt der Schlacht am Nil beteiligt waren. Die *Exeter* (wie die *Guerrier* am Nil) erhielt die frischen Breitseiten der ersten fünf des Feindes und blieb dann auf beiden Seiten im Nahkampf, angegriffen von zwei und schließlich von drei Gegnern – zwei 50er und einem 64. Als sich das dritte Schiff näherte, fragte der Kapitän des Schiffes Kommodore Richard King, dessen breiter Wimpel an ihrem Masttop wehte: „Was ist zu tun?" „Es gibt nichts zu tun", antwortete King, „außer gegen sie zu kämpfen, bis sie untergeht." Ihr Verlust, 10 Tote und 45 Verwundete, war unter den gegebenen Umständen nicht dem französischen Geschütz zu verdanken, das auch in Porto Praya schlecht gewesen war. Um 18 Uhr drehte der Wind auf Südost, brachte alles auf die andere Seite und ermöglichte es dem britischen Transporter endlich, in Aktion zu treten. Da die Dunkelheit nun näher rückte, zog Suffren ab und ankerte in Pondicherry. Hughes reiste zur Umrüstung nach Trincomalee. Der britische Verlust belief sich auf 32 Tote, darunter Kapitän William Stevens vom Flaggschiff und Kapitän Henry Reynolds von der *Exeter* , sowie 83 Verwundete. Die Franzosen hatten 30 Tote; die Zahl ihrer Verwundeten wird von Professor Laughton auf 100 geschätzt.

Am 12. März kehrte Hughes nach Madras zurück und segelte gegen Ende des Monats erneut mit Verstärkung und Vorräten nach Trincomalee. Am 30. schlossen sich ihm auf See die *Sultan* (74) und die *Magnanime* (64) an, die gerade aus England kamen. Suffren war aus politischen Gründen an der Küste geblieben, um Hyder Ali in seiner Neigung zu den Franzosen zu ermutigen; Doch nachdem er am 22. März ein Truppenkontingent gelandet hatte, um bei der Belagerung des britischen Hafens von Cuddalore zu helfen, stach er am 23. in See und fuhr nach Süden, in der Hoffnung, die Sultan und Magnanime *vor* dem *Südende* abzufangen Ceylon. Am 9. April sichtete er südlich und westlich von ihm die britische Flotte. Hughes legte großen Wert auf die Stärkung von Trincomalee und hatte beschlossen, Maßnahmen weder zu suchen noch zu meiden. Er setzte daher seinen Kurs fort, wobei leichte Nordwinde vorherrschten, bis er sich am 11., etwa fünfzig Meilen nordöstlich seines Hafens, auf den Weg dorthin machte. Als er am nächsten Morgen, dem 12. April, feststellte, dass der Feind seine hinteren Schiffe überholen konnte, bildete er im Abstand von zwei Kabeln eine Linie auf dem Steuerbordbug und steuerte nach Westen, auf die Küste von Ceylon zu, mit Nord-Ost-Wind und den toten Franzosen nach Luv (A, A). Suffren zog seine Linie (a) auf dem gleichen Kurs, parallel zu den Briten, und gab um 11 Uhr morgens das Signal, alle zusammen West-Südwest zu steuern; seine Schiffe sinken in schräger Richtung (bb'), jedes um einen der Feinde zu steuern. Mit zwölf Schiffen zu elf wurde der zwölften befohlen, sich auf die Abseitsseite der hinteren britischen Flotte zu stellen, die somit zwei Gegner hätte.

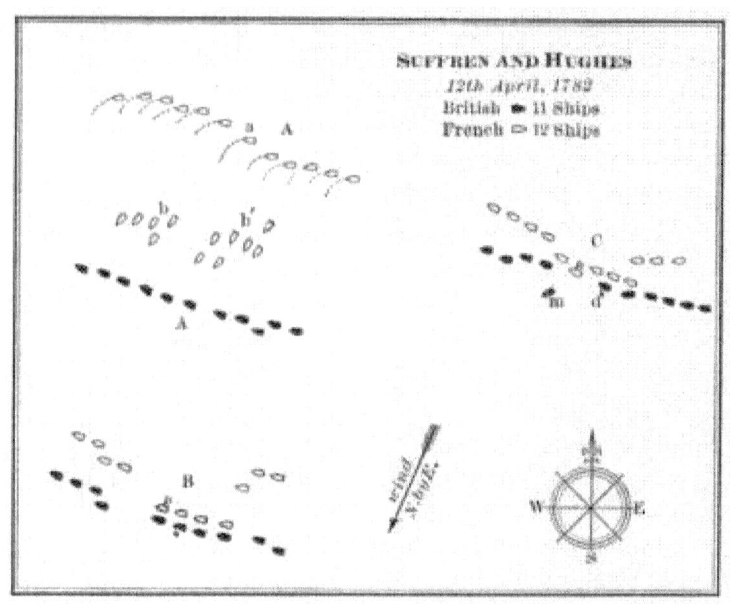

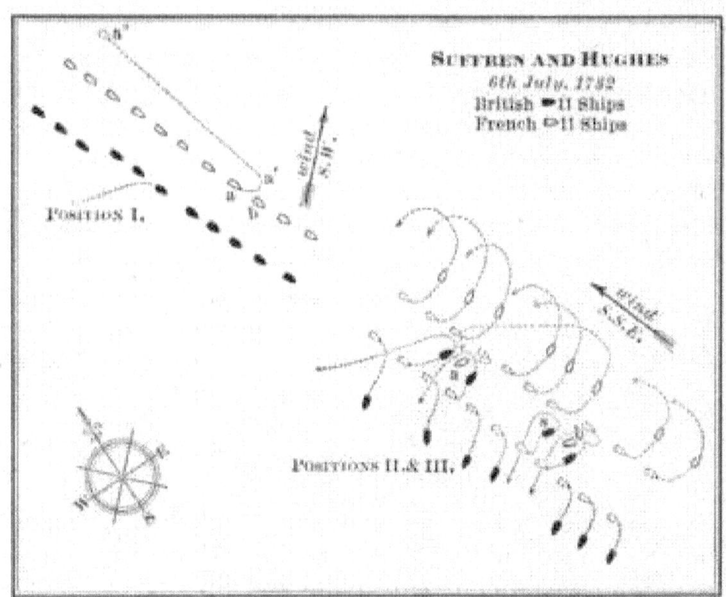

Hughes und Suffren, 12. April 1782
Hughes und Suffren, 6. Juli 1782

Bei einer solchen gleichzeitigen Annäherung kam es häufig vor, dass die angreifende Linie nicht mehr parallel zur gegnerischen Linie verlief und ihre Vorhut immer näher rückte und sich weiter entfernte . So war es hier.

Darüber hinaus eröffneten die Briten das Feuer, sobald die führenden Franzosen in Reichweite waren, und diese zogen sich sofort zurück, um zu antworten. Suffren in der Mitte, der möglichst schnell vorgehen wollte, gab ihnen ein Zeichen, sich wieder fernzuhalten, und stürzte sich selbst wütend bis auf Pistolenschussweite auf Hughes zu; Dabei wurde er von seinem nächsten Vordermann und den beiden nächsten Achterstern eng unterstützt. Der Rücken der Franzosen blieb zwar im Kampf, blieb aber zu weit entfernt. Ihre Linie ähnelte daher einer Kurve, deren Mitte – vier oder fünf Schiffe – das britische Zentrum (B) tangierte. Zu diesem Zeitpunkt fiel die Hitze des Angriffs auf Hughes' Flaggschiff, die *Superb*, 74 (C, d), und ihr nächstes vor ihnen, die *Monmouth*, 64. Suffrens Schiff, die *Héros*, konnte aufgrund ihrer Takelage weitgehend gekürzt werden und konnte die Segel nicht kürzen, von der *Superb* erschossen und neben die *Monmouth gebracht*. Letztere, die bereits heftig von einem ihrer eigenen Klasse angegriffen wurde und in diesem ungleichen neuen Wettbewerb ihren Groß- und Besanmast verlor, musste sich um 15 Uhr aus der Reihe halten (m). An die Stelle der *Héros* trat neben dem *Superb der Orient*, 74, unterstützt vom *Brillant*, 64; und als die *Monmouth* sich zurückhielt, wurde der Angriff dieser beiden Schiffe durch das halbe Dutzend Heckjäger der *Héros verstärkt*, die in die britische Linie geraten waren und nun in den Bug *der Superb feuerten*. Der Konflikt zwischen diesen fünf Schiffen, zwei britischen und drei französischen, war einer der blutigsten in der Geschichte der Marine; Der Verlust der *Superb* mit 59 Toten und 96 Verwundeten und der *Monmouth* mit 45 Toten und 102 Verwundeten entspricht dem Verlust der viel größeren Schiffe, die in Trafalgar die Flaggen von Nelson und Collingwood führten. Der Verlust der drei Franzosen betrug 52 Tote und 142 Verwundete; Dazu kommt aber noch die Zahl der *Sphinx*, 64, des ersten Gegners *der Monmouth*: 22 Tote und 74 Verwundete. Um 15.40 Uhr setzte Hughes seine Schiffe aus Angst, dass er sich mit der Küste verfangen könnte, wenn er weiter nach Westen steuerte, auf Backbordbug und machte sich auf den Weg zur Küste. Die Franzosen trugen ebenfalls, und Suffren hoffte, die *Monmouth* zu sichern, die zwischen den beiden Linien zurückblieb; Aber die Schnelligkeit eines britischen Kapitäns, Hawker von der *Hero*, brachte rechtzeitig ein Schleppseil zu ihr und sie wurde so aus der Gefahrenzone gezerrt. Um 5.40 Uhr ankerte Hughes und Suffren tat dasselbe um 20.00 Uhr. Der gesamte britische Verlust an Männern betrug bei dieser Gelegenheit 137 Tote und 430 Verwundete; das der Franzosen 137 Tote und 357 Verwundete.

Die erschöpften Feinde blieben eine Woche lang im offenen Meer im Abstand von zwei Meilen vor Anker und reparierten. Am 19. April machten sich die Franzosen auf den Weg und demonstrierten vor den Briten, forderten zum Kampf auf, griffen aber nicht an. aber der Zustand des *Monmouth* verbot Hughes, umzuziehen. Suffren reiste daher nach Batacalo in Ceylon südlich von Trincomalee ab, wo er seine eigenen Konvois aus Europa deckte und die Annäherung seines Gegners flankierte. Hughes traf am 22. April in Trincomalee ein, wo er bis zum 23. Juni blieb. Anschließend ging er nach Negapatam, das früher niederländischer Besitz war, dann aber von den Briten gehalten wurde. Dort erfuhr er, dass sich Suffren, der inzwischen mehrere britische Transporter gekapert hatte, einige Meilen nördlich von ihm, bei Cuddalore, befand, das sich am 4. April Hyder Ali ergeben hatte. Am 5. Juli um 13 Uhr erschien das französische Geschwader. Um 15 Uhr stach Hughes in See und blieb in der Nacht im Süden, um den Wind zu gewinnen – der Südwestmonsun weht jetzt.

Am nächsten Morgen, bei Tageslicht, wurden die Franzosen sieben oder acht Meilen leewärts vor Anker gesehen. Um 6 Uhr morgens machten sie sich auf den Weg. Einer ihrer Vierundsechziger, die *Ajax* , hatte am Nachmittag zuvor in einem heftigen Sturm ihren Groß- und Besantopmast verloren und befand sich nicht in der Reihe. Es befanden sich also auf jeder Seite elf Schiffe. Die Aktion, bekannt als die von Negapatam, begann kurz vor 11 Uhr, als beide Flotten auf Steuerbordkurs waren und südsüdöstlich mit südwestlichem Wind unterwegs waren. Da die Briten zu Luv waren, befahl Hughes seiner Flotte, dem Angriff gemeinsam standzuhalten, genau wie Suffren es am 12. April getan hatte. Wie üblich kam das Heck weniger nah heran als der Van (Position I). Das vierte Schiff des französischen Ordens, die *Brillant* , 64 (a), verlor früh ihren Großmast und fiel auf die Leeseite der Linie (a') und hinter ihren Platz (a"). Um halb zwölf wehte der Wind flog plötzlich nach Südosten – die Meeresbrise – und nahm die Schiffe ein wenig am Backbordbug mit. Die meisten von ihnen wehrten sich auf beiden Seiten vor dem Feind ab, die Briten an Steuerbord, die Franzosen an Backbord; aber zwischen den Hauptlinien, die sich in der vorübergehenden Verwirrung infolge eines solchen Vorfalls befanden, befanden sich sechs Schiffe – vier britische und zwei französische –, die in die andere Richtung gedreht hatten (Positionen II und III). 145 Dies waren die *Burford* , *Sultan* (s), *Worcester* und *Eagle* , vierte, fünfte, achte und zehnte, in der britischen Reihenfolge; und die *Sévère* (b), dritte in der französischen, mit der am Boden zerstörten *Brillant* , die sich nun am Ende des Gefechts befand (a) Unter diesen Umständen kam es laut dem Bericht des Kapitäns der *Sévère zu* einem kurzen, aber knappen Gefecht zwischen der Sévère (64) und der *Sultan* (74) sowie mit zwei anderen britischen Schiffen . Der Rest des Vorfalls soll in dessen eigenem Bericht wiedergegeben werden Wörter.

„Als Kapitän de Cillart sah, wie das französische Geschwader abzog – denn alle Schiffe außer der *Brillant* waren auf dem anderen Kurs abgefallen –, hielt es Kapitän de Cillart für sinnlos, seine Verteidigung zu verlängern, und ließ die Flagge einholen. Die mit ihm im Kampf befindlichen Schiffe hörten sofort auf Ihr Feuer, und das auf der Steuerbordseite entfernte sich. In diesem Moment fiel die *Sévère* nach Steuerbord und ihre Segel füllten sich.

Kapitän de Cillart befahl dann, das Feuer durch seine Unterdeckgeschütze, die einzigen, die noch übrig waren, wieder aufzunehmen bemannt, und er schloss sich wieder seinem Geschwader an.

Als die Flagge *der Sévère* gehisst wurde, näherte sich Suffren mit seinem Flaggschiff. Der *Sultan* wollte sich wieder seiner Flotte anschließen und wurde dabei von der *Sévère geharkt*. Die *Brillant , deren Großmast im Konflikt mit der Sultan* oder der *Burford , beides viel schwerere Schiffe*, abgeschossen worden war , war in dieser späteren Phase des Kampfes unter den Kanonen der *Worcester* und der *Eagle gefallen* . Ihr Kapitän, de Saint-Félix, war einer der entschlossensten Offiziere Suffrens. Sie wurde vom Flaggschiff gerettet, hatte jedoch 47 Tote und 136 Verwundete verloren – ein fast unglaubliches Gemetzel, das mehr als ein Drittel der üblichen Zahl von vierundsechzig ausmachte; und Suffrens Schiffe waren unterbesetzt.

Diese lebhaften Episoden und die Tatsache, dass seine vier getrennten Schiffe sich dem Feind näherten und von ihnen angefahren wurden, veranlassten Hughes, den Befehl zum Tragen und zu einer allgemeinen Verfolgung zu erteilen; die Flagge für die Linie, die eingeholt wird. Diese Signale würden die gesamte Hauptmacht zur Unterstützung der getrennten Schiffe bringen, ohne Rücksicht auf deren Reihenfolge im Gefecht und daher mit der größtmöglichen Schnelligkeit, die ihre verbleibende Segelkraft zuließe. Zwei aus der Flotte gaben jedoch Signale der Behinderung ab; Deshalb annullierte Hughes die Befehle und formierte sich um 1.30 Uhr auf Backbordseite, um die beteiligten Schiffe zurückzurufen. Beide Staffeln standen nun am Ufer und ankerten gegen 18 Uhr; die Briten in der Nähe von Negapatam, die Franzosen etwa zehn Meilen nördlich. Der Verlust bei der Aktion betrug: Briten, 77 Tote, 233 Verwundete; Französisch, 178 Tote, 601 Verwundete.

Am folgenden Tag segelte Suffren nach Cuddalore. Dort erhielt er die Nachricht, dass zwei Linienschiffe – die *Illustre* (74) und *die St. Michel* (60) mit einem Nachschubkonvoi und 600 Soldaten – in Kürze in Pointe de Galle, damals ein niederländischer Hafen im Süden, zu erwarten seien -Westseite von Ceylon. Es war wichtig, diese abzudecken, und am 18. war er zur See bereit; aber die Notwendigkeit einer Unterredung mit Hyder Ali verzögerte ihn bis zum 1. August, als er nach Batacalo aufbrach. Am 9. traf er dort ein und am 21. schloss sich ihm die Verstärkung an. Innerhalb von 48 Stunden waren die Versorgungsschiffe geräumt und das Geschwader segelte erneut mit dem Ziel, Trincomalee einzunehmen. Am 25. verließ er den Hafen, und da die Operation energisch vorangetrieben wurde, kapitulierte der Ort am 31. August.

Man kann sich des Eindrucks kaum erwehren, dass Hughes mit größerer Energie ihn rechtzeitig hätte erziehen können, um dieses Missgeschick zu verhindern. Er erreichte Madras erst am 20. Juli, vierzehn Tage nach der späten Aktion; und er segelte erst am 20. August von dort fort, obwohl er einen Anschlag auf Trincomalee befürchtete. Als er dort am 2. September ankam, war es nicht nur in die Hände des Feindes übergegangen, sondern Suffren hatte auch bereits die Männer und die Geschütze wieder eingeschifft, die von seiner Flotte gelandet worden waren. Als Hughes' Annäherung signalisiert wurde, wurden alle Seevorbereitungen beschleunigt, und am nächsten Morgen, bei Tagesanbruch, rückten die Franzosen aus. Zu Hughes hatte sich seit der letzten Aktion die *Scepter*, 64, gesellt, so dass die jeweiligen Streitkräfte in der am 3. September vor Trincomalee bekämpften Schlacht zwölf zu vierzehn der Linie waren, nämlich: Briten, drei 74er, ein 70er, ein 68er, sechs 64er, ein 50er; Französisch, vier 74er, sieben 64er, ein 60er, zwei 50er. Suffren hatte auch ein 36-Kanonen-Schiff, die *Consolante*, in Dienst gestellt . [146]

Während die Franzosen von Trincomalee aus aufbrachen, stand die britische Flotte südsüdöstlich in Richtung der Einfahrt, am Wind auf Steuerbordbug, ein frischer Südwestmonsun wehte. Als Hughes die feindlichen Flaggen auf den Werken erkannte, hielt er vier Punkte ([147) fern] und steuerte Ost-Südost, immer noch in Kolonne, unter kurzer Leinwand (A). Suffren verfolgte, mit seiner Flotte auf einer Peillinie, Luv und doch achteraus; das heißt, die Linie, auf der sich die Schiffe befanden, stimmte nicht mit dem Kurs überein, den sie steuerten. Diese Formation (A), bei der der Vorschub schräg nach vorne erfolgt, ist sehr schwer aufrechtzuerhalten. Hughes, der ein gründlicher Seemann war und über gute Kapitäne verfügte, wollte die Aktion unabhängig vom unmittelbaren Ereignis ergebnisentscheidend machen, indem er die Franzosen weit in den Windschatten des Hafens lockte, und spielte mit seinem eifrigen Feind. „Er ging mir immer wieder aus dem Weg, ohne die Flucht zu ergreifen“, schrieb Suffren; „oder besser gesagt, er floh in guter Ordnung, indem er sein Segel seinen schlechtesten Seglern anpasste; und indem er sich nach und nach davon hielt, steuerte er vom ersten bis zum letzten zehn oder zwölf verschiedene Kurse.“ Hughes seinerseits war sich zwar vollkommen im Klaren über sein eigenes Ziel, war aber etwas verwirrt über die scheinbare Unentschlossenheit eines Gegners, dessen Kampfabsicht er aus Erfahrung kannte. „Manchmal haben sie nachgelassen“, schrieb er; „Manchmal brachten sie es zu sich; in keiner regelmäßigen Reihenfolge, als ob sie nicht wussten, was sie tun sollten.“ Diese scheinbaren Schwankungen waren darauf zurückzuführen, dass es schwierig war, die Peillinie aufrechtzuerhalten, die die Schlachtlinie sein sollte; und diese Schwierigkeit war umso größer, weil Hughes ständig seinen Kurs änderte und Suffrens Schiffe ungleiche Geschwindigkeit hatten.

Endlich, um 14 Uhr, waren die Franzosen 25 Meilen südöstlich des Hafens nahe genug herangekommen, um sie niederzuschlagen. Damit diese

Bewegung präzise ausgeführt werden konnte und alle Schiffe gemeinsam in
Aktion traten, ließ Suffren seine Flotte auf Steuerbordbug gegen den Wind
ziehen, um den Befehl zu korrigieren. Da dies ebenfalls schlecht und langsam
gelang, verlor er die Geduld – wie Nelson später sagte: „Ein Tag geht bald
mit Manövrieren verloren" – und um 2.30 Uhr gab der französische Admiral
das Signal zum Angriff, um die zurückgebliebenen Schiffe anzuspornen (a),
Angabe der Pistolenreichweite. Auch wenn dies nicht ausreichte, um die
Straftäter sofort auf eine Linie mit dem Flaggschiff zu bringen, feuerte dieses
eine Waffe ab, um Gehorsam zu erzwingen. Da ihre eigene Seite immer noch
den Briten zugewandt war und sie wartete, wurde der Bericht von den
Männern des Flaggschiffs unter Deck als Signal für die Feuereröffnung
aufgefasst , und ihre gesamte Breitseite wurde abgefeuert. Diesem Beispiel
folgten die anderen Schiffe, so dass der Kampf nicht knapp, sondern mit
halbem Kanonenschuss begann.

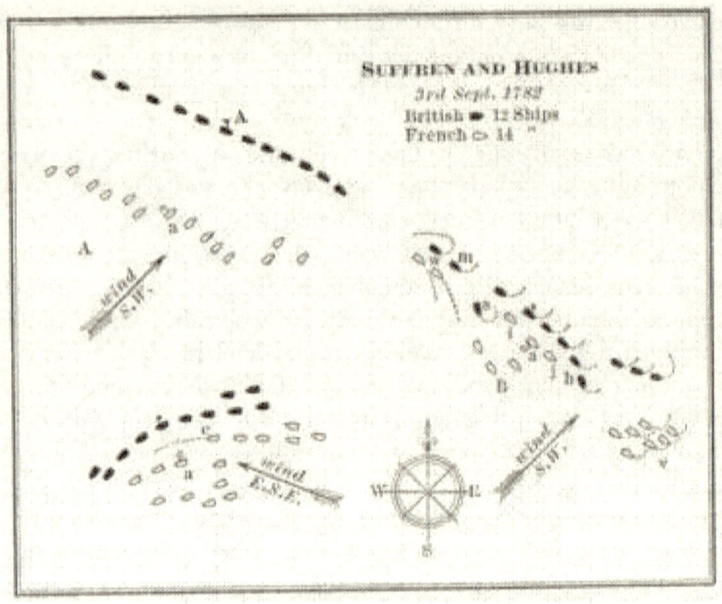

Hughes und Suffren, 3. September 1782

Dank seines maßvollen und bewussten Rückzugs hatte Hughes seine Flotte
nun in einem durch und durch guten Zustand, gut ausgerichtet und
geschlossen. Die Franzosen, die von einer schlechten Formation aus eine
schwierige Entwicklung durchführten, gerieten unter Beschuss in völlige
Unordnung (B). Sieben Schiffe, die sich vorzeitig drehten, um ihre
Breitseiten auf den Feind zu richten, und sich auf sie zubewegten, bildeten
eine verwirrte Gruppe (v), viel luvwärts und etwas vor dem britischen
Vorschiff. Da sie nicht perfekt eingesetzt waren, störten sie sich gegenseitig
und ihr Feuer konnte daher nicht ausreichend entwickelt werden. Im Heck

herrschte ein etwas ähnlicher Zustand. Suffren, der damit rechnete, dass der Großteil seiner Linie die Briten in Luv bekämpfen würde, hatte die *Vengeur* (64) und die *Consolante* (36) angewiesen, am äußersten Heck nach Lee zu fahren; Da sie jedoch feststellten, dass die Wetterseiten des Feindes nicht besetzt waren, fürchteten sie, nach Lee zu gehen, um nicht abgeschnitten zu werden. Sie griffen das hintere britische Schiff, die *Worcester*, 64 (w) in Luv an; Doch als die *Monmouth* (64 m) zu ihrer Unterstützung herabfiel und die *Vengeur* im Besantop Feuer fing, mussten sie abhauen. Nur Suffrens eigenes Schiff, die *Héros*, 74 (a), und ihr nächstes Achterschiff, die *Illustre*, 74, (i), kamen sofort zum Nahkampf mit der britischen Mitte; doch anschließend gelang es der *Ajax*, 64, sich aus dem Trubel im Heck zu befreien, und nahm Position vor (j) der *Héros ein*. Auf diese drei fiel die Hauptlast des Kampfes. Sie empfingen nicht nur die Breitseiten der Schiffe, die ihnen unmittelbar gegenüberstanden, sondern da der Wind jetzt schwach und dennoch frei geworden war, wirkten auch die britischen Schiffe vor und hinter ihnen (h, s) durch Anluven oder Anhalten auf sie ein. „Der Feind bildete einen Halbkreis um uns", schrieb Suffrens Stabschef, „und drängte uns nach vorn und nach hinten, während das Schiff aufkam und mit dem Ruder nach Lee abfiel." Die beiden Vierundsiebziger wurden unter diesem Feuer zerschmettert. Beide verloren im Laufe des Tages ihren Groß- und Besanmast, auch der Fockmast des Flaggschiffs stürzte ein. Der *Ajax*, der später eintraf und wahrscheinlich weniger Aufmerksamkeit erregte, hatte nur einen Topmast-Schuss entfernt.

Die Gesamtzahl der getöteten und verwundeten Briten war sehr gleichmäßig über die gesamte Flotte verteilt. Nur das hintere Schiff verlor eine wichtige Spiere, den Hauptmast. Auf sie und die beiden führenden Schiffe, die *Exeter* und *die Isis*, fiel, wie bereits erwähnt, das verhältnismäßig schwerste Feuer der Franzosen. Von der Position der sieben Van-Schiffe des letzteren aus musste so viel Feuer, wie sie abfeuern konnten, unbedingt auf den äußersten britischen Van gerichtet sein, und die *Exeter* war gezwungen, die Linie zu verlassen. Der Verlust der Franzosen an diesem Tag betrug 82 Tote und 255 Verwundete; Davon gehörten 64 Tote und 178 Verwundete den *Héros*, *Illustre* und *Ajax an*. Die Briten hatten 51 Tote und 283 Verwundete; Die höchste Zahl an Opfern auf einem Schiff betrug 56. Bemerkenswert ist, dass in einer so kleinen Liste von Todesfällen drei befehlshabende Offiziere waren: die Kapitäne Watt von der *Sultan*, Wood von der *Worcester* und Lumley von der *Isis*.

Um 17.30 Uhr drehte der Wind plötzlich von Südwest auf Ost-Südost (C). Die Briten schlossen sich zusammen, formierten sich auf der anderen Seite und setzten den Kampf fort. Während dieses letzten Akts und um 18 Uhr stürzte der Großmast des französischen Flaggschiffs ein. Die Vorschiffe der Franzosen hatten vor 4 ihre Köpfe mit Booten umgeschleppt, um auf ein

Signal von Suffren hin dem Zentrum zu Hilfe zu kommen; aber die leichte Atmosphäre und die Ruhe hatten sie zurückgehalten. Mit der Verschiebung näherten sie sich und passierten in Kolonne (c) zwischen ihren beschädigten Schiffen und dem Feind. Dieses Manöver und das Ausbleiben des Tageslichts beendeten die Schlacht. Dem Bericht von Hughes zufolge „machten mehrere seiner Flotten so viel Wasser aus Schrotlöchern, die so tief unten im Boden lagen, dass man sie nicht erreichen konnte, um sie effektiv zu stoppen; und die Masten und die Takelage des Ganzen waren stark in Mitleidenschaft gezogen worden. " Da Trincomalee im Besitz des Feindes war und die Ostküste von Ceylon jetzt, mit dem Wechsel des Monsuns, ein unsicherer Ankerplatz war, fühlte er sich gezwungen, nach Madras zurückzukehren, wo er am 9. September ankerte. Suffren erlangte Trincomalee am 7. des Monats zurück, aber der *Orient* , 74, lief am Eingang an Land und verirrte sich. Er blieb bis zum 17. draußen, um Material aus dem Wrack zu retten.

Der bevorstehende Zusammenbruch des Südwestmonsuns kann von heftigen Hurrikanen begleitet sein und wird vom Nordostmonsun abgelöst, bei dem die Ostküsten der Halbinsel und von Ceylon ein Leeufer abgeben. mit starker Brandung. Der Marinebetrieb wurde daher für den Winter eingestellt. Während dieser Saison ist Trincomalee der einzige sichere Hafen. Da ihm dies entzogen war, beschloss Hughes, nach Bombay zu gehen, und verließ zu diesem Zweck Madras am 17. Oktober. Vier Tage später traf eine Verstärkung von fünf Linienschiffen aus England unter Kommodore Sir Richard Bickerton ein, der dem Oberbefehlshaber sofort an die Westküste folgte. Im Laufe des Dezembers wurde die gesamte britische Streitmacht in Bombay vereint.

In Trincomalee hatte Suffren einen guten Ankerplatz; aber die Unzulänglichkeit seiner Ressourcen und andere militärische Erwägungen veranlassten ihn, in Acheen am Westende von Sumatra zu überwintern. Er kam dort am 2. November an, nachdem er zunächst Cuddalore einen Besuch abgestattet hatte, wo der 64-jährige *Bizarre* durch Unachtsamkeit Schiffbruch erlitt. Am 20. Dezember verließ er Acheen in Richtung der Coromandel-Küste, nachdem er aus politischen Gründen seinen Aufenthalt nach Osten verkürzt hatte. Am 8. Januar 1783 befand er sich vor Ganjam an der Küste von Orissa und erreichte von dort am 23. Februar erneut Trincomalee. Dort schlossen sich ihm am 10. März drei Linienschiffe aus Europa an: zwei 74er und ein 64er. Unter ihrem Konvoi kam General de Bussy mit 2500 Soldaten, die sofort nach Cuddalore geschickt wurden.

Am 10. April kam Vizeadmiral Hughes, der aus Bombay zurückkehrte, auf dem Weg nach Madras an Trincomalee vorbei. Die verschiedenen Ereignisse auf See, Wracks und Verstärkungen seit der Schlacht vom 3. September hatten die Seechancen umgekehrt, und Hughes verfügte nun über achtzehn Schiffe Die Linie, von der eine achtzig war, stand unter Suffren fünfzehn gegenüber. Ein weiteres wichtiges Ereignis in den Angelegenheiten Indiens war der Tod von Hyder Ali am 7. Dezember 1782. Obwohl seine Politik von seinem Sohn Tippu Saib fortgeführt wurde, war der Schlag für die Franzosen schwerwiegend. Unter allen Umständen wurden die britischen Behörden ermutigt, die Reduzierung von Cuddalore zu versuchen. Die zu diesem Unternehmen bestimmte Armee marschierte von Madras aus, umrundete Cuddalore und lagerte südlich davon an der Küste. Die Versorgungsschiffe und leichteren Kreuzer ankerten in der Nähe, während die Flotte nach Süden segelte. Da der Südwestmonsun damals eingesetzt hatte, war er windwärts gelegen und schützte die Operationen vor Störungen durch das Meer.

Gegen Anfang Juni war die Anlage des Ortes zu Lande und zu Wasser abgeschlossen. Die Nachricht von diesem Stand der Dinge wurde am 10. Juni an Suffren weitergegeben, der auf Busseys Anweisung hin seine unterlegene Flotte in Trincomalee behielt, bis ihre Dienste absolut unentbehrlich sein würden. Unmittelbar nach Erhalt der Nachricht verließ er den Hafen und sichtete am 13. die britische Flotte, die damals vor Porto Novo, etwas südlich von Cuddalore, vor Anker lag. Als Hughes sich näherte, machte er sich auf den Weg und ankerte erneut fünf Meilen vor dem belagerten Ort. In den nächsten zwei Tagen waren die Winde für die Franzosen ein Rätsel; aber am 17. setzte der Südwestmonsun wieder ein und Suffren rückte wieder näher. Der britische Vizeadmiral war nicht bereit, einen Angriff vor Anker zu akzeptieren, machte sich auf den Weg und blieb von da an bis zum 20. draußen und versuchte, den Wettermesser zu erhalten, was ihm aber an der Unbeständigkeit der Winde scheiterte . Inzwischen hatte Suffren in der Nähe der Stadt vor Anker gelegen, sich mit dem General in Verbindung gesetzt und, da es an Männern an den Geschützen sehr mangelte, zwölfhundert Mann für die erwartete Schlacht eingeschifft; denn es war klar, dass es bei der Belagerung um die Kontrolle des Meeres gehen würde. Am 18. wog er erneut, und die beiden Flotten manövrierten mit leichten, verwirrenden Luftmanövern zum Vorteil, wobei die Briten am weitesten von der Küste entfernt waren.

Am 20. Juni, als der Westwind unerwartet konstant blieb, beschloss Hughes, den Angriff anzunehmen, den Suffren offensichtlich beabsichtigt hatte. Letzterer, der an Stärke deutlich unterlegen war (fünfzehn zu achtzehn), dachte wahrscheinlich an eine Aktion, die nur im Hinblick auf das Schicksal von Cuddalore entscheidend sein sollte; Das heißt, ein Angriff, der zwar nicht zur Eroberung oder Zerstörung von Schiffen führt, seinen Gegner jedoch dazu zwingen sollte, die Nachbarschaft zu verlassen, um den Schaden zu reparieren. Die Briten bildeten eine Linie auf Backbordseite in Richtung

Norden. Suffren ordnete seine Flotte auf die gleiche Weise parallel zum Feind an und achtete sorgfältig darauf, die Reihenfolge genau einzuhalten, bevor er zum Angriff überging. Als das Signal zum Angriff gegeben wurde, hielten die Franzosen gemeinsam Abstand und brachten sie auf dem Wetterstrahl der Briten wieder in unmittelbare Reichweite. Die Aktion dauerte von kurz nach 16 Uhr bis fast 19 Uhr und war auf beiden Linien allgemein; aber wie immer erlebt, waren die hinteren Räder weniger engagiert als die mittleren und Vans. Es wurde kein Schiff genommen; Es scheinen keine sehr wichtigen Holme weggeschossen worden zu sein. Der Verlust der Briten betrug 99 Tote und 434 Verwundete; Von den Franzosen wurden 102 getötet und 386 verwundet.

Da der Kopf der Schiffe nach Norden gerichtet war, führte der Verlauf der Aktion sie in diese Richtung. Suffren ankerte am nächsten Morgen 25 Meilen nördlich von Cuddalore. Dort wurde er am 22. von Hughes gesichtet, der bis zum Tag nach dem Kampf gelogen hatte. Der britische Vizeadmiral berichtete, dass mehrere Schiffe schwer beschädigt waren, eine große Anzahl seiner Männer – 1.121 – an Skorbut erkrankt waren und dass die Wasserversorgung der Flotte sehr kurz war. Er hielt es daher für notwendig, nach Madras zu fahren, wo er am 25. ankerte. Am Nachmittag des 23. erlangte Suffren Cuddalore zurück. Seine Rückkehr und Hughes' Weggang veränderten die militärische Situation völlig. Die Versorgungsschiffe, von denen der britische Operationsplan abhing, waren bei der ersten Annäherung von Suffren zur Flucht gezwungen worden und konnten jetzt natürlich nicht mehr zurückkehren. „Seit dem Abmarsch der Flotte bin ich geistig auf der Folterbank, ohne einen Moment Ruhe zu haben", schrieb der kommandierende General am 25., „angesichts des Charakters von M. de Suffren und der unendlichen Überlegenheit der Franzosen jetzt, wo wir sind." sind uns selbst überlassen."

Sir Edward Hughes, KB

Pierre André de Suffren de Saint Tropez

Die Schlacht vom 20. Juni 1783 vor Cuddalore war die letzte des Seekrieges von 1778. Sie wurde tatsächlich genau fünf Monate nach der Unterzeichnung der Präliminarien des Friedens am 20. Januar 1783 ausgetragen. Obwohl die relative Stärke der Zwei Flotten blieben unverändert, es war ein französischer Sieg, sowohl taktisch als auch strategisch: taktisch, weil die unterlegene Flotte sich behauptete und im Besitz des Feldes blieb; strategisch, weil es über das unmittelbar auf dem Spiel stehende Ziel, das Schicksal von Cuddalore, und damit, zumindest vorübergehend, über die Frage des Feldzugs entschied. Es war jedoch der Triumph eines Oberbefehlshabers über einen anderen; des größeren Menschen über den kleineren. Hughes' Gründe für den Rücktritt vom Feld sind das Eingeständnis der größeren Fähigkeiten seines Gegners. „Wassermangel" – bei achtzehn Schiffen zu fünfzehn, die daher in der Lage waren, Schiffe durch Abteilungen für die Bewässerung zu entbehren, hätte das nicht passieren dürfen; „Verletzung der Holme" – die aus der Aktion resultierte; „1.121 Mann fehlen" – Suffren hatte genau diese Zahl – 1.200 – eingeschifft, weil Hughes ihm erlaubte, ohne Kampf mit dem Hafen zu kommunizieren. Ungeachtet der viel besseren Seemannschaft der britischen Untergebenen und ihrer beharrlichen Hartnäckigkeit demonstrierte Suffren hier wie im gesamten Feldzug erneut die alte Erfahrung, dass die Feldherrschaft der wichtigste Faktor im Krieg ist. Mit geringeren Ressourcen, wenn auch zunächst nicht mit geringerer Anzahl, durch eine stetige Offensive und die damit verbundene Besorgnis um Trincomalee, die dem britischen Admiral eingeprägt wurde, reduzierte er ihn auf eine erfolglose Defensive. Durch die Eroberung dieses Ortes als Stützpunkt verankerte er sich fest am Schauplatz des Geschehens. So konnte er bleiben, während sich die Briten nach Bombay zurückziehen mussten, und unterstützte den Sultan von Mysore in seiner peinlichen Feindseligkeit gegenüber den Briten. und am Ende rettete er Cuddalore durch Bereitschaft und Geschicklichkeit trotz der nun zahlenmäßig überlegenen britischen Flotte. Er war ein großer Kapitän, Hughes nicht; und mit schlechteren Instrumenten, sowohl bei Männern als auch bei Schiffen, überwand erstere letztere.

Am 29. Juni erreichte eine britische Fregatte, die *Medea* , mit einer Waffenstillstandsflagge Cuddalore. Sie brachte gut beglaubigte Informationen über den Friedensschluss; und die Feindseligkeiten wurden im gegenseitigen Einvernehmen eingestellt.

Fußnote 136:

Jetzt Mauritius.

Fußnote 137:

An der Malabar-Westküste.

Fußnote 139:

Siehe *ante* , S. 163 .

Fußnote 140:

Aus den Berichten schließe ich, dass sich die *Monmouth* weit östlich der *Hero befand* , dass die Franzosen sie zuerst passiert hatten und dass sich die *Héros* jetzt auf ihrem Backbordbalken befand; aber dieser Punkt ist nicht sicher.

Fußnote 141:

Ausdrücke in Johnstones Bericht.

Fußnote 142:

Charnock sagt jedoch, dass er 1762, unmittelbar nach Erhalt seines Postens, nacheinander die *Hind* (20) und die *Wager* (20) befehligte. Darüber hinaus war er vor seiner Ernennung zur Expedition von 1781 Kommodore auf der Lisbon gewesen Bahnhof. Aber er hatte als Kapitän vergleichsweise wenig Zeit auf See verbracht. – WLC

Fußnote 143:

Siehe *ante* , S. 79 , 80 .

Fußnote 144:

Eine davon ist die erbeutete britische *Hannibal* , 50, die von Kapitän Morard de Galles in Auftrag gegeben wurde, wobei die englische Form des Namens,

Hannibal, beibehalten wurde, um sie von der *Annibal* , 74, bereits im Geschwader, zu unterscheiden.

Fußnote 145:

Im Plan, Position II und III, ist die zweite Position durch Schiffe mit unterbrochenen Umrissen gekennzeichnet. Diese zeigen die beiden Schlachtlinien im Gefecht, bis der Wind auf Südost-Südost drehte. Die Ergebnisse der Verschiebung stellten eine dritte Position dar, die an die zweite anknüpfte, und ist durch Schiffe in voller Umrisslinie gekennzeichnet.

Fußnote 146:

Zuvor die britische Ostindienfahrerin *Elizabeth* .

Fußnote 147:

Fünfundvierzig Grad.

GLOSSAR

DER IM TEXT VERWENDETEN NAUTISCHEN UND MARINEBEGRIFFE

(Dieses Glossar soll nur die technischen Ausdrücke abdecken, die tatsächlich im Buch selbst verwendet werden.)

VERBLÜFFT . Ein Segel schlägt zurück, wenn der Wind auf den vorderen Teil bläst und das Schiff nach hinten bewegen möchte.

HINTEN . Hinten, Richtung Heck.

ABEAM .
NEBENEINANDER . } Siehe „Lagerung".

ACHTERN . Siehe „Lagerung".

VORAUS . Siehe „Lagerung".

ACHTERN . Siehe „Lagerung".

STRAHL . Die Breite eines Schiffes wird wegen der Querhölzer, Balken genannt, so verwendet.

BÄR , zu. Von einem Schiff aus in einer bestimmten Richtung sein.

BÄR , zu. Um die Bewegungsrichtung eines Schiffes zu ändern.

Sich niederdrücken , sich darauf zubewegen; standhalten oder *weggehen , sich vom Wind oder einem* Feind entfernen.

LAGER . Die Richtung eines Objekts von einem Schiff aus; entweder per Kompass oder in Bezug auf das Schiff selbst. Somit zeigt der Leuchtturm nach Norden; Der Feind liegt querab oder zwei Punkte vom Backbordbug entfernt.

PEILUNG , Linie von. Die Kompasspeilung, nach der die Schiffe einer Flotte ausgerichtet sind, unabhängig von ihrer Peilung zueinander.

LAGER , bezogen auf das Schiff.

Querab.
Auf Augenhöhe. } Senkrecht zur Schiffslänge.

Achtern.
Achtern.　　　　　}　　　　　　Direkt dahinter.

Voraus.　　　　Direkt davor; nach vorne.

Hinter dem Balken, Steuerbord oder Backbord, Wetter oder Lee. Hinterab, nach rechts oder links, in Luv oder Lee.

Vor (oder vor) dem Balken (wie oben). Vorab usw.

Breit. Ein großer Peilwinkel, der normalerweise für den Bogen verwendet wird. „Breit vom Bug" nähert sich „vor dem Balken".

Am Bug, Steuerbord oder Backbord, Wetter oder Lee. Auf einer Seite von vorn, nach rechts oder links, in Luv oder Lee.

Auf der Viertelseite, Steuerbord oder Backbord, Wetter oder Lee. Auf einer Seite achtern; nach rechts oder links, nach Luv oder Lee.

PEILUNG per Kompass. Der vollständige Kreis des Kompasses, 360 Grad, ist in zweiunddreißig *Punkte unterteilt*, wobei jeder Punkt in Viertel unterteilt ist. Von Norden nach Osten werden acht Punkte folgendermaßen benannt: Norden; von Norden nach Osten; Nordnordost; Nordosten nach Norden; Nordost; Nordosten nach Osten; Ost-Nordost; von Osten nach Norden; Ost.

Von Osten nach Süden, von Süden nach Westen und von Westen nach Norden wird eine gleiche Namensgebung verwendet.

SCHLAG, zu. Durch aufeinanderfolgende Richtungsänderungen, sogenannte Wenden, an Boden in Luv gewinnen.

BOOM. Siehe „Spars".

VERBEUGUNG oder Kopf. Der vordere Teil eines Schiffes, der vorn liegt, wenn er vorwärts fährt.

Am Bug. Siehe „Lagerung". Mit „Bug auf" gehen: sich direkt auf ihn zubewegen.

BOGEN UND VIERTELLINIE. Siehe S. 84, 200.

BUGSPRIET. Siehe „Spars".

HOSENTRÄGER. Seile, mit denen die Rahen gedreht werden, damit der Wind in der gewünschten Weise auf die Segel schlagen kann.

MITBRINGEN . Den Kopf eines Schiffes so nah wie möglich an die Richtung bringen, aus der der Wind weht; normalerweise im Hinblick auf das Anheben, also Anhalten. Siehe Heben und Luven.

BREITSEITE . Die Gesamtzahl der auf einer Seite eines Schiffes mitgeführten Geschütze; Steuerbord- oder Backbord-Breitseite, Wetter- oder Lee-Breitseite.

KABEL . Das schwere Seil war am Anker befestigt und hielt das Schiff daran fest. Kabel sind heute Ketten, aber zur Zeit dieses Buches waren sie immer Hanf. Das Kabel umdrehen, mehr herauslassen, das Schiff weiter vom Anker entfernen. Das Kabel abrutschen lassen, alles über Bord gehen lassen und das Schiff freigeben. Kabellänge: 120 Faden.

CHASE , General. Eine Verfolgungsjagd einer Flotte, bei der, um schneller voranzukommen, die Plätze der Schiffe in ihrer üblichen Reihenfolge nicht eingehalten werden dürfen.

AM WIND . Siehe „Kurs".

SPALTE . Siehe „Linie voraus".

KOMM HOCH . Ein Schiff kommt heran, wenn sein Bug der Windrichtung näher kommt. Wird im Allgemeinen verwendet, wenn die Bewegung eine andere Ursache als die Bewegung des Ruders hat. Siehe „Luff".

KONVOI . Eine Gruppe unbewaffneter oder schwach bewaffneter Schiffe in Begleitung von Kriegsschiffen.

KONVOI , zu. Um eine Reihe unbewaffneter Schiffe zu ihrem Schutz zu begleiten.

KURS . Die Bewegungsrichtung eines Schiffes im Hinblick auf den Kompass oder den Wind.

Kompasskurs. Die Himmelsrichtung, auf die das Schiff zusteuert.

Windkurse:

Am Wind. So nah wie möglich in der Richtung, aus der der Wind weht, um die Segel voll zu halten; für Rahschiffe sechs Punkte. (Siehe „Peilungen nach Kompass".) Bei Nordwind sind die Amwindkurse Ostnordost und Westnordwest.

Frei. Nicht am Wind.

Groß. Sehr kostenlos.

Aus dem Wind. Frei.

Auf (oder durch) den Wind. Am Wind.

KURSE . Die niedrigsten Segel am Fock- und Hauptmast.

KREUZFAHRT , zu. Um einen bestimmten Teil des Meeres abzudecken, indem man sich hin und her darüber bewegt.

KREUZER . Ein allgemeiner Begriff für bewaffnete Schiffe, der jedoch spezieller auf solche angewendet wird, die nicht „in der Linie" sind und daher in ihren Bewegungen freier und umfassender sind.

AKTUELL .

Lee Current. Eines, dessen Bewegung vom Wind weg ist.

Wetter aktuell. Einer, der sich dem Wind zuwendet.

EBBE , Ebbe. Siehe „Gezeiten".

SCHÖN , Wind. Ein Wind, der es einem Schiff ermöglicht, den gewünschten Kompasskurs einzuhalten.

ABFALLEN . Ein Schiff stürzt ab, wenn sich der Kopf ohne Betätigung des Ruders vom Wind wegbewegt. Siehe „Komm hoch".

FÜLLEN
.   } Von Segeln sagt man, dass sie sich füllen oder voll sind, wenn
VOLL .   der Wind von hinten weht und das Schiff vorwärts bewegt.

FLUT , Flut. Siehe „Gezeiten".

VORN UND HINTEN . In der Klassifizierung von Schiffen werden Schiffe bezeichnet, deren Segel sich im gesetzten Zustand von vorne nach hinten erstrecken. eher längs als quer. Im Gegensatz zu Rahsegel.

FOCKMAST , Vortopmast usw. Siehe „Holme".

VORSEGEL , Vormarssegel usw. Siehe „Segel".

FOUL , zu. Sich verwickeln, kollidieren. Ein fehlerhafter Anker, wenn das Kabel den Anker umrundet.

FOUL , Wind. Ein Wind, der das Schiff daran hindert, den gewünschten Kompasskurs einzuhalten, und es zum Schlagen zwingt.

FREI , Wind. Ein Wind, der es dem Schiff ermöglicht, den gewünschten Kurs einzuschlagen . Manchmal wird die Menge angegeben, die beim Amwindkurs übrig bleibt. *ZB* gibt der Wind vier Punkte frei; Der Wind würde es dem Schiff ermöglichen, dem Wind vier Punkte näher zu kommen, als es sein Kurs erfordert.

FREGATTE . Siehe „Gefäß“.

GAGE , Wetter und Lee. Man sagt, dass ein Schiff oder eine Flotte über den Wettermesser verfügt, wenn es sich zu Luv des Gegners befindet. Lee ist das Gegenteil des Wetters.

SCHLEPPEN , zu. Den Wind anziehen bedeutet, den Kurs in die Richtung zu ändern, die der Richtung am nächsten kommt, aus der der Wind kommt.

Die Fahnen niederreißen: zuschlagen, kapitulieren.

HEBEN SIE SICH AB . Um ein Schiff auf eine Seite zu neigen, indem man es am unteren Masttop anlegt.

HEAVE-TO . (HOVE-TO .) Anbringen (sehen) und dann einige Segel zurücklegen, um das Schiff ohne Bewegung vorwärts oder rückwärts zu halten.

FERSE , zu. Ein Schiff auf eine Seite neigen, indem die Gewichte an Bord, wie z. B. Kanonen, verlagert werden. „Auf der Ferse“: so geneigt sein.

HELM . Die Pinne oder Stange, die wie ein Griff das Ruder dreht und so den Kurs des Schiffes ändert.

Legen Sie das Ruder an Backbord. Die Pinne auf Backbord stellen, wodurch der Schiffskopf nach rechts gedreht wird; An Steuerbord ist es umgekehrt.

Helm runter. Pinne nach Lee, Schiffskurs nach Luv; Helm hoch, umgekehrt. Siehe „Ruder“.

RUMPF . Der Körper eines Schiffes im Unterschied zu den Holmen oder Motoren.

RUMPF , zu. (GESCHÄLT .) Eine Kanonenkugel, die den Rumpf eines Schiffes trifft, soll dieses zum Rumpf bringen.

AUSLEGER . Siehe „Segel“.

AUSLEGER . Siehe „Spars“.

BEHALTEN SIE bei. Sich fernzuhalten bedeutet, den Kurs vom Wind oder einem Feind weg zu ändern. Siehe „Aushalten“.

GROß . Siehe „Kurs“.

LEE . Die Richtung, in die der Wind weht. „Unter dem Windschatten von“, geschützt vor Wind und Meer auf dem Landweg oder durch ein zwischengeschaltetes Schiff.

Lee Tide. Siehe „Gezeiten“.

BLUTEGEL . Die vertikale Seite eines quadratischen Segels. Die horizontale Ober- und Unterseite werden Kopf und Fuß genannt.

LEEWARD (ausgesprochen looard). Bewegungs- oder Peilrichtung entgegen dem Wind.

ANLÜGEN , anlügen. Die Schiffe frontal oder in die Nähe des Windes zu bringen und nahezu zum Stillstand zu kommen. Normalerweise bei schwerem Wetter, aber nicht immer.

LINIE NEBENEINANDER . Siehe S. 122 .

LINIE VORAUS . Siehe S. 85 .

SCHLACHTLINIE . In der Schlachtlinie sind die Schiffe auf derselben geraden Linie aufgestellt und steuern den gleichen Kurs, eines hinter dem anderen, so dass alle Breitseiten frei sind, um auf einen Feind zu treffen. Die bevorzugte Leine ist eine der Amwindleinen, da sich bei ihnen die Bewegung eines Schiffes in der Leine leichter durch Zurückziehen oder Schütteln einiger Segel regulieren lässt.

PEILLINIE . Siehe „Peilung, Linie von".

LINIE , Schiff der. Ein durch seine Stärke für die Schlachtlinie geeignetes Schiff. Generell das Gegenteil von „Kreuzer". Der moderne Begriff ist „Schlachtschiff".

LUFF , zu. Die Bewegung, den Kurs mithilfe des Ruders näher an die Richtung zu ändern, aus der der Wind kommt.

HAUPT .
BESAN .   } Siehe „Holme" und „Segel".

MAST . Siehe „Spars". „Zum Mast." Ein Segel soll so sein, wenn man zurückkommt.

MONSUN . Ein Passatwind im Chinesischen und Indischen Meer, der im Winter gleichmäßig aus Nordosten und im Sommer aus Südwesten weht.

NEAP . Siehe „Gezeiten".

AUS – der Wind. Siehe „Kurs".

AUF – der Wind. Siehe „Kurs".

WIMPEL . Eine Flagge, die entweder den Rang des leitenden Offiziers an Bord anzeigt oder ein für ein bestimmtes Schiff geltendes Signal.

PUNKT . Siehe „Lager, von Compass."

HAFEN . Auf der linken Seite oder auf der linken Seite eines Schiffes, von hinten nach vorne gesehen. Gegenüber Steuerbord.

HAFEN , zu. Wird auf die Lenkung angewendet. Die Pinne oder das Ruder nach links bewegen, wodurch das Ruder nach rechts bewegt wird und das Schiff seinen Kurs nach rechts ändert.

VIERTEL . Jede Seite des hinteren Teils eines Schiffes; – als Steuerbordviertel, Backbordviertel; Wetterviertel, Leeviertel. Achterdeck: eine Seite des hinteren Oberdecks, die dem kommandierenden Offizier und zeremoniellen Zwecken vorbehalten ist.

VIERTEL . Eine Besatzung befindet sich im Quartier, wenn sie sich zum Kampf auf den Stationen befindet.

RECHEN , zu. Das Abfeuern der Breitseite von vorn oder achtern eines Antagonisten, so dass der Schuss die Länge des Schiffes überstreichen kann, die zum Zeitpunkt dieses Buches etwa viermal so breit war.

ZUFÄLLIGER SCHUSS . Die extreme Reichweite, auf die eine Waffe ihren Schuss abfeuern kann, was zu sehr unsicheren Ergebnissen führt.

RIFF , zu. Um die Oberfläche eines Segels zu reduzieren.

RUDER . Ein fester Rahmen, der am Heck eines Schiffes schwenkbar ist und dessen Kurs abgelenkt wird, wenn er zur Seite gedreht wird. Siehe „Helm" und „Rad".

SEGEL . Es gibt zwei Arten von Segeln: quadratische Segel und Längssegel. Rahsegel breiten sich in Breitenrichtung weiter über das Schiff aus. Vorn und hinten segelt man mehr in Längsrichtung. Rahsegel eignen sich besser für freien Wind; und auch für große Gefäße, da diese leichter unterteilbar sind. Die vorderen und hinteren Segel richten sich näher am Wind aus und eignen sich daher gut für Küstenmotorschiffe, die im Allgemeinen kleiner sind.

Schiffe mit Rahsegeln werden als Rahsegel bezeichnet. Sie haben immer zwei Masten, normalerweise drei; jedes trug drei oder vier Segel übereinander. Diese sind nach dem Mast benannt, an dem sie getragen werden (siehe „Holme"); z . B. *Hauptsegel* , *Vormarssegel* , *Besanbramsegel* ; und auch von ihren Positionen am selben Mast. Also vom untersten Punkt nach oben: Hauptsegel, Hauptmarssegel, Hauptbramsegel; und Hauptkönig, falls es einen vierten gibt. Die Vor- und Hauptsegel werden auch Kurse genannt.

Die Marssegel waren die wichtigsten Kampfsegel, da sie mit Ausnahme der Kurse die größten und handlicher als die Kurse waren.

Alle Rahschiffe tragen vorn und hinten dreieckige Segel, die zwischen dem Bugspriet und den Klüverbäumen sowie dem vorderen Topmast gespannt sind. Diese Segel werden Fock genannt.

Vorder- und Achterschiffe tragen ebenfalls Focks; aber an jedem aufrechten Mast haben sie ein großes Segel, dessen Größe es im Notfall schwieriger macht, es zu handhaben, und daher weniger für den Kampf geeignet ist. Über dem großen Segel haben sie ein kleines, leichtes, dreieckiges Marssegel, aber das ist lediglich ein Schönwettersegel, das im Kampf nutzlos ist.

Kriegsschiffe waren fast alle mit Rahtakel und drei Masten ausgestattet.

SEGEL, BESATZ . Leichte quadratische Segel für gemäßigtes Wetter, die über die anderen quadratischen Segel hinausragen, um die normale Spannweite des Segeltuchs zu vergrößern. Setzen Sie es nur bei freiem Wind ein und niemals im Kampf.

KANTHOLZ . Die Größe und das daraus resultierende Gewicht und die Festigkeit der Balken eines Schiffsrumpfs.

SCHONER . Siehe „Gefäß".

SCHÜTTELN , um. Also ein Segel so platzieren, dass der Wind daran entlang bläst, ohne dass es sich füllt oder zurückzieht. Das Segel wird somit ohne Einholen neutralisiert.

SCHÄRFE . Eine Rahe ist scharf, wenn sie mit den Streben so weit gedreht wird, wie es die Takelage des Mastes zulässt. Bei einem Am-Wind-Kurs müssen die Rahen scharf gestellt sein, damit die Segel voll sind.

SCHIFF . Siehe „Gefäß".

SLIP . Siehe „Kabel".

SCHALUPPE . Siehe „Gefäß".

SPARS . Eine Spiere ist ein langes Stück Holz, zylindrisch, das sich in Masten zu einem Ende hin und in Rahen zu beiden Enden hin verjüngt. Spieren dienen dazu, die einzelnen Segel eines Schiffes auszubreiten.

Die Namen der Holme variieren je nach Verwendung und Position. Bei Kriegsschiffen sind sie hauptsächlich in Masten, Rahen und Ausleger unterteilt.

Ein Mast ist ein Pfosten und besteht aus drei verbundenen Teilen: dem unteren Mast, dem Topmast und dem Top-Galantenmast. Die meisten Kriegsschiffe hatten drei solcher Masten: vorne, in der Nähe des Bugs; Hauptstraße, nahe dem Zentrum; Besan, in der Nähe des Hecks.

Der Bugspriet ist auch ein Mast; nicht aufrecht, sondern vom Bug aus gerade nach vorne vorspringend, nahezu horizontal, aber nach oben geneigt. Wie die Masten hat es drei Unterteilungen: den unteren oder eigentlichen Bugspriet, den Klüverbaum und den fliegenden Klüverbaum.

Über den Masten liegen horizontal die Rahen, vier an der Zahl, Untersegel, Marssegel, Bramsegel und Königsrahe. Werften werden außerdem mit dem Namen des Masts bezeichnet, zu dem sie gehören; z. B. Vorhof, Hauptmarssegelhof, Besanbramhof, Hauptkönigshof.

Der Bugspriet hatte früher eine Rah, die Sprietsegel-Rah genannt wurde. Das ist verschwunden. Ansonsten dient es zum Ausbreiten der dreieckigen Segel, sogenannte Focks. Diese Segel waren zum Wenden eines Schiffes nützlich, da sie durch ihren Vorsprung vor der Mitte eine große Hebelwirkung hatten.

Vorder- und Achterschiffe hatten keine Rahen. Siehe „Segel".

FRÜHLING . Siehe S. <u>65</u>, Anmerkung.

RAHGETAKELT . Siehe „Segel" und „Holme".

STEH auf. Wird nautisch verwendet, um Bewegung und Richtung auszudrücken, z. B. „sich dem Feind entgegenstellen", „aus dem Hafen heraussstehen", „sich zurückziehen", „sich nach Süden stellen". Die zugrunde liegende Idee scheint die einer anhaltenden, entschiedenen Bewegung zu sein.

STEUERBORD . AUF der rechten Seite oder auf der rechten Seite eines Schiffes, von hinten nach vorne gesehen. Gegenüber von Port.

LENKEN , zu. Den Kurs durch den Einsatz von Steuerrad und Ruder steuern.

STERN . Der äußerste hintere oder hintere Teil eines Schiffes.

STRATEGIE . Die Abteilung der Kriegskunst, die über die Verteilung und Bewegung von Armeen oder Flotten im Hinblick auf die Ziele eines gesamten Feldzugs entscheidet.

STREIK , zu. Auf die Flagge aufgebracht. Als Zeichen der Kapitulation die Flagge einholen.

TACK . Ein Schiff fährt auf Steuerbord- oder Backbordseite, je nachdem, wie der Wind von Steuerbord oder Backbord kommt. Siehe S. <u>84</u>, Anmerkung.

TACK , zu. Wenn sich ein Schiff am Wind befindet und der Wind auf einer Seite ist, besteht das Wenden darin, sich in Richtung des Windes zu drehen, um wieder am Wind zu sein, mit dem Wind auf der anderen Seite.

Tragen bedeutet, dasselbe Ziel zu erreichen, indem man sich vom Wind abwendet. Das Tragen ist sicherer als das Wenden, verliert aber nach Lee an Boden.

Das Wenden oder Tragen *nacheinander* der Wenden des führenden Schiffes und derjenigen, die der Wendung folgen, jedes Mal, wenn es am selben Punkt ankommt; die Reihenfolge bleibt also gleich. Beim Anheften oder *Zusammentragen* heften sich alle gleichzeitig an, was die Reihenfolge umkehrt.

TAKTIK . Die Abteilung der Kriegskunst, die über die Aufstellung und Bewegung einer Armee oder einer Flotte auf einem bestimmten Schlachtfeld in Gegenwart eines Feindes entscheidet.

GEZEITENSTRÖMUNGEN.

Ebbe, das Abfließen des Wassers aufgrund der Gezeiten.

Hochwasser, der Zufluss von Wasser aufgrund der Gezeiten.

Lee-Tide, die Strömungsrichtung nach Lee.

Wettertide, die Einstellung der Strömung in Luv.

FLUT . Der Anstieg und Abfall des Wassers der Ozeane unter dem Einfluss des Mondes. Wird üblicherweise, aber ungenau verwendet, um die durch Pegeländerungen erzeugten Ströme auszudrücken.

Flut oder Hochwasser, die beiden höchsten Wasserstände des Tages.

Ebbe oder Niedrigwasser sind die beiden niedrigsten.

Nipptide: Der geringste Anstieg und Abfall während des Mondmonats.

Springflut: Der stärkste Anstieg und Abfall während derselben, kurz nach Vollmond und Mondwechsel.

HANDEL , der. Ein Begriff, der auf eine Gruppe von Handelsschiffen zu oder von einem bestimmten Zielort angewendet wird.

PASSATWIND . Ein Wind, der über einen festgelegten Zeitraum gleichmäßig aus derselben allgemeinen Richtung weht. Auf den Westindischen Inseln das ganze Jahr über aus Nordosten. Siehe auch „Monsun".

VEER . Siehe „Kabel".

SCHIFF . Ein allgemeiner Begriff für alle Konstruktionen, die dazu bestimmt sind, auf dem Wasser zu schwimmen und sich durch das Wasser zu bewegen. Spezifische Definitionen, die für dieses Buch gelten:

Schiff, ein Rahschiff mit drei Masten.

Brig, ein Rahschiff mit zwei Masten.

Schoner, ein vorn und achtern getakeltes Schiff mit zwei oder mehr Masten.

Schaluppe, ein vorn und achtern getakeltes Schiff mit einem Mast. Siehe S. 9 , 15 , 17 .

KRIEGSSCHIFFE . Linienschiff. Ein Schiff mit drei oder mehr Geschützreihen, von denen sich zwei auf überdachten Decks befinden; das heißt, ein Deck darüber haben. Siehe „Linie des Schlachtschiffs".

Fregatte. Ein Schiff mit einer Geschützstufe auf einem überdachten Deck.

Schaluppe des Krieges. Ein Schiff, dessen Kanonen nicht abgedeckt sind und das sich auf dem Oberdeck (Holm) befindet.

Bei den Kriegsschaluppen handelte es sich manchmal um Briggs, doch dann waren sie meist so gestaltet.

WACH AUF . Die Spur, die die Fahrt eines Schiffes durch das Wasser hinterlässt. „Im Kielwasser": direkt achtern von.

WEG . Bewegung durch das Wasser. „To get intoway": vom Stillstand zur Bewegung übergehen.

TRAGEN , zu. Siehe unter „Tack".

WETTER . Relative Position eines anderen Objekts in Luv. Im Gegensatz zu Lee. Wetterseite, Leeseite, eines Schiffes; Wetterflotte, Leeflotte; Wetteranzeige, Leeanzeige (siehe „Anzeige"); Wetterufer, Leeufer.

WETTER , zu. Luv eines Schiffes oder eines anderen Objekts passieren.

WETTERHAFT . Die Eigenschaft eines Schiffes, die es begünstigt, in Luv zu gelangen oder dort zu bleiben.

WIEGEN , zu. Zum Anheben des Ankers von unten. Allein verwendet; zB „die Flotte wog".

RAD . So genannt von seiner Form. Das mechanische Gerät, ein Rad mit mehreren Griffen zum Drehen, durch das die Kraft erhöht und auch vom Steuermann an Deck auf die Pinne darunter übertragen wird, um das Schiff zu steuern.

WIND UND WASSER , dazwischen. Der Teil der Bordwand eines Schiffes, der aus dem Wasser ragt, wenn es starkem Seitenwind ausgesetzt ist, ansonsten aber unter Wasser liegt.

LUV . Richtung, aus der der Wind weht.

HOF . Siehe „Spars".

www.ingramcontent.com/pod-product-compliance
Lightning Source LLC
LaVergne TN
LVHW041504170726
843492LV00005B/1370